JOSENILDO FEIJÓ

ACTIVE DIRECTORY

Mergulho Profundo

Volume 1

EDITORA
CIÊNCIA MODERNA

Active Directory - Mergulho Profundo - Active Directory Serviços de Domínio – AD DS - Volume 1

Editor: Paulo André P. Marques
Produção Editorial: Dilene Sandes Pessanha
Capa: Daniel Jara
Diagramação: Daniel Jara
Copidesque: Equipe Ciência Moderna

FICHA CATALOGRÁFICA

FEIJÓ, Josenildo.

Active Directory - Mergulho Profundo - Active Directory Serviços de Domínio – AD DS - Volume 1

Rio de Janeiro: Editora Ciência Moderna Ltda., 2022.

1. Informática – Redes de Computadores
I — Título

ISBN: 978-65-5842-159-7

CDD 001.642

Editora Ciência Moderna Ltda.
R. Alice Figueiredo, 46 – Riachuelo
Rio de Janeiro, RJ – Brasil CEP: 20.950-150
Tel: (21) 2201-6662/ Fax: (21) 2201-6896
E-MAIL: LCM@LCM.COM.BR
WWW.LCM.COM.BR

04/22

"Você ainda não sabe, mas esses são bons velhos tempos "

David Cutler
Microsoft Technical Recognition Award for Career Achievement
National Medal of Technology and Innovation
Microsoft Senior Technical

“À minha mãe, minha protetora, minha consolação e guia.”

À minha querida e amada esposa, Claudia,

Ás nossas joias mais preciosas, filhas, Letícia e Mariana,

In memorian: Minha avó Judite, minha tia Dolores, meu Pai,

minha sogra Alice, meu sogro Sabino.

Sumário

Prefácio

Caro(a), leitor(a).

O Active Directory é o serviço de diretório dos sistemas operacionais Windows Server da Microsoft, projetado especialmente para ambientes de rede distribuídos, permite o gerenciamento centralizado dos diversos recursos de rede interligados, complexos e diferentes, tais como usuários, grupos, computadores, impressoras, aplicativos e arquivos. O Active Directory faz com que os usuários da rede possam fazer logon uma única vez para usar os recursos, para os quais tenham recebido acesso, em qualquer lugar da rede. O Active Directory fornece uma série de tecnologias, padrões e serviços, a fim de conseguir todos os controles e gerenciamentos a que se propõe em cenários dos mais simples aos mais complexos, mas para que isso aconteça de forma eficaz é primordial o sólido conhecimento dos administradores em tópicos como:

- Lightweight Directory Access Protocol (LDAP) – Um padrão aberto usado para acessar outros serviços de diretório;
- Serviço de segurança usando os princípios de Secure Sockets Layer (SSL) e autenticação baseada em Kerberos;
- Sistema de Nomes de Domínio (DNS);
- Políticas de grupo, replicação, e muitos outros.

Acredito firmemente, que este livro, estruturado em dois volumes, possa lhe conduzir a um **Mergulho Profundo** nos recursos, características, configurações, designs e estratégias de uso, do Active Directory, dando-lhe todas as condições de administrar e implementar com propriedade o Active Directory.

A ideia deste trabalho foi concebida há alguns anos, quando percebi, na execução de consultorias e treinamentos para empresas com foco no Active Directory, que muitos dos problemas no ambiente estavam relacionados com o conhecimento superficial que administradores de rede, com a responsabilidade de administrar o Active Directory, possuíam. A falha convicção de que alguns tinham de que seria suficiente, saber criar usuários, grupos, e fazer algumas simples políticas de grupos com o uso das ferramentas gráficas: Active Directory Usuários e computadores e gerenciamento de política de grupo, para administrar o ambiente, sem a preocupação de saber a fundo, tópicos como, por exemplo: as regras de utilização de grupos de segurança, características das estruturas lógicas e físicas do Active Directory, quais os tipos de replicação, quando e porque ocorrem, hierarquia de objetos que impactam na utilização de Políticas de grupos e muito mais. Ao final, é duro constatar que esta "falha" não resulta, tão somente, em erros e problemas para o ambiente, mas também gera prejuízos por não se conseguir utilizar importantes recursos e soluções disponíveis no Active Directory que poderiam tornar a empresa mais produtiva e segura.

Então, com o firme propósito de fazermos juntos um mergulho profundo no Active Directory, dividiremos a nossa jornada em duas etapas, volumes 1 e 2. No volume 1, iniciamos o nosso mergulho, fazendo uma viagem pelas versões do active directory, nesses 22 anos de existência, na sequência iniciamos nosso estudo do Esquema (Schema), que continuará com mais profundidade no volume 2, seguimos para os componentes estruturais do Active directory, com um profundo estudo dos objetos, unidades organizacionais, domínios, árvores, florestas, controladores de domínios e sites. Continuamos o mergulho com o estudo das funções dos controladores de domínio e as formas de implementação, as formas de administração do active directory, dns, políticas de grupo e o importante processo de replicação.

Imagino, que você já esteja muito animado com tudo que foi dito até agora e ansioso para começarmos o nosso **Mergulho Profundo** no Active Directory, então venha comigo e vamos **MERGULHAR**!

Conteúdo do Livro - Volume 1

Capítulo 1 - Introdução

Uma explanação inicial sobre o Active Directory e seus recursos, além de uma narrativa histórica dos fatos e acontecimentos que nortearam o início, passando pela evolução, e chegando a versão atual do Active Directory.

Capítulo 2 - Active Directory Schema

Iniciamos um estudo importante do Esquema do Active Directory.

Capítulo 3 - Componentes Estruturais do Active Directory

Fornece um olhar de alto nível sobre como os objetos são armazenados no Active Directory e explica algumas das estruturas e conceitos internos em que se baseia.

Capítulo 4 – Funções de Controladores de Domínio

Vamos mergulhar nos muitos aspectos e características que envolvem os Controladores de Domínio, Desde a sua implementação, até as operações possíveis de administração e gerenciamento.

Capítulo 5 - Implementando o Active Directory

Um passeio pelos vários snap-ins MMC e ferramentas de gerenciamento que são normalmente usados pelos administradores do Active Directory.

Capítulo 6 - Administrando e Configurando o Active Directory

Um passeio pelos vários snap-ins MMC e ferramentas de gerenciamento que são normalmente usados pelos administradores do Active Directory.

Capítulo 7 - Active Directory e DNS

A grande importância que tem o DNS – Sistema de Nomes de Domínio para o Active Diretory.

Capítulo 8 - Políticas de Grupo

Fornece uma descrição detalhada sobre os recursos dos objetos de política de grupo, quais as regras de uso, os tipos existentes, herança, bloqueio, qual a melhor estratégia de uso para tornar o uso mais efetivo, como visualizar a replicação, onde ficam armazenadas e muito mais.

Capítulo 9 – Replicação do Active Directory

Detalha como o processo de replicação real dos dados ocorre entre os Controladores de Dominio.

Capítulo 1

Introdução

1.1 Introdução

Quando surgiu no Windows 2000 Server, o Active Directory tinha como papel apenas o serviço de diretório, e assim continuou no Windows Server 2003. À medida que o Windows Server "evoluiu", surgiram vários novos recursos, instaláveis como recursos adicionais ou disponíveis como downloads gratuitos, com nomes diversos, mas de alguma forma lidavam com os problemas de "confiança", "autenticação de logon seguro" ou "armazenamento de informações pesquisáveis", por exemplo. Eis que apartir do Windows Server 2008 o serviço de diretório em si, até então denominado apenas de Active Directory passa a se chamar Serviços de Domínio Active Directory (AD DS).

Mais além do AD DS, outros recursos passaram a carregar o prefixo AD, além do que tradicionalmente chamamos de Active Directory.

No total, incluindo o AD DS, são cinco papéis que atendem a necessidades diferentes, mas são capazes de trabalhar juntos e "dividir tarefas", porque são projetados para assumir um papel muito específico. Vamos a eles:

Fig. 01 – Papéis do Active Directory

- **Serviços de Domínio Active Directory (AD DS)**

  Como o próprio nome indica, o AD DS permite a implementação dos Serviços de Domínio do Active Directory, ou seja, a implementação de um domínio com o Active Directory. Essa função permite gerenciar usuários, computadores, grupos em um diretório, para fornecer login através de mecanismos de autenticação e controle de acesso aos recursos.

  Este é o papel que será visto em detalhes neste livro.

- **Serviços de Certificados do Active Directory (AD CS)**

  O AD CS é a função de servidor que permite construir uma infraestrutura de chave pública (PKI) e fornece recursos de criptografia de chave pública, certificados digitais e assinaturas digitais para a sua organização.

- **Serviços de Federação do Active Directory (AD FS)**

  Este é um serviço de federação que simplifica o acesso a aplicativos, independentemente de você estar ou não na mesma rede. O AD FS permite a integração de um mecanismo Single Sign-On (SSO), ou seja, logon único. Assim, as solicitações de autenticação para acessar aplicativos são centralizadas e os tokens de acesso são distribuídos aos clientes, se o acesso for permitido.

- **Active Directory Lightweight Directory Services (AD LDS)**

  É um serviço de diretório do protocolo LDAP (Lightweight Directory Access Protocol), que fornece um suporte flexível para aplicativos habilitados para diretório, sem as dependências a restrições relacionadas a domínio dos AD DS.

- **Active Directory Rights Management Services (AD RMS)**

  Desde o Windows Server 2008 R2, a função AD RMS é diretamente integrada ao sistema operacional. Com a utilização do AD RMS é possível ir muito além de estabelecer permissões simples como "acesso de leitura e gravação", chegando a estabelecer direitos no arquivo do usuário, definindo regras como: "autorizo os usuários a salvar o arquivo, mas não permito imprimir do arquivo."

O **Active Directory Domain Services** (AD DS) é a implementação da Microsoft de um serviço de diretório que fornece serviços centralizados de autenticação e autorização. O Active Directory é um poderoso serviço de diretório que permite o armazenamento e gerenciamento centralizado de objetos, como usuários, grupos, impressoras e computadores, oferecendo acesso centralizado e seguro a recursos de rede.

O Active Directory fornece a base para autenticação e autorização para diversas outras funções de servidor, além de também ser a base para as soluções de identidade e acesso da Microsoft.

O Active Directory é usado pelos administradores de rede em muitas operações, dentre as quais armazenar informações sobre usuários, atribuir políticas de segurança, instalar software, com o uso de unidades organizacionais, delegar o controle e o gerenciamento dos dados. E estas operações podem ser executadas seja em ambientes pequenos, com dúzias de usuários, até ambientes globais com centenas de milhares de usuários.

1.2 Active Directory – O começo, a evolução o estado atual

1.2.1 O Começo

O início do Active Directory é envolto de muitas histórias, muitas destas se aproximam de serem consideradas verdadeiras lendas da indústria da computação mundial, como a que afirmar que o Active Directory tem sua origem vinculada ao NDS da Novell, ou a que garante que o Active Directory tem uma relação direta com o StreetTalk, o serviço de diretório para o Windows NT, comercializado pela Banyan Systems. No entanto, não havia nenhuma licença ou cotrabalho entre a Microsoft e a Banyan ou mesmo a Novell, ainda mais sendo esta última uma forte concorrente.

Após uma vasta pesquisa em sites especializados erelatos de componentes das equipes de desenvolvimentos da época, consegui chegar a uma sequência de fatos, relacionados com a criação do Active Directory, que acredito realmente serem reais, vamos a eles:

- O "Big Bang" – Teria sido na 3Com entre 1988 e 1989, como um diretório X.500-ish com protocolos de comunicação personalizados, construído em cima de um banco de dados de C-Tree, executado em 16-bit OS/2;

- Em 1990, a 3Com abandonou seus esforços de software de rede e o código de diretório foi transferido para a Microsoft como parte de um acordo. O grupo LanMan planejava incluir o serviço de diretório no LanMan 3.0 e imediatamente iniciou a entrega ao JET Blue ISAM e a criação de um front end RPC compatível com X / Open XDS API;

- No inicio de 1991 o LanMan 3.0 foi cancelado. Em seu lugar, foi criado o projeto **Cairo**, que incluiu um serviço de diretório completamente não-X.500 que vivia como parte do OFS, o sistema de arquivos do Cairo.

- Ao final de 1995, o Cairo e o serviço de diretório foram cancelados. Isso deixou a equipe do sistema operacional com uma necessidade urgente de um DS (para Windows 2000);

- A essa altura, o grupo de e-mail da Microsoft tinha pegado duas peças dos destroços do LanMan 3.0: o Serviço de Diretório e um MTA X.400. A equipe de Serviço de Diretório, concluiu uma série de ações, entre elas: Portaram o DS para o Windows NT, finalizaram o trabalho JET e XDS e adicionaram uma interface MAPI RPC, um mecanismo de consulta, o KCC, um esquema modificável a uma tabela de links, entre muitas outras. Esta versão do DAS, mais o MTA e um armazenamento de mensagens personalizadas, foram enviados ao Exchange 4.0 em 1996.

- Para atender a necessidade deixada pelo fim do Cairo, de ter um Serviço de Diretório para o Windows 2000, logo após o envio do Exchange 4.0, o time de desenvolvimento do Serviço de Diretório do Exchange foi transferido para o grupo do Windows, nascendo assim o **Active Directory no Windows 2000.**

O Active Directory seria, portanto, um descendente direto do DSA no Exchange 4.0.

1.2.2 A Evolução

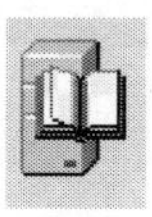

1.2.2.1 Active Directory for Windows 2000 Server – O Primeiro

O recurso mais esperado do Windows 2000 Server era o **Active Directory**, finalmente após muita expectativa chega o Serviço de Diretório da Microsoft para o Windows. E as mudanças em relação ao antecessor eram muitas que provocariam uma verdadeira revolução, que está completando 20 anos, vejam algumas das novidades que Active Directory trouxe: Novos modelos de domínio; Novas Politicas de Grupos; Catálogo Global, Unidades Organizacionais, novos grupos de usuários e de computadores, replicação de diretório, uma nova estrutura de controladores de domínio.

1.2.2.2 Active Directory for Windows Server 2003 – Aprimorado

O Active Directory passa a desempenhar um papel tão importante no gerenciamento da rede, que a adoção por parte de empresas de todo o mundo, se transforma em um caminho natural. E a evolução é num ritmo acelerado, veja algumas das novidades: Ferramenta de renomeação do controlador de domínio, é possível agora renomear o domínio; Relação de confiança entre Florestas; Reestruturação da Floresta, podemos mover os domínios existentes para outros locais na hierarquia do domínio; É possível agora desativar as classes ou atributos do esquema; Classes auxiliares dinâmicas; Melhorias no processo de replicação de catálogo global; Aprimoramentos na Replicação, a replicação de valores vinculados permite que os membros individuais do grupo sejam replicados na rede em vez de tratar a totalidade do grupo como uma única unidade de replicação; O Serviço de Federação do Active Directory permite que as empresas compartilhem informações de gerenciamento de identidade de forma segura em todos os limites organizacionais. O serviço de federação funciona de forma semelhante à forma como uma relação de confiança do Windows funciona, mas, ao contrário de um relacionamento de confiança padrão, permite que as empresas se conectem pela Internet.

1.2.2.3 Active Directory for Windows Server 2008 – O Líder

De acordo com dados da IDC, no final de 2009, a Microsoft possuía 73,9 % do mercado mundial de sistema operacional para servidores. E não há dúvidas que esse feito em grande parte se deve aos recursos fornecidos pelo Active Directory. Com centenas de milhares de usuários na sua base, em todo mundo, a exigência por novos recursos de gerenciamento e administração é cada vez maior e nas versões Windows Server 2008 e 2008 R2, os recursos vieram e não decepcionaram, vejam os principais: Active Directory Recycle Bin, que permite a restauração de qualquer objeto excluído através de um simples cmdlet *PowerShell*, Restore-ADObject. Quando um objeto é restaurado da Lixeira, todos os atributos do objeto, ambos vinculados e não vinculados, são completamente restaurados, o que significa que as associações de grupo também são restauradas; Modo de Aplicação do Active Directory (ADAM) rebatizado como Active Directory Lightweight Directory Service (AD LDS) e incluído como uma função de servidor; Active Directory reiniciável; Controladores de Domínio somente leitura; Server Core; Replicação DFS do SYSVOL; Fine-grained password policies; Active Directory module for Windows *PowerShell* and Windows *PowerShell* cmdlets.

1.2.2.4 Active Directory for Windows Server 2012 – Virtual

Depois de uma longa espera e de muitas expectativas por partes dos profissionais de TI, a Microsoft lança o Windows Server 2012 e logo em seguida o 2012 R2, com aprimoramentos empolgantes no Active Directory. Lembro-me de ter lido, na época, em um artigo de uma revista especializada, uma frase, atribuída ao time do Active Directory: "Projetar mudanças no Active Directory é como pedir pizza para um milhão de pessoas; todos querem algo diferente." Na ocasião, o esforço do time estava concentrado em três objetivos principais, que abordaria todas as partes interessadas em graus variados. Primeiro, o Active Directory precisaria ter uma virtualização consistente. Em segundo lugar, o Active Directory deve ser simples de implantar e por último, mas não menos importante o Active Directory também deve ser simples de gerenciar. E na minha opinião, a equipe trabalhou muito bem os seus objetivos, naquele momento, vejam a seguir os aprimoramentos mais impactantes do Active Directory, na ocasião:

- **Novo Processo de promoção dos Controladores de Domínio**

  A Microsoft simplificou muito o processo de promoção do Controlador de Domínio. A partir deste momento, não seria mais necessário ampliar o esquema e preparar o ambiente do domínio para o primeiro controlador de domínio do Windows Server 2012. Anteriormente, era preciso estender o esquema e preparar o domínio usando **adprep** manualmente com as opções apropriadas antes de poder promover a DC com base no sistema operacional mais novo. O "famoso" **dcpromo** não é mais utilizado para a promoção do servidor. Todo o processo para a introdução do Controlador de Domínio Windows Server 2012 no ambiente existente é baseado no assistente de GUI no Gerenciador de Servidores.

- **Melhorias no Active Directory Recycle Bin e no Fine-grained password Policy**

  A partir desse momento, não seria preciso mais usar cmd-lets complicados do *PowerShell* para restaurar os objetos excluídos, no caso do Active Directory Recycle Bin, conhecido como lixeira do Active Directory ou criar / modificar uma política de senha fina, no caso do Fine-grained password Policy. A partir de agora, você pode simplesmente usar GUI para isso. Basta executar o novo **ADAC** (está disponível em ferramentas ou executar dsac.exe na caixa de execução) e vá para o recipiente de Objetos Deletados para restaurar objetos excluídos. A mesma situação é para a Política de Senhas finas, não é necessário mais usar o ADSI Edit ou o *PowerShell* para criar um novo PSO, pois também está disponível no método GUI no console ADAC.

- **Virtualização e clonagem do controlador de domínio virtualizado**

  Os ambientes virtuais apresentam desafios únicos para cargas de trabalho distribuídas, como é o caso dos serviços de domínio do Active Directory (AD DS). Com o Windows Server 2012, o AD DS oferece maior suporte para virtualizar controladores de domínio, introduzindo recursos virtuais seguros e permitindo a implantação rápida de controladores de domínio virtual.

O outro aprimoramento de virtualização que foi introduzido no Windows Server 2012 é o recurso de clonagem do controlador de domínio virtualizado. Permite que os administradores criem um clone de um controlador de domínio virtualizado. Com a clonagem do controlador de domínio virtualizado, os administradores agora podem promover um único controlador de domínio virtual por domínio e implantar rapidamente todos os controladores de domínio virtual apartir de réplicas adicionais, utilizando a clocagem.

1.2.2.5 Active Directory for Windows Server 2016 – A Nuvem

O Active Directory é um dos serviços mais utilizados em redes empresariais. Além de fornecer serviços básicos de autenticação e autorização, o Active Directory permite tantos outros recursos que sua popularidade não é surpresa.

O Windows Server 2016 adiciona alguns novos recursos importantes aos Serviços de Domínio do Active Directory (AD DS) e aos Serviços de Federação do Active Directory (AD FS). Muitos dos recursos adicionados no Windows Server 2016 estão voltados para o foco maior em aplicativos de nuvem, sejam eles públicos, privados ou híbridos. Vamos aos destaques:

- **Serviços de diretório**

O AD DS no Windows Server 2016 adiciona suporte para expirações de associação de grupo, permitindo que possamos adicionar um usuário a um grupo por um determinado período de tempo. Isso é útil para muitas aplicações, como por exemplo, o fornecimento de privilégios de administrador por um tempo limitado para instalar um aplicativo.

- **Sincronização de tempo**

A sincronização de horário, fornecida pelo Active Directory, que é fundamental para tantos aspectos da sua infraestrutura, sofreu várias melhorias na sincronização de tempo: eliminando erros de arredondamento, e melhorando a precisão.

- **Serviços de Federação**

O AD FS no Windows Server 2016 suportará qualquer diretório LDAP v3, não apenas aqueles que executem o AD DS. Isso permite que corporações usem um diretório LDAP v3 de terceiros para federar essas identidades para Azure AD e Office 365, entre outras coisas. O ID de Login pode ser qualquer atributo exclusivo da floresta e o escopo de autenticação pode ser limitado a uma unidade organizacional (OU) específica. O suporte ao LDAP v3 pode até ser usado como um primeiro passo para permitir alguma autenticação de uma floresta AD não confiável, como em uma fusão ou aquisição.

Um outro grande recurso do AD FS é o Controle de acesso condicional. O Windows Server 2016 permite que você configure requisitos, como forçar autenticação através da autenticação multifator, a conformidade do dispositivo, a identidade do usuário, a associação do grupo ou vários outros fatores. Esses requisitos podem ser definidos por aplicativo, tornando fácil exigir segurança aprimorada para aplicativos corporativos sensíveis ou simplificar requisitos para aplicativos que não precisam de níveis elevados de segurança.

1.2.3 Mantendo a evolução

1.2.3.1 Active Directory for Windows Server 2019

O Active Directory do Windows Server 2019 trouxe poucas mudanças em relação a versão do Windows Server 2016. Para que vocês tenham uma ideia, pela primeira vez, desde o seu lançamento no Windows 2000, não há novos níveis funcionais, seja de Floresta ou de domínio no Windows Server 2019, o nível funcional mais alto oferecido é o "Windows Server 2016". Baseado nisso, concluímos que não há novos recursos nos Serviços de Domínio Active Directory no Windows Server 2019, que exigem um novo Nível Funcional da Floresta ou um novo nível funcional de domínio.

Com relação ao esquema do Active Directory, este foi atualizado para a versão 88, contemplando apenas um novo arquivo chamado **sch87.ldf**, que adiciona apenas um novo atributo chamado **msDS-specificDataLocation**.

Além dessas duas características, foram realizadas algumas correções de erros e otimizações internas, segundo a Microsoft.

Vale muito apena destacar, uma destas otimizações, que trata do armazenamento de versões, que é um buffer de memória necessário para lidar com transações de banco de dados, realizadas pelo time do Active Directory no ano de 2019, magnificamente descrita pelo Ryan Reis, em um artigo publicado no blog Ask the Directory Services Team, intitulado Deep Dive: Active Directory NA Version Store Changes in Server 2019 (*https://blogs.technet.microsoft.com/askds/2018/10/02/deep-dive-active-directory-na-version-store-changes-in-server-2019/*).

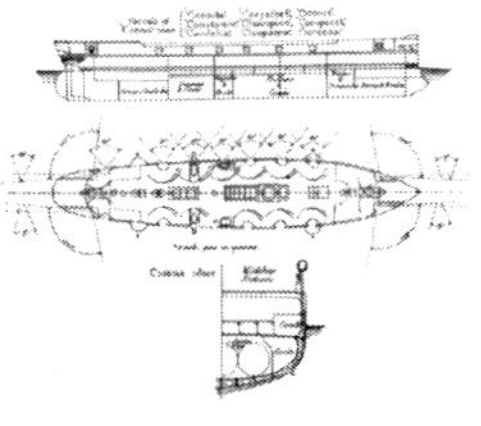

Capítulo 2

Active Directory Schema

2.1 Active Directory Schema

O esquema é o modelo para o armazenamento de dados no Active Directory. Ele contém definições para o universo de objetos que podem ser armazenados no diretório e impõe as regras que regem tanto a estrutura como o conteúdo do diretório. O esquema consiste em um conjunto de classes, atributos e sintaxes que representam uma instância de uma ou mais classes no esquema.

Uma classe é uma categoria de objetos que compartilham um conjunto de características comuns. Um objeto de usuário, por exemplo, existe como uma instância da classe de usuários.

Um atributo descreve as características de algum aspecto de um objeto. Os atributos definem os tipos de informações que um objeto pode armazenar. Para cada classe, o esquema especifica os atributos obrigatórios e opcionais que constituem o conjunto de características compartilhadas da classe. Os valores dados aos atributos definem características específicas. Uma sintaxe é o tipo de dados de um atributo particular. As sintaxes determinam o tipo de dados que um atributo pode ter. O Active Directory usa um conjunto de sintaxes padrão. As sintaxes predefinidas não aparecem no diretório e você não pode adicionar novas sintaxes.

O Active Directory contém muitos atributos e classes no esquema padrão, alguns fundamentados em padrões, como X.500, e alguns beseados na necessidade da Microsoft, de estruturação do próprio Active Directory. A atualização do esquema padrão acontece sempre com o lançamento de uma nova versão do Active Directory.

Outro aspecto importante do esquema do Active Directory é que ele foi projetado para ser extensível, de maneira que os administradores poderiam adicionar classes ou atributos que considerassem necessários. No entanto, possíveis modificações no esquema padrão, precisam ser muito bem planejadas e executadas, afim de que não tenhamos problemas graves como consequências.

2.2 Versões do Esquema

O atributo **schemaVersion** no Active Directory armazena o valor relativo **à** versão atual do esquema que é atualizado a cada vez que a Microsoft lança uma atualização para o esquema padrão do Active Directory. Um aspecto importante a se destacar é que este valor presente no atributo **schemaVersion** representa o **nível mínimo do esquema do ponto de vista** do sistema operacional e não sofre nenhuma alteração quando o esquema sofre modificações por parte dos administradores.

Há **várias maneiras de consultar a versão do esquema do** active directory, observe:

1. Ferramenta **adfind**
   adfind –schema –s base objectVersion

2. Utilizando o **ADSIEdit**
   Conecte no Naming Context em Schema
   "CN=Schema,CN=Configuration,DC=home,DC=intranet" e encontre a seguinte entrada: "objectVersion"

   1. Configure a conexão ao Esquema no ADSEdit

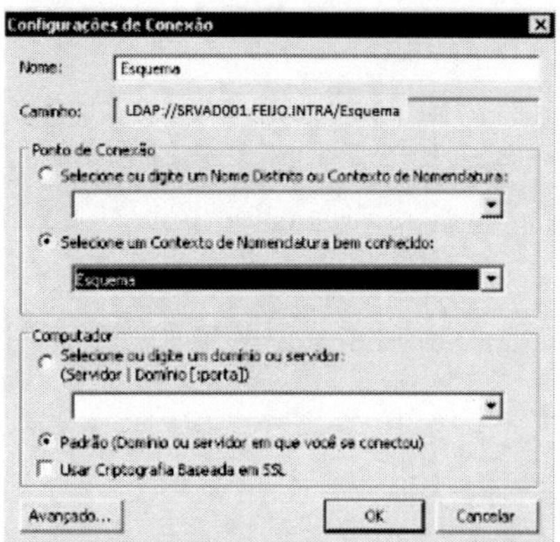

   2. Já conectado ao Esquema, clique com o botão direito e acesse as propriedades do esquema:

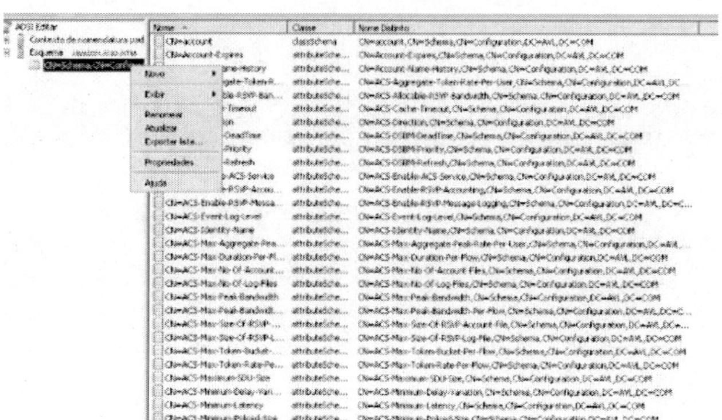

Em propriedades do Esquema, localize o atributo objectVersion:

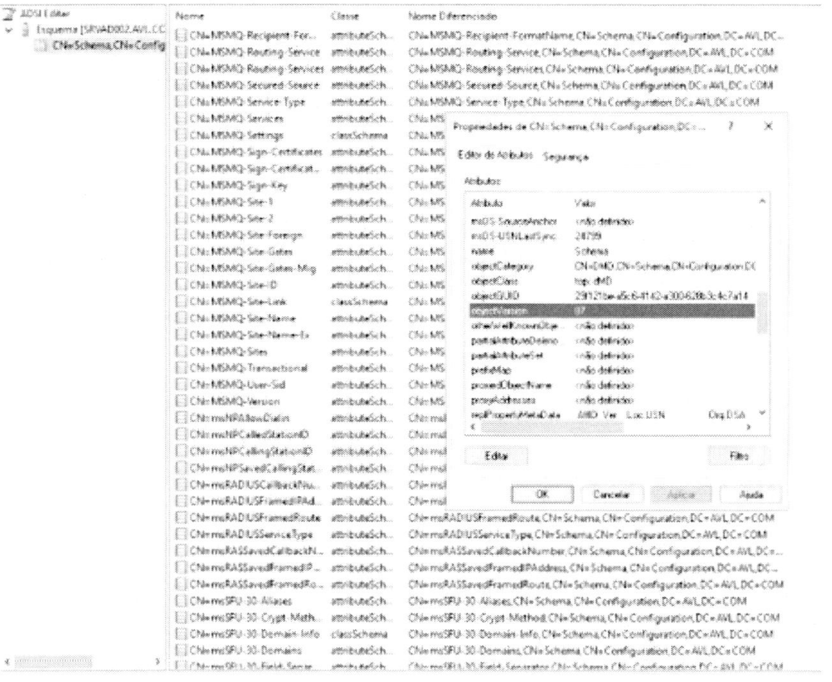

3. Utilizando o **DSQuery no** prompt de comando:

*dsquery * cn=schema,cn=configuration,dc=feijo,dc=intra –scope base –attr objectVersion*

Segue mapa com as versões do atributo **schemaVersion:**

Windows Server	Valor do objectVersion
Windows 2000 Server	13
Windows Server 2003 RTM, Windows 2003 Service Pack 1, Windows 2003 Service Pack 2	30
Windows Server 2003 R2	31
Windows Server 2008 RTM, Windows 2008 Service Pack 1, Windows 2008 Service Pack 2	44
Windows Server 2008 R2, Windows Server 2008 R2 Service Pack 1	47
Windows Server 2012	56
Windows Server 2012 R2	69
Windows Server 2016	87
Windows Server 2019	88

2.3 Estrutura Fisica

O Esquema do Active Directory é armazenado em sua própria partição de diretório, isso permite, por exemplo, que ele possa ser replicado independentemente de outros dados armazenados no diretório. As demais partições existentes no diretório também se beneficiam desta divisão que permite uma replicação mais eficiente, que são elas: **Configuração** e de **domínio**, as quais serão exploradas nos próximos capítulos.

2.3.1 Componentes do Armazenamento de dados – Arquivos e localização do Esquema do Active Directory

A árvore de diretório é forma pelo qual os objetos são armazenados, através de uma hierarquia lógica, e devidamente dividida em partições, com base nisso, podemos definir uma partição de diretório como uma árvore de objetos que forma uma unidade de replicação dentro do Active directory.

Como foi dito anteriormente, o esquema tem sua própria partição de diretório que não só torna o processo de replicação mais eficiente, mas evita potenciais problemas, que poderiam surgir no ambiente, tais como:

- Problemas de dependências, quando novas classes de esquema e novas instâncias da classe são replicadas simultaneamente;

- Erro no armazenamento de novos objetos, pelos controladores de domínio, que não tenham tido acesso às definições de objeto que estão armazenadas no esquema antes que tentem armazenar novos objetos criados usando essas definições.

O Active directory possui um banco de dados pré-configurado, que é mais conhecido como directory information tree (árvore de informações de diretório), ou simplesmente DIT, no qual estão informações suficientes para instalar e executar o Active directory. A base DIT é criada durante uma nova instalação do active directory e está contida em um arquivo chamado Ntds.dit. Uma seção da base DIT é o esquema.

Um outro arquivo, que devemos destacar, é um arquivo de inicialização, chamado **schema.ini**, nele estão as informações imprescindíveis, para a criação dos objetos e segurança padrão do diretório. É importante entender que o **schema.ini** é utilizado apenas para criar a estrutura de esquema inicial no diretório durante o processo de criação do active directory.

A localização do arquivo **Ntds.dit** é uma opção que pode ser definida durante o processo de criação do Active directory. O local padrão para **Ntds.dit** e os arquivos de log do banco de dados é ***systemroot\Ntds***.

Um fato interessante, ainda sobre a localização do **Ntds.dit**, é que por padrão é criado uma cópia dele em: ***sys-***

temroot\System32. Que consiste de uma cópia de distribuição do diretório padrão, que é usado quando vamos instalar o Active Directory em um outro servidor para criar um controlador de domínio.

O Ntds.dit, possui três tabelas internas:

- **Tabela de dados**

  É na tabela de dados que estão todas as informações, referentes aos dados do Active Directory: usuários, grupos, dados específicos do aplicativo assim como quaisquer outros dados armazenados no Active Directory após a instalação. Para melhor entendimento, pense na tabela contendo linhas, cada uma representando uma instância de um objeto (como um usuário, por exemplo) e colunas, cada uma representando um atributo no esquema (como displayname, por exemplo).

- **Tabela de links**

  Já nos referimos a esta tabela anteriormente, é nela que estão os dados que representam atributos vinculados, que contêm valores que se referem a outros objetos no Active Directory. A tabela de links é muito menor do que a tabela de dados.

- **Tabela SD**

  A tabela SD possui os dados que representam descritores de segurança herdados para cada objeto. Introduzida no Windows Server 2003, Os descritores de segurança herdados são armazenados na tabela SD e vinculados aos objetos apropriados.

Dentro da estrutura física de armazenamento de dados, além do Ntds.dit, também existem arquivos de log associados e arquivos temporários, veja na figura abaixo a representação de todos os componentes físicos dessa estrutura:

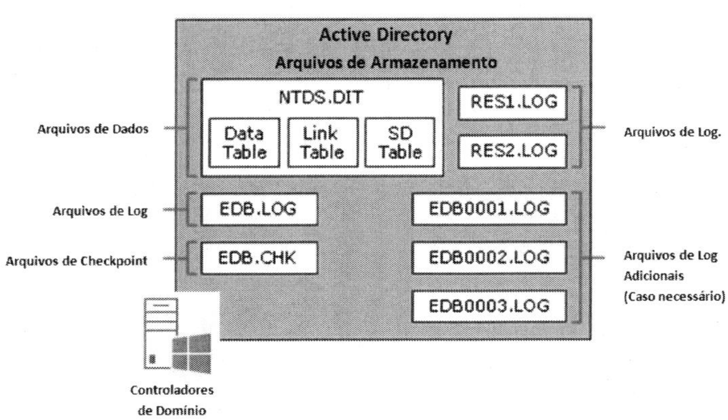

Fig. 2 – Componentes da estrutura física de armazenamento do Active Diretory

Segue tabela detalhada dos componentes da estrutura física de armazenamento:

Componente	Descrição
NTDS.DIT	O arquivo de banco de dados físico no qual todos os dados do diretório são armazenados. Este arquivo consiste em três tabelas internas: tabela de dados, tabela de links e tabela de descritor de segurança (SD).
EDB.LOG	O arquivo de log no qual as transações do diretório são escritas antes de serem gravadas no arquivo do banco de dados.
EDB.CHK	O arquivo que é usado para rastrear o ponto até quais transações no arquivo de log foram confirmadas.
RES1.LOG, RES2.LOG	Arquivos que são usados para reservar espaço para arquivos de log adicionais se EDB.LOG ficar cheio.

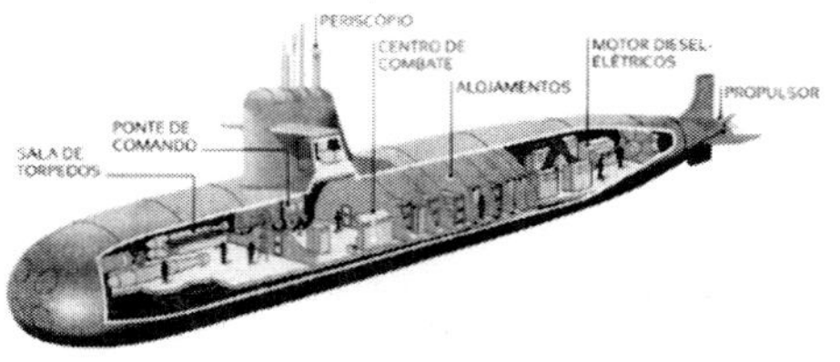

Capítulo 3

Componentes Estruturais do Active Directory

3.1 Componentes Estruturais do Active Directory

O estudo dos componentes estruturais do Acttive Directory, abordados intensamente no capíulo 2, tanto no volume 1 quanto no volume 2, deste livro, se fazia necessário em função de que o amplo conhecimento do esquema vai permitir um melhor entendimento dos demais componentes estruturais do Active Directory, que são: estruturas lógicas e físicas.

De forma sucinta, a estrutura lógica é composta pelos objetos que compõe o Active Directory, assim como as estruturas que estabelecem os limites administrativos e de segurança, como: Domínios, árvores, florestas. Enquanto que a estrutura física define como a rede está disposta, os sites nas localizações físicas, as sub-redes associadas a esses sites e como os sites estão conectados.

3.1.1 Nomes e identidades de Objetos

Tendo como base o que estudamos no capítulo anterior, em classes e atributos do esquema do active directory, fica fácil entendermos que um objeto possui várias identidades e nomes, exatamente o que vamos explorar antes de abordarmos os componentes das estruturas lógicas e físicas. Outro aspecto importante é o fato de que os acessos a objetos de diretório ocorrem por LDAP e este requer uma padronização nos nomes utilizados pelos objetos em um serviço de diretório, como é o Active Directory.

3.1.1.1 Relative Distinguished Name (Nome Distinto Relativo) – RDN

O nome distinto relativo, conhecido como "RDN", de um objeto é a parte do nome que é um atributo do próprio objeto – a parte do nome do objeto que identifica esse objeto como único dentre todos os demais que estão armazenados no mesmo local dentro do diretório.

O atributo rDnAttID de um objeto classSchema identifica o atributo de nomeação para instâncias da classe. A maioria das classes de objeto usa o atributo cn (Common-Name) como o atributo de nomeação. O RDN de um objeto deve ser exclusivo no recipiente onde o objeto reside.

Na imagem abaixo, podemos observar nas propriedades da usuária Claudia Silva, o atributo cn. Pela regra destacada anteriormente, não pode existir um outro usuário, dentro do local em que se encontra a usuária Claudia Silva, com o mesmo RDN.

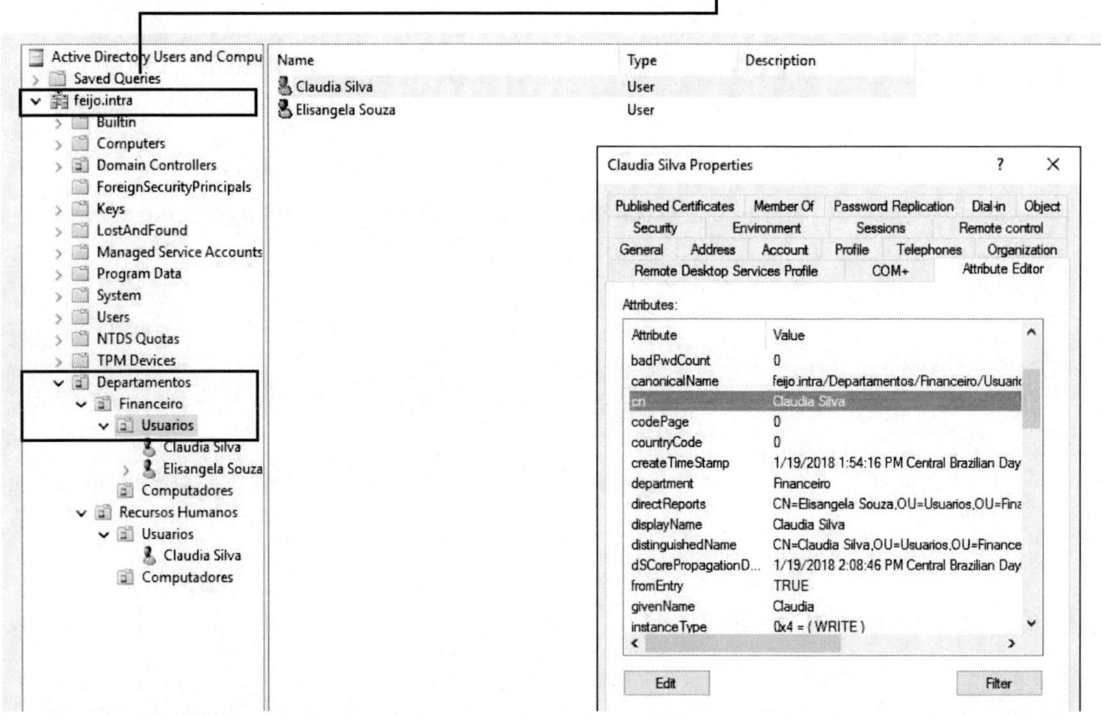

Fig. 3 – Propriedades do objeto Usuário, com destaque para o seu cn

No entanto, dois objetos podem ter RDN idênticos, mas ainda serem únicos no diretório porque basta que eles estejam armazenados em locais diferentes no diretório.

Nas imagens a seguir podemos obervar duas usuárias com o cn Claudia Silva, isso é possível, pois elas não estão armazenadas no mesmo local, uma está em: Usuarios, Financeiro, Departamentos; dentro do domínio feijo.intra. Enquanto que a outra está em: Usuários, Recursos Humanos, Departamentos; dentro do domínio feijo.intra.

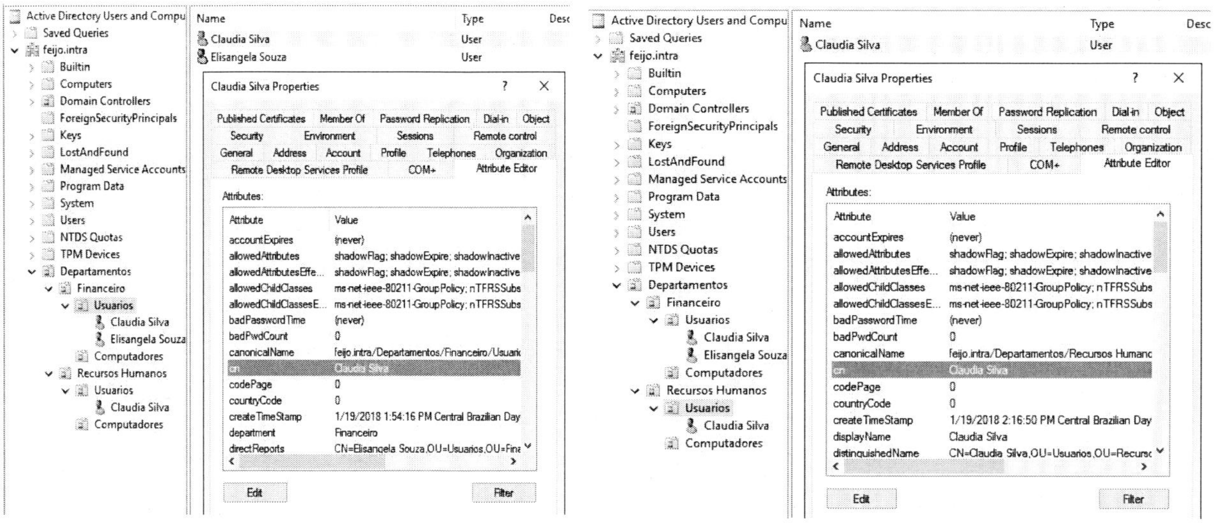

Fig. 4 – Usuários armazenados em locais diferentes com o mesmo **cn**

3.1.1.2 Distinguished Name (Nome Distinto) – DN

O nome distinto, ou simplesmente DN, está contido no atributo **distinguishedName** do objeto e representa de forma exclusiva a localização do objeto dentro do domínio do Active Directory, utilizando um caminho hierárquico, que inclui cada parte do nome do domínio e os nomes de cada nível hierárquico em que ele se encontra.

Completando o DN de um objeto, antes da descrição completa do caminho hierárquico da localização do objeto, está o nome do objeto, aqui definido pelo RDN do próprio objeto, dotando o DN de informações suficientes para um cliente LDAP recuperar as informações do objeto do diretório.

Por exemplo, no caso da usuária Claudia Silva, do departamento Financeiro, do domínio feijo.intra, o seu DN fica:

"CN=Claudia Silva,OU=Usuarios,OU=Financeiro,OU=Departamentos,DC=feijo,DC=intra"

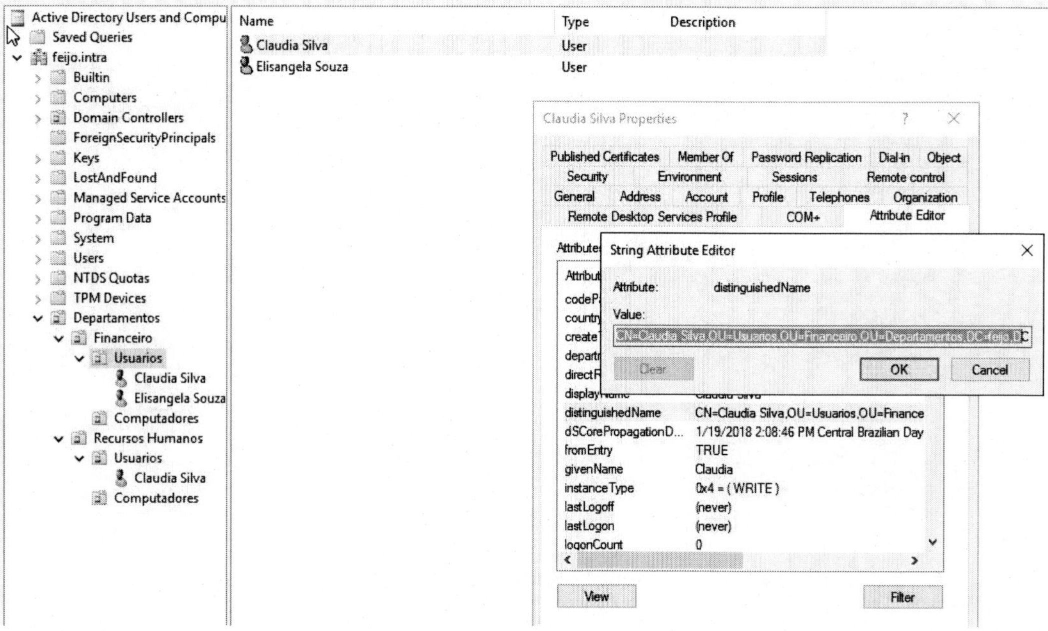

Fig. 5 – Propriedade do usuário, destacando o atributo DN

Observe que a guia **Attribute Editor** das propriedades do usuário, exibe as abreviaturas LDAP para o componente de domínio de atributos de nomeação (dc =), unidade organizacional (ou =), nome comum (cn =).

Esses são atributos de nomeação usados no Active Directory, conforme descrito no RFC 2253.

Classe de Objeto	Nome de Exibição	Nome LDAP do atributo
User	Common-Name	cn
organizationalUnit	Organizational-Unit-Name	ou
domain	Domain-Component	dc

O DN de um objeto é único dentro de uma floresta e muda quando o objeto é movido ou renomeado, de forma a representar sempre a localização completa e exclusiva do objeto.

3.1.1.3 GUID de objeto

Além de seu DN, cada objeto no Active Directory tem uma identidade única. O objeto GUID é um identificador exclusivo global atribuído pelo Active Directory quando a instância do objeto é criada. O objeto GUID está contido no atributo objectGUID do objeto. Para que não possa ser removido ou alterado, o atributo objectGUID é protegido por padrão. Um GUID é um número de 128 bits garantido para ser único no espaço e no tempo. Ao contrário do DN, que muda caso o objeto seja movido ao renomeado, O GUID de objeto nunca muda.

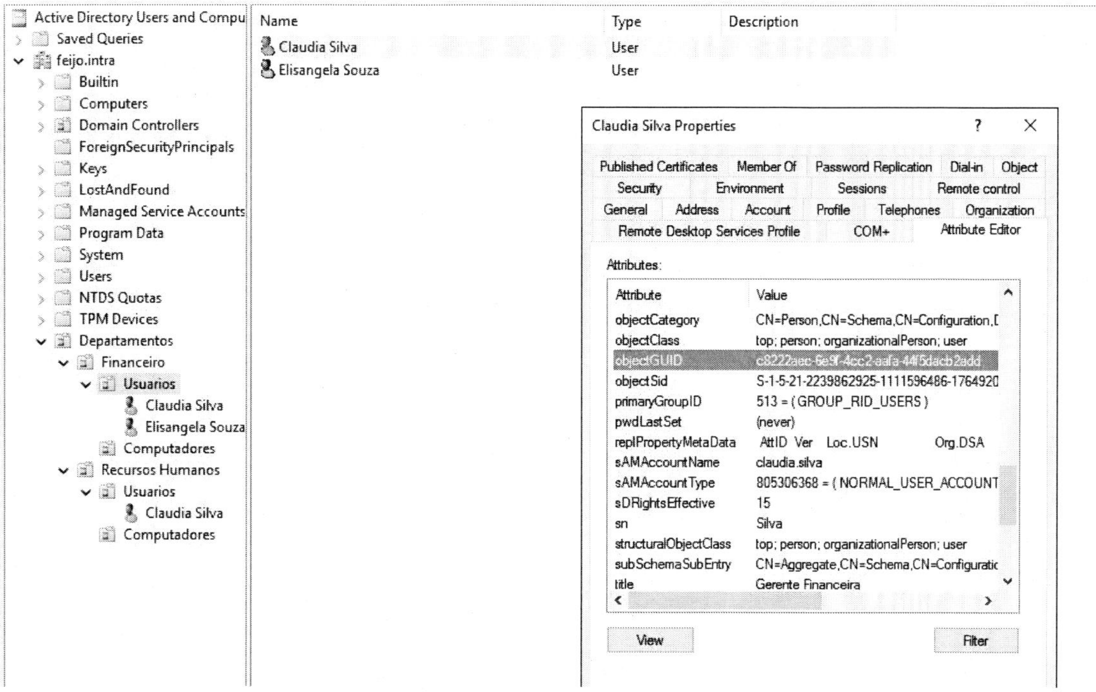

Fig. 6 – Atributo objectGUID do usuário

Mesmo não fazendo parte da identidade do objeto, na perspectiva do diretório, muitos outros atributos podem ser usados para identificação por aplicativos, vejam o caso de objetos principais de segurança que possuem os atributos **userPrincipalName**, **sAMAccountName** e **objectSid**, que são 'nomes' muito importantes e devem ser destacados:

- **userPrincipalName** (Nome Principal do Usuário). Também conhecido como "UPN", é um nome "amigável" que é mais curto que o DN e mais fácil de lembrar. O nome principal do usuário consiste em um nome abreviado que representa o usuário e geralmente o nome DNS do domínio onde reside o objeto do usuário ou qualquer outro nome designado.

- **sAMAccountName** (Nome da Conta SAM). Está relacionado com compatibilidade com domínios de versões anteriores do Windows. Nos nomes das contas SAM não há hierarquia na nomeação, então cada nome deve ser exclusivo no domínio.

- **objectSid.** Vejam, todos os objetos do Active Directory possuem um GUID (o atributo objectGUID), mas somente os Security principals possuem um SID (o atributo objectSID). Basicamente, **Security principals** são objetos que podem ser atribuídos permissões. Isso inclui as classes usuário, computador, grupo e domínio. Quando um novo objeto, de umas desas classes, é criado no Active Directory, o Controlador de Domínio atribui um valor exclusivo usado para identificar o objeto como um principal de segurança. Esse valor é exclusivo dentro do domínio. Um **ObjectSID** inclui um identificador de prefixo de domínio que identifica de forma exclusiva o domínio e um Identificador Relativo (**RID**) que identifica de forma exclusiva o principal de segurança dentro do domínio.

Muita atenção na característica de exclusividade, relacionado aos atributos **objectGUID** e **objectSID**, O primeiro é um identificador exclusivo em toda a floresta, mesmo que um determinado objeto seja movido de um domínio para outro dentro da mesma floresta, seu GUID não muda, enquanto que no caso do SID, ele é unico no domínio onde o objeto está localizado, caso haja uma movimentação de um determinado usuário, por exemplo, para um outro domínio da mesma floresta, este ganhará um novo SID.

3.1.1.4 Formatos de nome do Active Directory

O Active directory suporta vários fomatos de nomes para objetos. Como é o caso do **DN** e **cn**, mais além destes que já vimos, é importante conhecer o formato URL:

LDAP Uniform Resource Locator (URL). O Active Directory oferece suporte ao acesso através do protocolo LDAP a partir de qualquer cliente habilitado para LDAP. Os URLs LDAP são usados em scripts. Um URL LDAP nomeia o servidor que segura os serviços do Active Directory e o DN do objeto. Por exemplo:

LDAP: //server1.feijo.intra/cn=jsilva,ou=usuarios,ou=ti,dc=feijo, dc = intra

3.2 Estrutura Lógica do Active Directory

No Active Directory, os recursos são organizados em uma estrutura lógica, e este agrupamento lógico dos recursos garante um melhor gerenciamento e um acesso mais fácil e rápido. Existem diferentes tipos de recursos e objetos que definem a estrutura lógica:

- Objetos: Usuário, computador, grupo, impressora e compartilhamento de rede
- Unidades organizacionais:
- Domínios: limites lógicos para objetos
- Árvores: limite lógico para múltiplos domínios
- Florestas: Limite lógico para múltiplas árvores

Todos esses componentes do Active Directory trabalham juntos na definição da sua estrutura lógica.

3.2.1 Objetos

Eles são os componentes básicos da estrutura lógica. Os objetos possuem **classes** que são os modelos de tipos de objetos que podem ser criados. Cada classe de objeto é definida por um grupo de **atributos** que estabelece os valores que podem ser associados a um objeto.

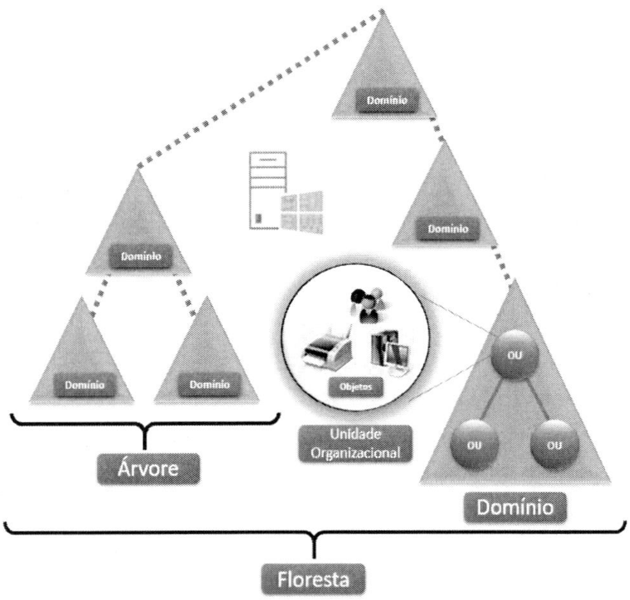

Fig. 7 – Representação dos componentes lógicos do AD DS

Podemos enquadrar objetos, basicamente em duas grandes categorias: **recursos** (por exemplo, impressoras) e **security principals** (contas e grupos de usuários ou computadores). Lembre-se que os Security principals recebem identificadores de segurança exclusivos (SIDs).

Certos objetos podem conter outros objetos. Seja um usuário, computador ou uma impressora, cada objeto representa uma única entidade. Um objeto é identificado de maneira exclusiva por seu nome e tem um conjunto de atributos, que representa suas características e informações, devidamente definidas por um esquema, que também determina os tipos de objetos que podem ser armazenados no Active Directory.

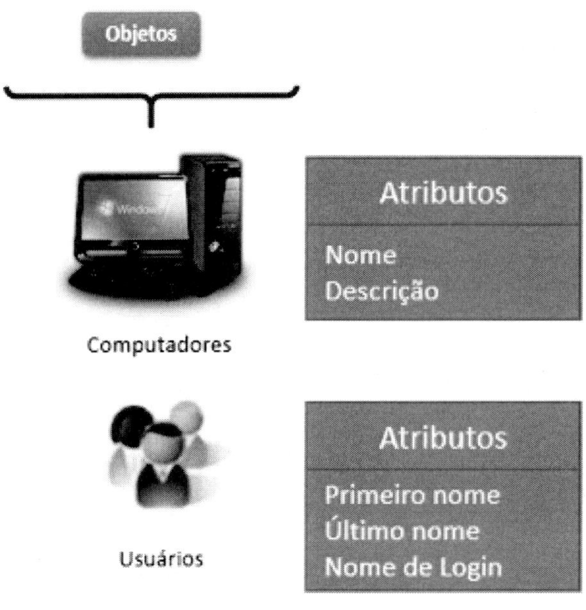

Fig. 8 – Representação de objetos do Active diretory

3.2.2 Unidades Organizacionais – OUs

Os objetos mantidos em um domínio podem ser agrupados em Unidades Organizacionais (OUs).

É uma estrutura que pode ser utilizada para organizar os objetos de um determinado domínio em um agrupamento lógico para efeitos de administração.

Cada domínio possui a sua própria estrutura de hierarquia de OUs. Adicionando OUs a outras OUs, ou seja, criando um aninhamento de OUs, é possível fornecer o controle administrativo em uma forma hierárquica.

As unidades Organizacionais são usadas para organizar objetos em agrupamentos lógicos e é importante compreender que as unidades Organizacionais são uma ferramenta dos administradores.

Ao organizar objetos em unidades organizacionais, melhoramos o processo de localizá-los e gerenciá-los. Esssa organização pode se assemelhar à estrutura da organização em termos gerenciais ou geográficos.

Você pode organizar objetos que tenham requisitos administrativos e de segurança semelhantes em unidades organizacionais. A Microsoft recomenda o uso de Unidades Organizacionais ao invés do uso de domínios para estruturar e simplificar a implementação de políticas e administração. A unidade Organizacional é o nível recomendado para aplicar políticas de grupo, embora as políticas também possam ser aplicadas em domínios ou sites, que são objetos do Active Directory formalmente denominados Objetos de Diretiva de Grupo (GPOs).

As delegações administrativas associadas às Unidades organizacionais têm um papel fundamental para administradores do Active diretory, pois permite simplificar a tarefa de gerenciar os objetos de forma segura e de acordo com os requisitos da empresa.

Características das unidades organizacionais:

- Unidades Organizacionais oferecem o melhor método para organizar a estrutura hierárquica no Active Directory. There is a big temptation to reflect the organizational hierarchy in the domain, but as we learned in the Domain Design section, this is not a good idea. As Unidades Organizacionais são adequadas para criar uma estrutura que reflitam a hierarquia organizacional.

- Unidades Organizacionais podem ser facilmente renomeadas e movidas. Using Active Directory Users and Computers (ADUC), manipulating OU's can easy. Usando Active Directory Usuários e Computadores, podemos facilmente manipulá-las. Renaming the OU does not affect the objects inside that OU.E temos que ter em mente que: Mudar o nome da OU não afeta os objetos dentro dessa OU, Moving the OU moves all objects and containers inside that OU. Mover a OU move todos os objetos e recipientes dentro dessa OU.

- Unidades organizacionais estão limitadas ao domínio em que foram criados. All organizational units do not exceed the domain boundary. Todas as unidades organizacionais não excedam os limites do domínio. Similarly named OU's in lexibili domains are lexibilidad of each other. Ou seja, todos os controladores de domínio no domínio contêm o mesmo conjunto de OU para esse domínio, e *somente* para esse domínio.

- Unidades Organizacionais oferecem um limite de boas práticas administrativas. Permissions to Active Directory objects can be delegated at the OU level, and have them inherited in the containers and objects inside that OU. Permissões para objetos do Active Directory podem ser delegadas no nível da OU, e tê-las herdado nos recipientes e objetos dentro dessa OU.

Razões para criar Unidades Organizacionais

Devem ser criadas para facilitar a administração de seu ambiente, compreendendo as seguintes situações:

- Delegar controle administrativo. Administration of Active Directory objects can be done in a per OU level, and these permissions by default are inherited by containers and objects in the said OU. A administração de objetos do Active Directory pode ser feita em um nível por unidade organizacional, e por padrão, essas permissões são herdadas por recipientes e objetos na OU.

- Implementação de políticas de grupo. Group Policies can be implemented, among others, on the OU level. Políticas de Grupo podem ser implementadas, entre outros, sobre o nível de OU. Like administrative permissions, they are also inherited by downlevel OU's and objects. Como permissões administrativas, as políticas de grupo também são herdadas pela OU de nível inferior e objetos. We will take a look at group policies in the next section.

- Organização de objetos no Active Directory. The Active Directory domain can contain millions of objects. O domínio do Active Directory pode conter milhões de objetos. It may be very hard to locate for a specific object among millions if there was no mechanism to organize them. Pode ser muito difícil de localizar um objeto específico entre milhões, se não houvesse nenhum mecanismo para organizá-los.

3.2.2.1 Contêiner

Os contêineres são objetos criados por padrão no Active Directory ao promovermos o primeiro controlador de domínio na rede. Os Contêineres não têm as mesmas propriedades que outros contêineres genéricos do Active Directory (como sites, domínios e unidades organizacionais). Não podemos excluí-los e principalmente não é possível associar Objetos de Diretiva de Grupo diretamente aos contêineres padrões.

Visualmente os contêineres padrão são identificáveis por seu ícone de pasta simples ( ) no console Usuários e Computadores do Active Directory, já o ícone para uma unidade organizacional é semelhante, exceto que um pequeno livro é sobreposto na pasta ( ).

Esses contêineres padrões são:

Contêineres	Conteúdo
Computers (Computadores)	Todos os servidores membros no domínio são colocados, por padrão, no contêiner Computadores. Além disso, todas as estações de trabalho associadas ao domínio também aparecem por padrão nesse contêiner. É o local padrão para novas contas de computador criadas no domínio.
Users (Usuários)	Contém contas adicionais de usuário e grupo predefinidas (além daquelas no contêiner Builtin). Usuários e grupos são membros pré-atribuídos e permissões para a conclusão de tarefas de gerenciamento de domínio e floresta. É o local padrão para novas contas de usuários criadas no domínio.
ForeignSecurityPrincipals	Contém objetos de proxy para entidades de segurança em domínios ou domínios NT 4.0 fora da floresta. Ou seja, controla e exibe relações de "confiança" com outros domínios
Managed services accounts (Contas de serviço gerenciadas)	Criada a partir do Windows 2008 R2 e usadas para contas de gerenciamento melhores e mais seguras usadas pelos serviços.
LostAndFound	Mantém objetos movidos ou criados ao mesmo tempo em que uma Unidade Organizacional é excluída. Devido à replicação do Active Directory, a UO pai pode ser excluída em um controlador de domínio, enquanto os administradores de outros controladores de domínio podem adicionar ou mover objetos para a UO excluída antes que a alteração seja replicada. Durante a replicação, novos objetos são colocados no contêiner LostAndFound.

NTDS Quotas	Contém objetos que contêm limites sobre o número de objetos que os usuários e grupos podem possuir.
Program Data	Contém dados específicos do aplicativo criados por outros programas. Este contêiner está vazio até que um programa projetado para armazenar informações no Active Directory o use.
System	Contém informações de configuração sobre o domínio, incluindo grupos e permissões de segurança, o compartilhamento SYSVOL do domínio, informações de configuração do DFS e políticas de segurança de IP.
Builtin	Contém contas de administrador de serviço padrão e grupos de segurança local de domínio. Esses grupos são permissões pré-atribuídas necessárias para executar tarefas de gerenciamento de domínio.

Os contêineres **LostAndFound**, **NTDS Quotas**, **Program Data** e **System** estão ocultos em Usuários e Computadores do Active Directory. Para exibir esses contêineres, clique em **Advanced** (Recursos avançados) no menu **View** (Exibir).

Importante saber!

Os contêineres padrões do Active Directory, tais como **Computadores** e **Usuários**, como já foi dito anteriormente não podem ter objetos de Diretiva de Grupo vinculados diretamente a eles. Entretanto, recebem política por **herança** de objetos de Diretiva de Grupo vinculados em um nível superior do Active Directory.

Resumindo, todos os GPOs aplicados na raiz do domínio também serão aplicados aos contêineres padrões **Computadores** e **Usuários**, e não há como bloquear o processamento, pois, como Contêineres, eles não têm o suporte adicional ao processamento de GPO que uma Unidade Organizacional possui.

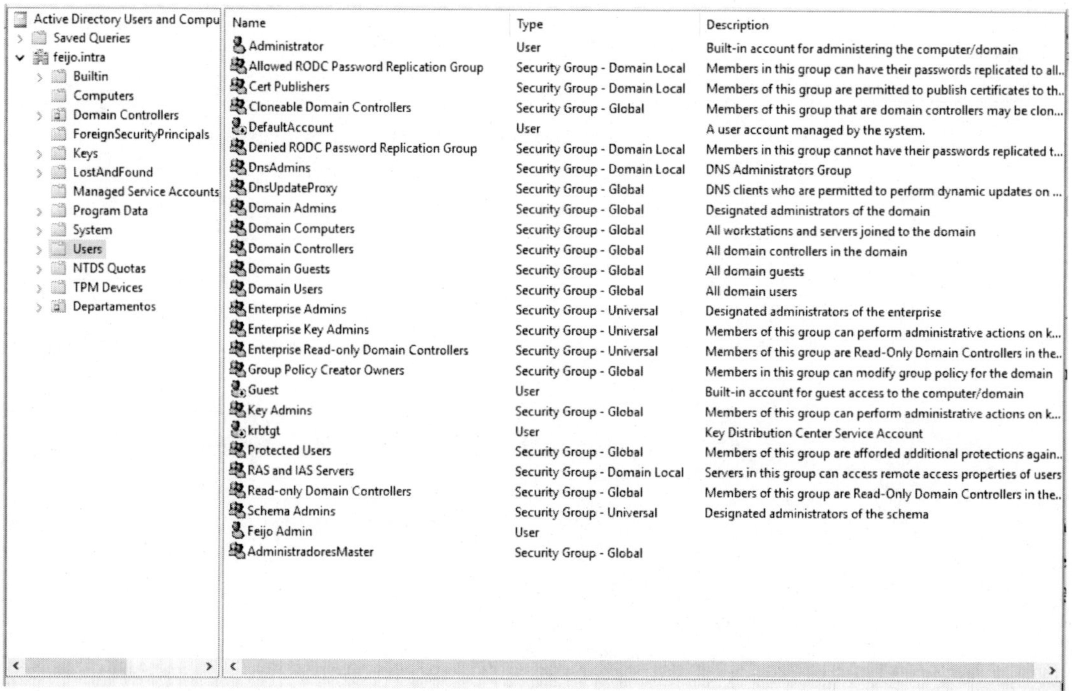

Fig. 9 – Listagem de Usuários e Grupos criados por padrão no contêiner Users – Windows Server 2016

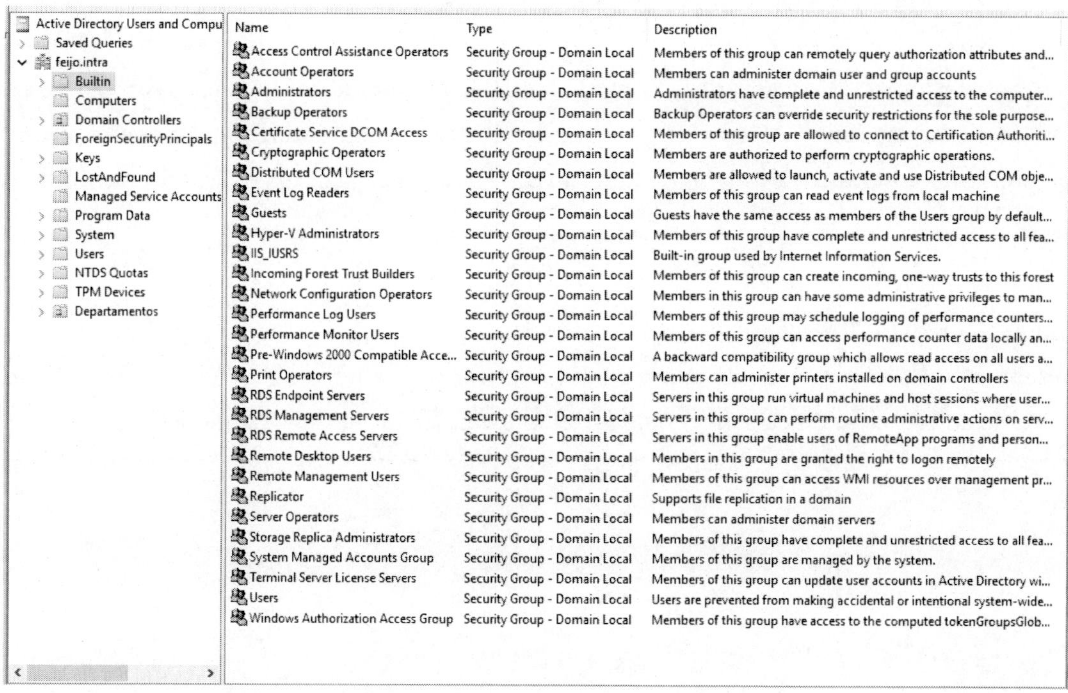

Fig. 10 – Listagem de Grupos criados por padrão no contêiner Builtin – Windows Server 2016

3.2.2.2 Criando Contêineres Padrões

Em casos excepcionais, pode ser necessário, em função da implementação de algum software que possua integração com Active directory, por exemplo, a criação de um novo contâiner padrão. Segue abaixo o procedimento a ser realizado, através do **ADSI Edit**, é necessário ser membro do grupo de segurança **Schema Admin** (Administradores do Esquema):

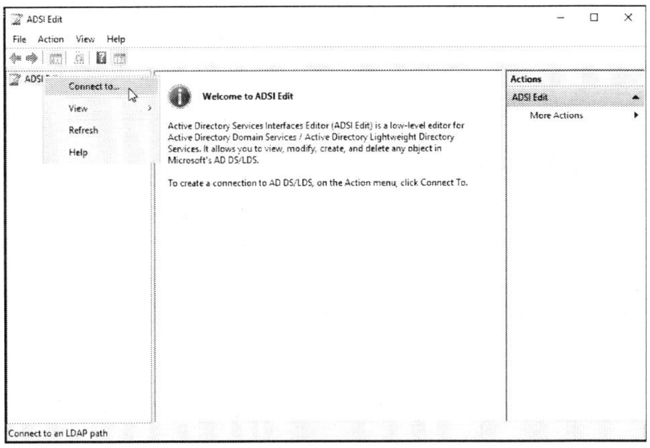

1. Abra o Adsiedit.msc, clique com o botão direito do mouse em **ADSI Edit** e clique em **Connect to...**

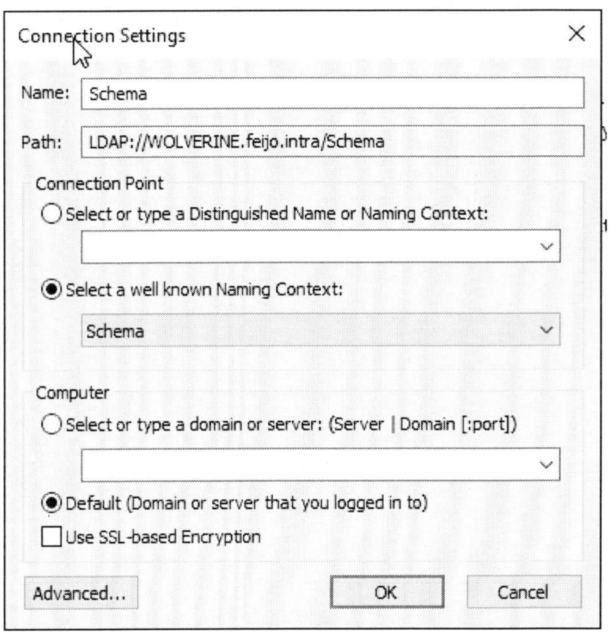

2. Selecione "Schema" no item "Select a well known Naming Context" e pressione o botão "OK"

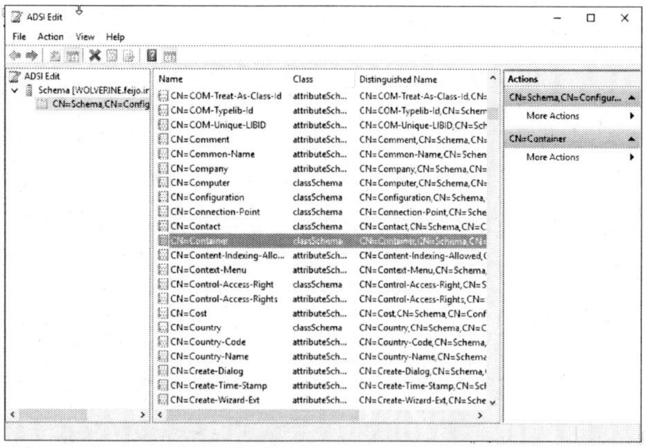

3. No painel esquerdo selecione “Schema,CN=Configuration,DC=feijo,DC=intra” e procure no painel direito “CN=Container”. Abra a propriedade

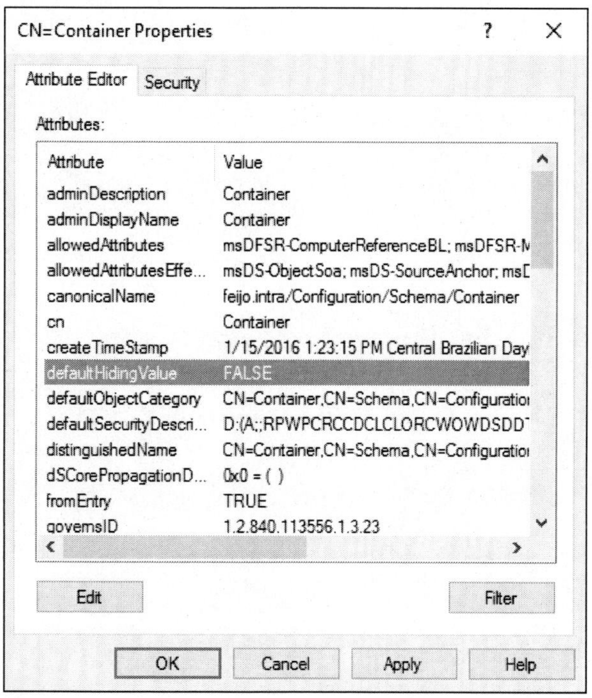

4. Altere o valor de “**defaultHidingValue**” para “**FALSE**” e pressione “OK”.

5. Abra o programa Usuários e Computadores do Active Directory (verifique se Recursos Avançados estão visíveis), clique com o botão direito do mouse no nome do domínio ou em qualquer Contêiner / OU selecione a opção “New”. A opção **Contêiiner** agora também está listada na lista de objetos.

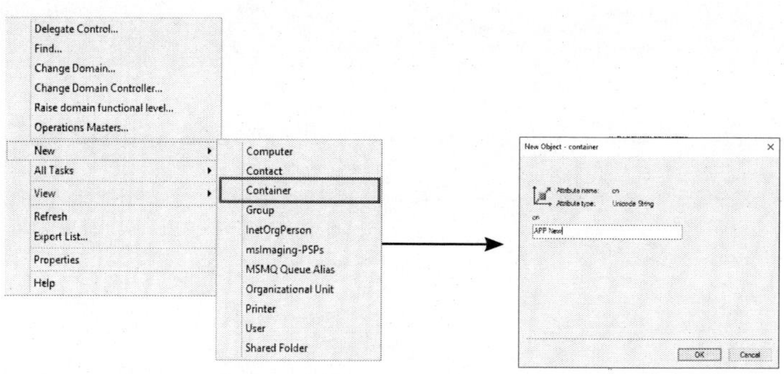

3.2.2.3 Redirecionando os contêineres: Usuários e Computadores

Já vimos no item Contêiner, abordado anteriormente, que ao ingressar um computador ao domínio, por padrão, sua conta será colocada no **contêiner Computadores**, assim como na criação de usuários, automaticamente a conta irá para o **contêiner Usuários**. Isso pode não ser o ideal, por exemplo, se você quiser aplicar uma Política de Grupo distinta a computadores logo após eles serem associados ao domínio.

Prevendo uma situação, como esta, o Active directory permite alterar o local padrão das novas contas do computador e de usuário. Atráves de uma ferramenta de redirecionamento existente desde o Windows Server 2003.

Para realizar a ação, são utilizadas as ferramentas de redirecionamentos: **redircmp**, para modificar o lugar padrão de armazenamento das contas de computadores do contêiner Computadores para uma Unidade Organizacional específica e **redirusr**, para redirecionar as contas de usuário do contêiner usuários para uma Unidade Organizacional específica.

- Computadores:
  Redircmp "<NewParentDN>"
  Exemplo:
  Redirecionando para a OU NovosComputadores, do domínio feijo.intra
  Redircmp "OU=NovosComputadores,DC=feijo,DC=intra"

- Usuários:
  Redirusr "<NewParentDN>"
  Exemplo:
  Redirecionando para a OU UserNovos, do domínio feijo.intra
  Redircmp "OU=UserNovos,DC=feijo,DC=intra"

Internamente, a ferramenta **redircmp** atualiza um atributo do domínio chamado **wellKnownObjects**. O atributo **wellKnownObjects** contém uma lista de GUIDs conhecidos e um nome distinto para cada GUID. Usando GUIDs, o caminho para um objeto pode ser dinâmico sem que o cliente precise estar ciente de qualquer coisa diferente do GUID para o objeto que está procurando. Nesse caso, é como o Active Directory rastreia o local padrão para novos objetos de computador.

Exemplos de operações que usam APIs que respondem nos caminhos definidos no atributo **WellKnownObjects**:

Operação
NET COMPUTER
NET GROUP
NET USER
NETDOM ADD, onde o comando /ou não é especificado ou suportado

3.2.2.4 Unidade Organizacional Padrão

Quando da criação dos **contêineres padrões**, na ocasião da criação do primeiro controlador de domínio da rede, uma unidade organizacional especial também é criada, ela é a **OU Domain Controlles** (Controladores de domínio). Nasce com a importante missão de abrigar as contas dos Controladores de domínio do domínio.

Justamente por se tratar de uma Unidade Organizacional e não de um **contêiner padrão**, é possível aplicar objetos de diretiva de grupos diretamente a ela. E por abrigar contas tão importantes, por padrão a OU dos Controladores de Domínio tem Objetos de Diretiva de Grupo especiais (**Default Domain Policy,** por herança do domínio e **Default Domain Controller Policy**), e é muito importante que todos os Controladores de domínio às recebam. Ao mover os Controladores para outras Ous os Objetos de Diretiva de Grupo especiais podem não ser aplicados corretamente. A Microsoft adverte em seu site sobre exatamente esse problema:

"IMPORTANTE: Não mova nenhuma conta de controlador de domínio da OU de Controladores de Domínio padrão, mesmo se alguns administradores fizerem logon para executar tarefas administrativas. A movimentação dessas contas interromperá a aplicação consistente das políticas do controlador de domínio a todos os domínios e não será suportado."

É verdade que é possível criar OUs dentro da UO de Controladores de Domínio, o que significaria que os objetos de política de grupo aplicados na OU de Controladores de Domínio também seriam aplicados às UOs filhas. Entretanto, existem outros problemas relacionados à movimentação das contas dos controladores de domínio:

- A Microsoft espera que os DCs estejam na OU dos Controladores de Domínio e você terá problemas de suporte se mover os DCs;

- Alguns serviços e aplicativos, como as ferramentas de análise, por exemplo, podem pesquisar apenas a OU de Controladores de Domínio para DCs (examinando o valor de GUID_DOMAIN_CONTROLLERS _CONTAINER_W), levando a resultados falsos em função da movimentação.

- Futuras atualizações do sistema operacional procurarão Controladores de Domínio na OU de controladores de domínio.

3.2.2.5 Operações com Unidades Organizacionais

A seguir, uma abordagem detalhada das operações de Criar, Excluir e Delegar controle de uma Unidade Organizacional.

3.2.2.5.1 Criação

A operação de criação de uma nova unidade organizacional é muito simples, além de poder ser realizada de diversas formas:

3.2.2.5.1.1 Via Ambiente Gráfico

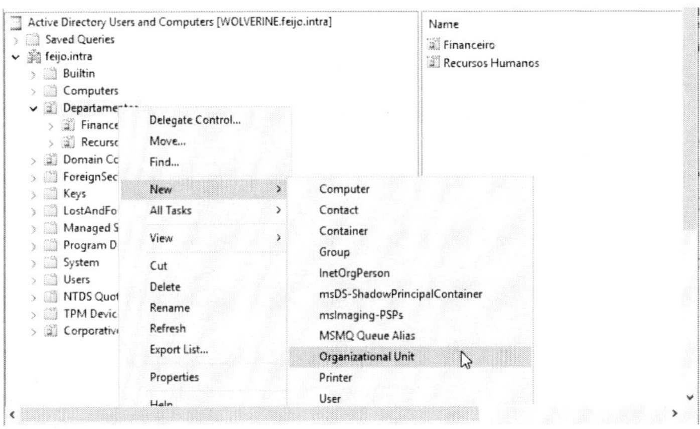

Com o botão direito, clique no domínio ou em alguma unidade organizacional existente e na opção New, no menu apresentado, verá a opção de Organization Unit.

Ao clicar em Organization Unit, a janela abaixo será mostrada para que seja informado o nome da nova Unidade Organizacional.

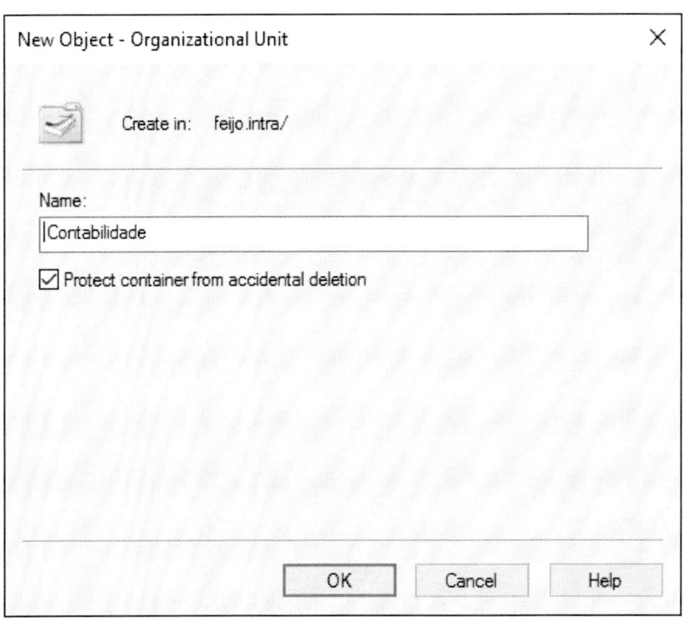

Na referente janela, podemos observar, que por padrão a opção **Protect container from accidental deletion**, está marcada. Esse recurso foi introduzido no Windows server 2008 e tem por objetivo proteger as Unidades Organizacionais contra exclusão acidental.

As Unidades Organizacionais criadas via Usuários e Computadores do Active Directory, Centro Administrativo do Active Directory ou por meio do módulo Active Directory do *PowerShell* são protegidos por padrão.

É uma prática recomendada pela Microsoft, a

utilização habilitado do recurso de proteção contra exclusões acidentais para todas as Unidades Organizacionais. Tanto é verdade que ao utilizar a ferramenta Active Directory Best Practices Analyzer (Analisador de Práticas Recomendadas do Active Directory) é realizada uma verificação do status de ativação do recurso de prevenção de exclusão acidental em Unidades Organizacionais em um ambiente do Active Directory, mostrando como inconformidade, ao indentificar Unidades Organizacionais sem proteção.

É possível utilizar o *PowerShell*, com o módulo Active Directory, para procurar Unidades Organizacionais desprotegidas:

```
Administrator: Active Directory Module for Windows PowerShell
PS C:\Users\Administrator> Get-ADOrganizationalUnit -Filter {name -like "*"} -Properties Protected
FromAccidentalDeletion | format-table Name,ProtectedFromAccidentalDeletion

Name                       ProtectedFromAccidentalDeletion
----                       -------------------------------
Domain Controllers                                   False
Departamentos                                        False
Financeiro                                            True
Recursos Humanos                                      True
Usuarios                                              True
Usuarios                                              True
Computadores                                          True
Computadores                                          True
Corporativo                                           True
Matriz                                               False
Filial 1 - Recife                                    False
Filial 2 - Sao Paulo                                  True
Filial 3 - Campo Grande                               True
Contabilidade                                         True
Contabilidade                                         True
```

A saída do comando **Get-ADOrganizationalUnit**, neste caso, será uma tabela com duas colunas. A primeira coluna lista os **nomes** das Unidades Organizacionais, enquanto que na segunda coluna usa **true** e **false** indicando que a OU está protegida contra exclusão acidental ou não.

É possível ainda, via o próprio *PowerShell*, ativar a proteção contra exclusão acidental em todas as Unidades Organizacionais do Active Directory que estejam sem a proteção:

```
Administrator: Active Directory Module for Windows PowerShell
PS C:\Users\Administrator> Get-ADOrganizationalUnit -Filter {name -like "*"} -Properties Protected
FromAccidentalDeletion | where {$_.ProtectedFromAccidentalDeletion -eq $false} | Set-ADOrganizatio
nalUnit -ProtectedFromAccidentalDeletion $true
```

Após a execução, podemos listar novamente as Unidades Organizacionais e verificar:

```
Administrator: Active Directory Module for Windows PowerShell
PS C:\Users\Administrator> Get-ADOrganizationalUnit -Filter {name -like "*"} -Properties Protected
FromAccidentalDeletion | format-table Name,ProtectedFromAccidentalDeletion

Name                          ProtectedFromAccidentalDeletion
----                          -------------------------------
Domain Controllers                                       True
Departamentos                                            True
Financeiro                                               True
Recursos Humanos                                         True
Usuarios                                                 True
Usuarios                                                 True
Computadores                                             True
Computadores                                             True
Corporativo                                              True
Matriz                                                   True
Filial 1 - Recife                                        True
Filial 2 - Sao Paulo                                     True
Filial 3 - Campo Grande                                  True
Contabilidade                                            True
Contabilidade                                            True
```

Internamente o que acontece é o seguinte:

- As entradas de controle de acesso excluir (ACEs) serão negadas no próprio objeto;
- As entradas de controle de acesso de exclusão filho (ACEs) serão negadas no objeto pai

Após informar o nome da nova Unidade Organizacional, e clicar em OK, a OU é criada e já aparece de imediato na estrutura do Active Directory.

3.2.2.5.1.2 Via PowerShell

Via *PowerShell*, com o módulo do Active Directory, também o processo é muito simples. É preciso apenas adicionar ao comando New-ADOrganizationalUnit o nome da nova Unidade Organizacional:

```
Select Administrator: Active Directory Module for Windows PowerShell
PS C:\Users\Administrator> New-ADOrganizationalUnit "Contabilidade"
```

Por padrão, o *PowerShell* criará a OU na raiz do domínio.

Para criar a nova OU dentro de um caminho específico é necessário acrescentar o parâmetro path e informar o caminho:

```
Administrator: Active Directory Module for Windows PowerShell
PS C:\Users\Administrator> New-ADOrganizationalUnit "Contabilidade" -Path "OU=Departamentos,DC=Feijo
,DC=Intra"
```

Podemos utilizar também o comando **Get-ADOrganizationalUnit** com o parâmetro **-Identity**, para obter mais detalhes de uma unidade organizacional com o nome distinto especificado no identificador entre aspas duplas:

```
Select Administrator: Active Directory Module for Windows PowerShell
PS C:\Users\Administrator> Get-ADOrganizationalUnit -Identity "OU=Contabilidade,OU=Departamentos,DC=Feijo,DC=intra"


City                     :
Country                  :
DistinguishedName        : OU=Contabilidade,OU=Departamentos,DC=feijo,DC=intra
LinkedGroupPolicyObjects : {}
ManagedBy                :
Name                     : Contabilidade
ObjectClass              : organizationalUnit
ObjectGUID               : e423b4d1-3dde-44f9-83c0-fc64171e5c74
PostalCode               :
State                    :
StreetAddress            :
```

Agora imagine uma situação em que seja necessária a criação de várias Unidades Organizacionais ao mesmo tempo, essa operação pode tomar muito tempo, se consideramos a execução via ambiente gráfico ou mesmo de forma individual com o comando **New-ADOrganizationalUnit**.

Entretanto, a estrutura do comando **New-ADOrganizationalUnit**, pode nos possibilitar uma ótima solução, já que muitos dos parâmetros podem ser passados pelo nome da propriedade. Com isso, se encaminharmos um objeto com um nome de propriedade correspondente, o *PowerShell* atribuirá esse valor ao parâmetro correspondente.

Vamos considerar uma planilha com a seguinte estrutura:

	A	B	C	D	E	F	G
1	1	Path	Display Name	Name	City	State	Description
2	2	"OU=Derpatamentos,OU=Filial 1 - Recife",OU=Corporativo,DC=Feijo,DC=intra"	Departamentos	Departamentos	Recife	PE	"Departamentos da Unidade 1"
3	3	"OU=Derpatamentos,OU=Filial 2 - São Paulo",OU=Corporativo,DC=Feijo,DC=intra"	Departamentos	Departamentos	São Paulo	SP	"Departamentos da Unidade 2"
4	4	"OU=Derpatamentos,OU=Filial 3 - Rondonopolis",OU=Corporativo,DC=Feijo,DC=intra"	Departamentos	Departamentos	Rondonopolis	MT	"Departamentos da Unidade 3"
5	5	"OU=Financeiro,OU=Derpatamentos,OU=Filial 1 - Recife",OU=Corporativo,DC=Feijo,DC=intra"	Financeiro	Financeiro	Recife	PE	"Depart Financeiro Uni 1"
6	6	"OU=Financeiro,OU=Derpatamentos,OU=Filial 2 - São Paulo",OU=Corporativo,DC=Feijo,DC=intra"	Financeiro	Financeiro	São Paulo	SP	"Depart Financeiro Uni 2"
7	7	"OU=Financeiro,OU=Derpatamentos,OU=Filial 3 - Rondonopolis",OU=Corporativo,DC=Feijo,DC=intra"	Financeiro	Financeiro	Rondonopolis	MT	"Depart Financeiro Uni 3"
8	8	"OU=Manutencao,OU=Derpatamentos,OU=Filial 1 - Recife",OU=Corporativo,DC=Feijo,DC=intra"	Manutencao	Manutencao	Recife	PE	"Depart Manutencao Uni 1"
9	9	"OU=Manutencao,OU=Derpatamentos,OU=Filial 2 - São Paulo",OU=Corporativo,DC=Feijo,DC=intra"	Manutencao	Manutencao	São Paulo	SP	"Depart Manutencao Uni 2"
10	10	"OU=Manutencao,OU=Derpatamentos,OU=Filial 3 - Rondonopolis",OU=Corporativo,DC=Feijo,DC=intra"	Manutencao	Manutencao	Rondonopolis	MT	"Depart Manutencao Uni 3"
11	11	"OU=Comercial,OU=Derpatamentos,OU=Filial 1 - Recife",OU=Corporativo,DC=Feijo,DC=intra"	Comercial	Comercial	Recife	PE	"Depart Comercial Uni 1"
12	12	"OU=Comercial,OU=Derpatamentos,OU=Filial 2 - São Paulo",OU=Corporativo,DC=Feijo,DC=intra"	Comercial	Comercial	São Paulo	SP	"Depart Comercial Uni 2"
13	13	"OU=Comercial,OU=Derpatamentos,OU=Filial 3 - Rondonopolis",OU=Corporativo,DC=Feijo,DC=intra"	Comercial	Comercial	Rondonopolis	MT	"Depart Comercial Uni 3"

Na planilha, os títulos das colunas correspondem aos nomes dos parâmetros. Agora a partir da Excel iremos exportar para um CSV e usá-lo no *PowerShell.*

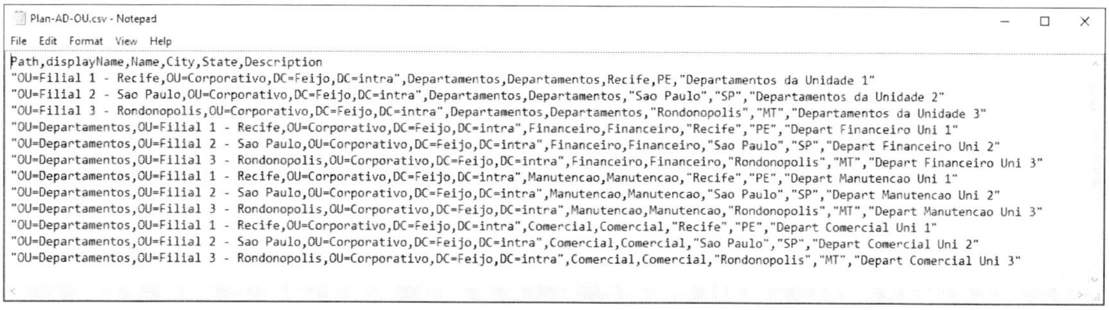

```
Plan-AD-OU.csv - Notepad
File Edit Format View Help
Path,displayName,Name,City,State,Description
"OU=Filial 1 - Recife,OU=Corporativo,DC=Feijo,DC=intra",Departamentos,Departamentos,Recife,PE,"Departamentos da Unidade 1"
"OU=Filial 2 - Sao Paulo,OU=Corporativo,DC=Feijo,DC=intra",Departamentos,Departamentos,"Sao Paulo","SP","Departamentos da Unidade 2"
"OU=Filial 3 - Rondonopolis,OU=Corporativo,DC=Feijo,DC=intra",Departamentos,Departamentos,"Rondonopolis","MT","Departamentos da Unidade 3"
"OU=Departamentos,OU=Filial 1 - Recife,OU=Corporativo,DC=Feijo,DC=intra",Financeiro,Financeiro,"Recife","PE","Depart Financeiro Uni 1"
"OU=Departamentos,OU=Filial 2 - Sao Paulo,OU=Corporativo,DC=Feijo,DC=intra",Financeiro,Financeiro,"Sao Paulo","SP","Depart Financeiro Uni 2"
"OU=Departamentos,OU=Filial 3 - Rondonopolis,OU=Corporativo,DC=Feijo,DC=intra",Financeiro,Financeiro,"Rondonopolis","MT","Depart Financeiro Uni 3"
"OU=Departamentos,OU=Filial 1 - Recife,OU=Corporativo,DC=Feijo,DC=intra",Manutencao,Manutencao,"Recife","PE","Depart Manutencao Uni 1"
"OU=Departamentos,OU=Filial 2 - Sao Paulo,OU=Corporativo,DC=Feijo,DC=intra",Manutencao,Manutencao,"Sao Paulo","SP","Depart Manutencao Uni 2"
"OU=Departamentos,OU=Filial 3 - Rondonopolis,OU=Corporativo,DC=Feijo,DC=intra",Manutencao,Manutencao,"Rondonopolis","MT","Depart Manutencao Uni 3"
"OU=Departamentos,OU=Filial 1 - Recife,OU=Corporativo,DC=Feijo,DC=intra",Comercial,Comercial,"Recife","PE","Depart Comercial Uni 1"
"OU=Departamentos,OU=Filial 2 - Sao Paulo,OU=Corporativo,DC=Feijo,DC=intra",Comercial,Comercial,"Sao Paulo","SP","Depart Comercial Uni 2"
"OU=Departamentos,OU=Filial 3 - Rondonopolis,OU=Corporativo,DC=Feijo,DC=intra",Comercial,Comercial,"Rondonopolis","MT","Depart Comercial Uni 3"
```

Já no *PowerShell* e de posse do arquivo CSV, gerado pelo Excel, podemos executar a criação das novas unidades Organizacionais. com o comando **New-ADOrganizationalUnit**, utilizando o parametro **–PassThru**, que retorna um objeto representando o item com o qual você está trabalhando.

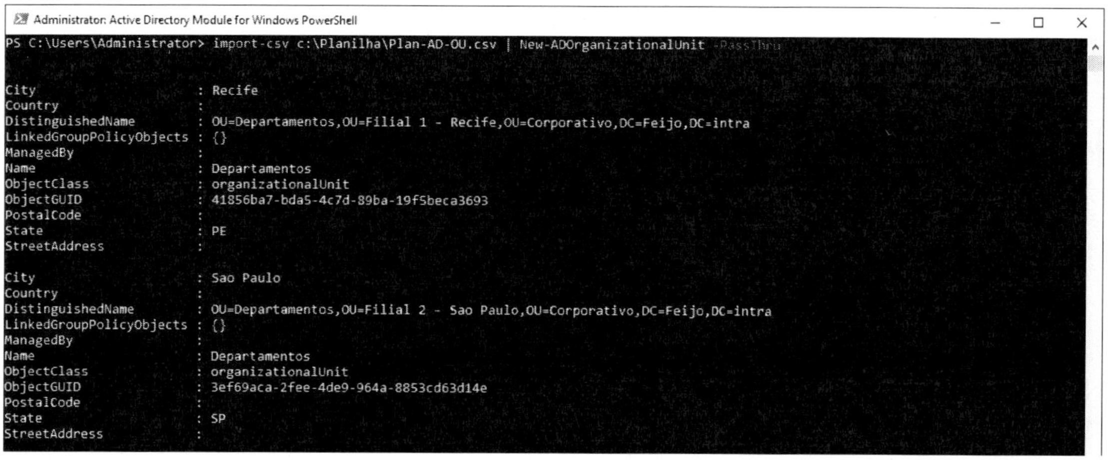

```
Administrator: Active Directory Module for Windows PowerShell
PS C:\Users\Administrator> import-csv c:\Planilha\Plan-AD-OU.csv | New-ADOrganizationalUnit -PassThru

City                     : Recife
Country                  :
DistinguishedName        : OU=Departamentos,OU=Filial 1 - Recife,OU=Corporativo,DC=Feijo,DC=intra
LinkedGroupPolicyObjects : {}
ManagedBy                :
Name                     : Departamentos
ObjectClass              : organizationalUnit
ObjectGUID               : 41856ba7-bda5-4c7d-89ba-19f5beca3693
PostalCode               :
State                    : PE
StreetAddress            :

City                     : Sao Paulo
Country                  :
DistinguishedName        : OU=Departamentos,OU=Filial 2 - Sao Paulo,OU=Corporativo,DC=Feijo,DC=intra
LinkedGroupPolicyObjects : {}
ManagedBy                :
Name                     : Departamentos
ObjectClass              : organizationalUnit
ObjectGUID               : 3ef69aca-2fee-4de9-964a-8853cd63d14e
PostalCode               :
State                    : SP
StreetAddress            :
```

Acessando Usuários e Computadores do Active Directory, podemos ver as referidas Unidades Organizacionais devidamente criadas:

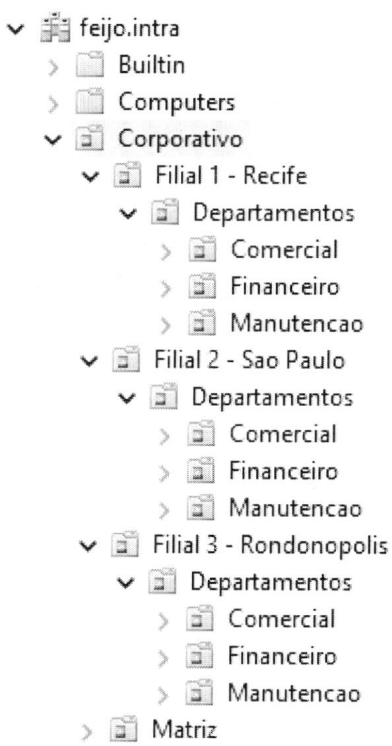

3.2.2.5.2 Exclusão

A operação de exclusão de uma Unidade Organizacional de tão simples, se tornou perigosa, já que eram muitos os casos de exclusão acidental reportados pelos administradores, que a Microsoft resolveu, a partir do Windows Server 2008, implementar o recurso de proteção contra exclusão acidental de objetos, através da opção **Protect container from accidental deletion**, ativado por padrão e localizada na guia **Objects** de todas as Unidades Organizaconais.

3.2.2.5.2.1 Via Ambiente Gráfico

Para realizar a exclusão simples de uma Unidade organizacional, dentro da ferramenta Usuários e Computadores do Active Directory, basta clicar com o botão direito sobre a OU que deseja excluir e no menu que se apresentará, escolher a opção **Delete**:

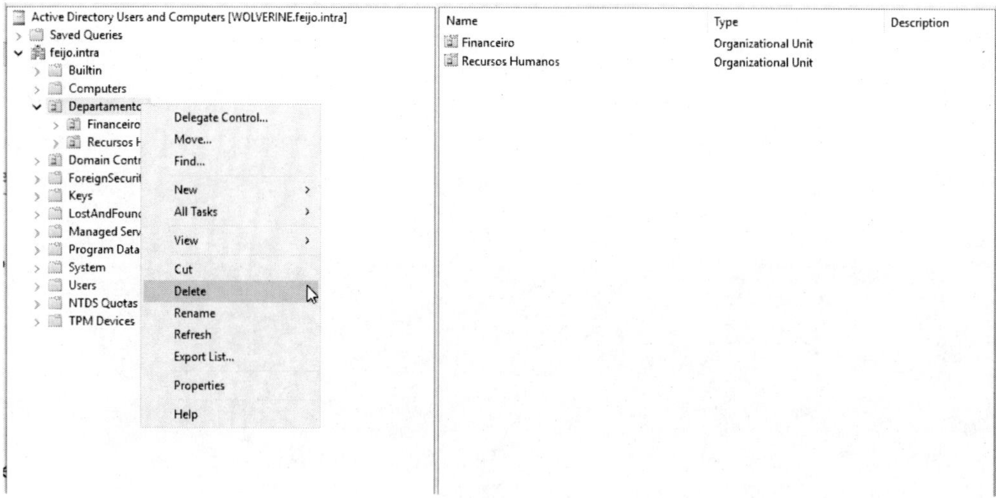

A seguir uma janela de confirmação será apresentada para que possa concluir a operação de exclusão.

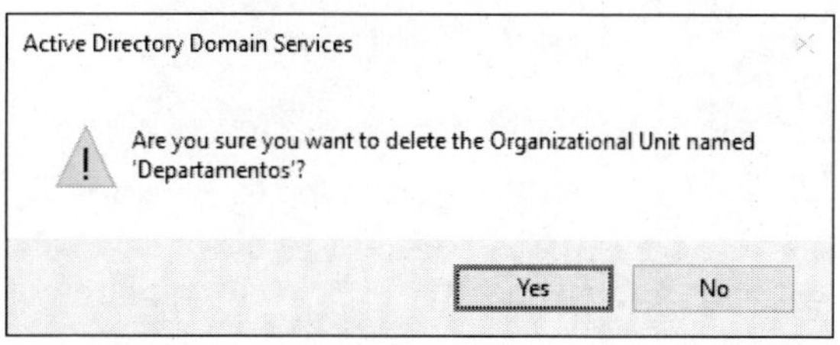

Ao clicar na opção **Yes**, da janela de confirmação, para confirmar a exclusão da Unidade Organizacional, três situações podem se apresentar:

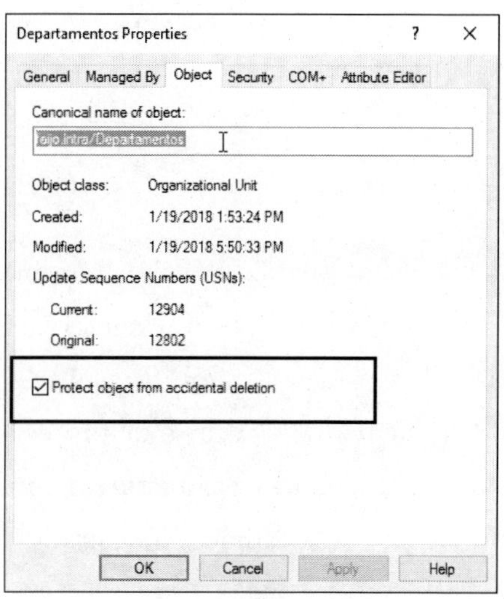

1. A Unidade Organizacional ser excluída com sucesso;
2. A unidade que se pretende excluir está com o recurso de proteção contra exclusão acidental ativado:

Nesse caso a seguinte mensagem de erro será apresentada:

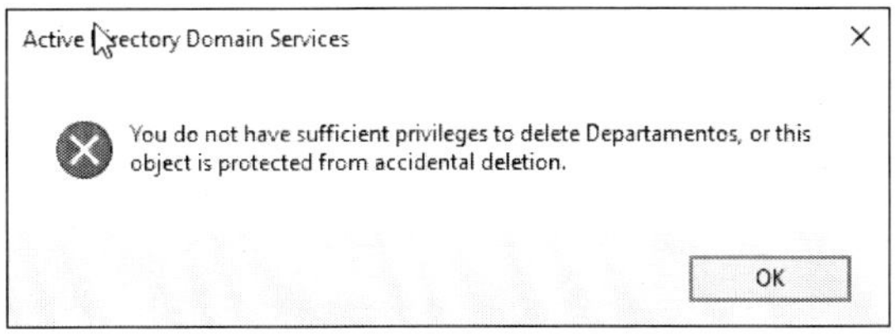

Nesse caso para conseguir realizar a exclusão da Unidade Organizacional será necessário entrar nas propriedades da referente Unidade e na guia Object, desmarcar a opção **Protect object from accidental deletion.**

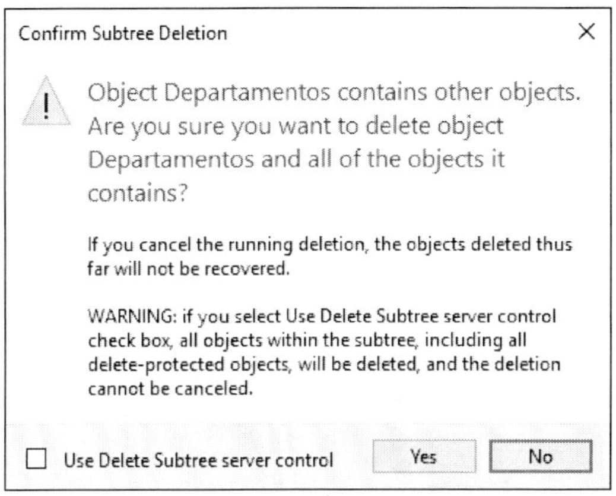

3. Na terceira situação, a referente Unidade Organizacional não está com a proteção contra exclusão acidental ativada, porém não está vazia, possuindo objetos ou até mesmo outras Unidades Organizacionais dentro dela. A seguinte mensagem é apresentada:

A partir da janela de alerta apresentada acima, podemos tomar três ações:

- Escolher a opção **No**, cancelando o processo de exclusão a partir deste momento, objetos que já tenham sido excluídos antes da janela de alerta ser apresentada não serão recuperados.

- Escolher a opção **Yes**, o processo de exclusão continuará, entretanto, objetos que estejam dentro da OU selecionada para exclusão e que tenham o recurso de proteção contra exclusão acidental ativados não serão excluídos, sendo exibida mensagem de erro e o processo de exclusão é interrompido:

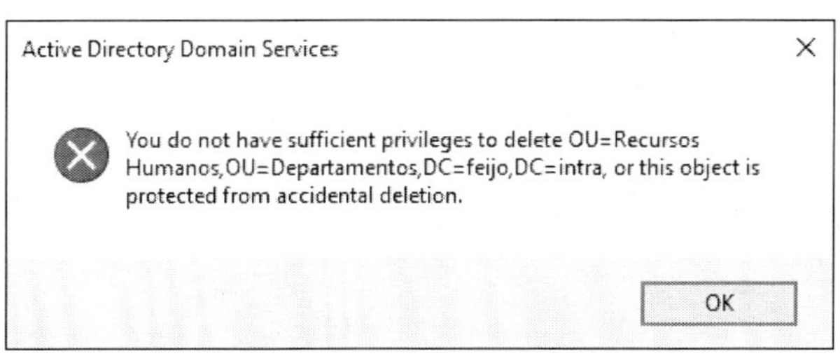

- Escolher a opção **Yes** e marcar o box da opção **Use Delete Subtree server control** (Use o Controle do Servidor de exclusão de subárvore), neste caso o processo de exclusão continuará e todos os objetos que estejam dentro da OU selecionada serão excluídos, mesmo se estiverem com o recurso de proteção contra exclusão acidental ativado.

3.2.2.5.2.2 Via PowerShell

No *PowerShell* com módulo Active Directory, o cmdlet **Remove-ADOrganizationalUnit** é utilizado para realizar a operação de exclusão de Unidades Organizacionais (OU).

```
Administrator: Active Directory Module for Windows PowerShell
PS C:\Users\Administrator> Remove-ADOrganizationalUnit "OU=Departamentos,DC=feijo,DC=intra"

Confirm
Are you sure you want to perform this action?
Performing the operation "Remove" on target "OU=Departamentos,DC=feijo,DC=intra".
[Y] Yes  [A] Yes to All  [N] No  [L] No to All  [S] Suspend  [?] Help (default is "Y"): Y
```

É preciso considerar:

Se a Unidade Organizacional que queremos excluir possui objetos filho, é necessário especificar o parâmetro Recursive.

```
Administrator: Active Directory Module for Windows PowerShell
PS C:\Users\Administrator> Remove-ADOrganizationalUnit "OU=Departamentos,DC=feijo,DC=intra" -Recursive

Are you sure you want to remove the item and all its children?
Performing recursive remove on Target: 'OU=Departamentos,DC=feijo,DC=intra'.
[Y] Yes  [A] Yes to All  [N] No  [L] No to All  [S] Suspend  [?] Help (default is "Y"): Y
```

Este comando remove uma OU e todos os seus objetos filho. Mesmo que alguns dos seus objetos filho estejam protegidos contra exclusão acidental, se a OU selecionada não estiver protegida, a OU e todos os seus objetos filho serão excluídos.

Se a propriedade **ProtectedFromAccidentalDeletion** do objeto da unidade organizacional estiver ativo, o cmdlet retornará um erro de finalização.

```
Administrator: Active Directory Module for Windows PowerShell
PS C:\Users\Administrator> Remove-ADOrganizationalUnit "OU=Departamentos,DC=feijo,DC=intra"

Confirm
Are you sure you want to perform this action?
Performing the operation "Remove" on target "OU=Departamentos,DC=feijo,DC=intra".
[Y] Yes  [A] Yes to All  [N] No  [L] No to All  [S] Suspend  [?] Help (default is "Y"): Y
Remove-ADOrganizationalUnit : Access is denied
At line:1 char:1
+ Remove-ADOrganizationalUnit "OU=Departamentos,DC=feijo,DC=intra"
+ ~~~~~~~~~~~~~~~~~~~~~~~~~~~~~~~~~~~~~~~~~~~~~~~~~~~~~~~~~~~~~~~~~
    + CategoryInfo          : PermissionDenied: (OU=Departamentos,DC=feijo,DC=intra:ADOrganizationalUnit) [Rem
   ove-ADOrganizationalUnit], UnauthorizedAccessException
    + FullyQualifiedErrorId : ActiveDirectoryCmdlet:System.UnauthorizedAccessException,Microsoft.ActiveDirecto
   ry.Management.Commands.RemoveADOrganizationalUnit
```

A solução é primeiramente remover a proteção da exclusão acidental. Isso pode ser feito da seguinte forma:

```
Administrator: Active Directory Module for Windows PowerShell
PS C:\Users\Administrator> Get-ADOrganizationalUnit -Identity 'OU=Departamentos,DC=feijo,DC=intra' | Set-ADObje
ct -ProtectedFromAccidentalDeletion:$false -PassThru | Remove-ADOrganizationalUnit

Confirm
Are you sure you want to perform this action?
Performing the operation "Remove" on target "OU=Departamentos,DC=feijo,DC=intra".
[Y] Yes  [A] Yes to All  [N] No  [L] No to All  [S] Suspend  [?] Help (default is "Y"): Y
```

No exemplo acima, primeiro a Unidade Organizacional é selecionada e esse objeto é transmitido ao **Set--ADObject**, que remove a proteção de exclusão acidental com **Passthru**, que passa o objeto da UO a cmdlet **Remove-ADOrganizationalUnit** que executa a exclusão.

3.2.2.5.3 Delegação de Controle

A delegação de controle do Active Directory é um importante recurso que possibilita a flexibilidade na administração do ambiente de forma segura e controlada. Ao delegar a administração, é possível conceder aos usuários ou grupos apenas as permissões necessárias sem adicionar usuários a grupos privilegiados, como por exemplo, administradores de domínio, operadores de conta.

Isso certamente nos dá um retorno muito maior sobre o investimento do Active Directory, além de fornecer um mecanismo mais flexível para o gerenciamento de objetos e contas corporativas.

O Active directory permite um nível muito alto de detalhamento das tarefas administrativas que podem ser delegadas. É possível delegações, tais como: atribuir a um grupo o direito de redefinir as senhas de todos os usuários em uma determinada Unidade Organizacional; ou a outro grupo conceder o direito de gerenciar grupos e ainda a um terceiro grupo gerenciar, ou seja, criar, modificar e excluir contas de usuários. Ainda é possível dentro desses cenário usar o recurso de herança, de maneira tal, que elas se apliquem a qualquer unidade organizacional que esteja nas subárvores da unidade organizacional original.

Os contêineres e as unidades organizacionais padrões, criadas durante a instalação do Active Directory também podem ser delegados a outros usuários ou grupos, entretanto a operação de delegação de controle não é recomendada nesses objetos, já que estes abrigam objetos e estruturas muito críticas para o ambiente, sendo melhor e mais seguro que os administradores continuem a controlá-los.

Por isso o principal uso do recurso de delegação de controle está associado às Unidades organizacionais comuns. Isso possibilita delegar controle sobre objetos no diretório sem alterar o controle padrão dado aos administradores do serviço.

Então, basicamente, ao precisarmos delegar administração sobre alguns objetos, sejam eles usuários ou computadores, é necessário que estes estejam dentro de uma determinada Unidade Organizacional a qual será feita a delegação de controle, onde teremos que definir qual o nível de delegação que será dado a um determinado usuário ou grupo. Isso pode ir desde a tarefa de criar objetos dentro da Unidade organizacional até somente permitir o controle de um único atributo de um único tipo de objeto.

3.2.2.5.3.1 Via Ambiente Gráfico

Para delegarmos o controle administrativo sobre uma determina Unidade organizacional, dentro da ferramenta Usuários e Computadores do Active Directory, basta clicar com o botão direito sobre a OU que deseja delegar o controle e no menu que se apresentará, escolher a opção **Delegate Control**:

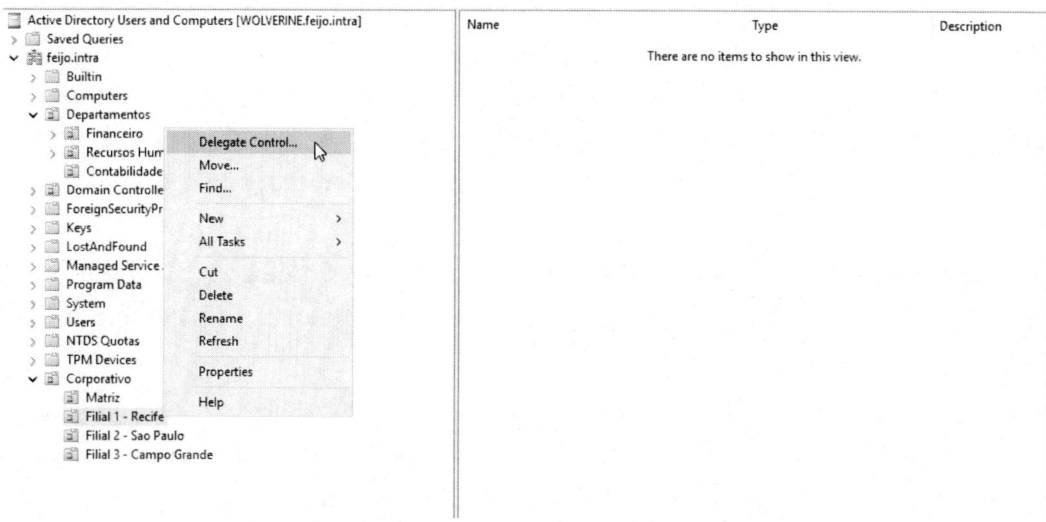

Ao clicar em Delegate Control, mostrada na tela anterior, a janela do assistente de Delegação de Controle é apresentada:

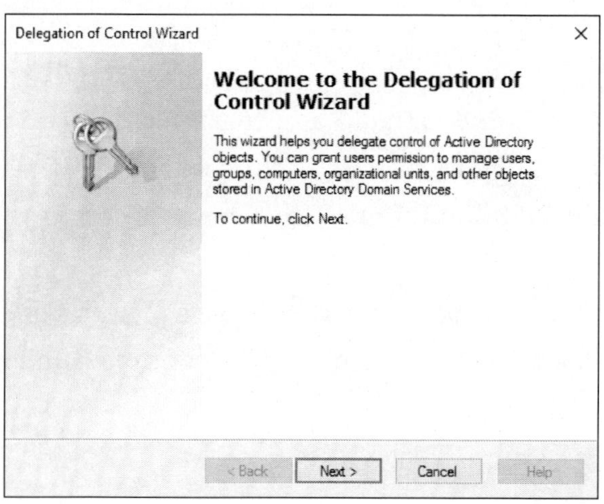

Na sequência é solicitado que informemos o usuário ou o grupo para qual será delegado o controle:

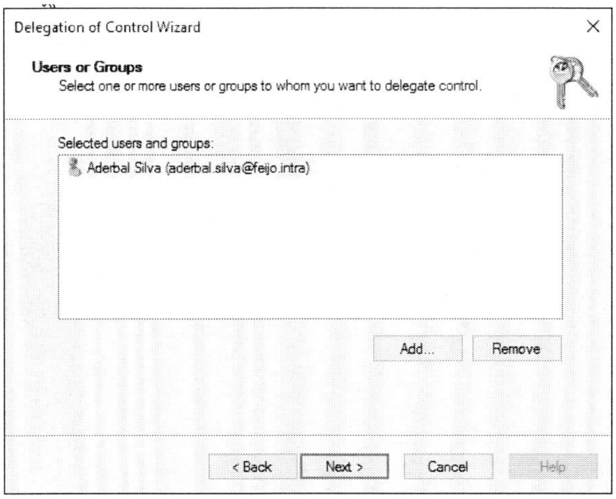

Após informar o usuário ou o grupo, devemos definir qual a tarefa administrativa será delegada:

3.2.2.5.3.2 Delegando tarefas comuns

Nessa janela, podemos tanto selecionar em uma lista, categorizada como tarefas comuns ou criar uma tarefa personalizada. Veremos logo a frente que é possível personalizar as tarefas comuns apresentadas pelo Assistente de Delegação de Controle.

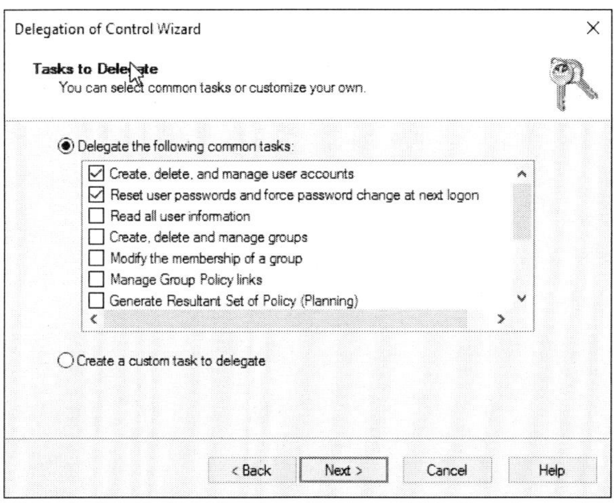

O uso do assistente faz parte da prática recomendada pela Microsoft – em função de que seria mais complexo documentar, analisar e solucionar problemas ao realizar as modificações diretamente em permissões do objeto. No caso do assitente, após a conclusão da delegação, ele próprio realiza as modificações na ACL (lista de controle de acesso).

No Active directory do Windows Server 2019, as tarefas comuns padrões para as Unidades organizacionais, são:

Create, delete, and manage user accounts
(Criar, excluir e gerenciar contas de usuários)

- Reset user passwords and force password change at next logon
  (Redifinir senhas do usuário e forçar troca de senha no proximo login)

- Read all user information
  (Ler todas as informações do usuário)

- Create, delete and manage groups
  (Criar, excluir e gerenciar grupos)

- Modify the membership of a group
  (Modificar membros de um grupo)

- Manage Group Policy links
  (Gerenciar link de Politicas de Grupo)

- Generate Resultant Set of Policy (Planning)
  (Gerar relatório de Resultado de Politicas aplicadas – Planejamento)

- Generate Resultant Set of Policy (Logging)
  (Gerar relatório de Resultado de Politicas aplicadas – Logado)

- Create, delete, and manage inetOrgPerson accounts
  (Criar, excluir e gerenciar contas inetOrgPerson)

- Reset inetOrgPerson passwords and force password change at next logon
  (Redifinir senhas das contas inetOrgPerson e forçar alteração no proximo login)

- Read all inetOrgPerson information
  (Leitura de todas as informações das contas inetOrgPerson)

Para exemplificar a operação, utilizando as tarefas comuns, vamos simular a plicação de delegação para a tarefa de *Redifinir senhas do usuário e forçar troca de senha no próximo login*, para um determinado usuário, observando no final o efeito na ACL da Unidade organizacional:

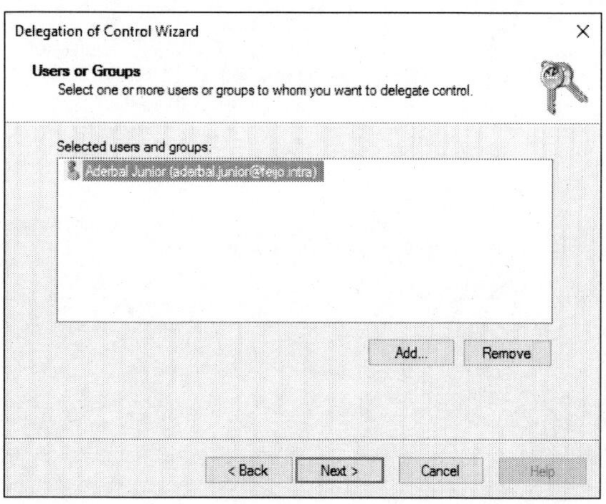

Iremos delegar a tarefa ao usuário aderbal.junior, na Unidade organizacional Financeiro:

Definindo a tarefa:

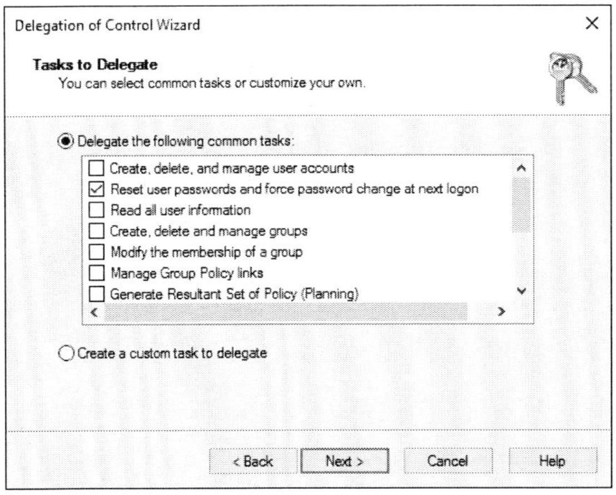

Concluindo:

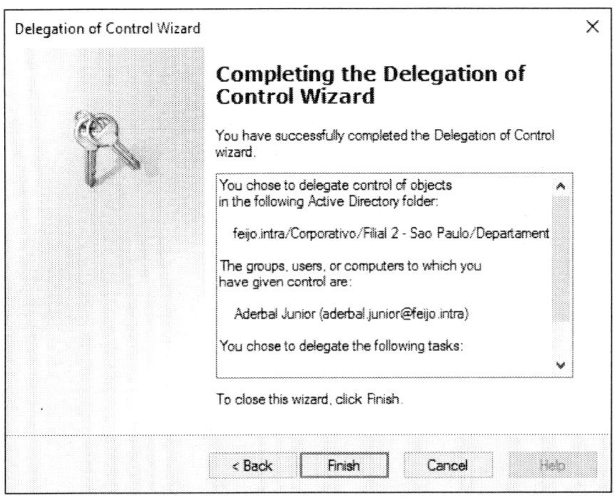

Ao observarmos na guia segurança, na opção avançado e editarmos as permissões para o usuário que aplicamos a delegação, veremos a permissão correspondente já devidamente aplicada:

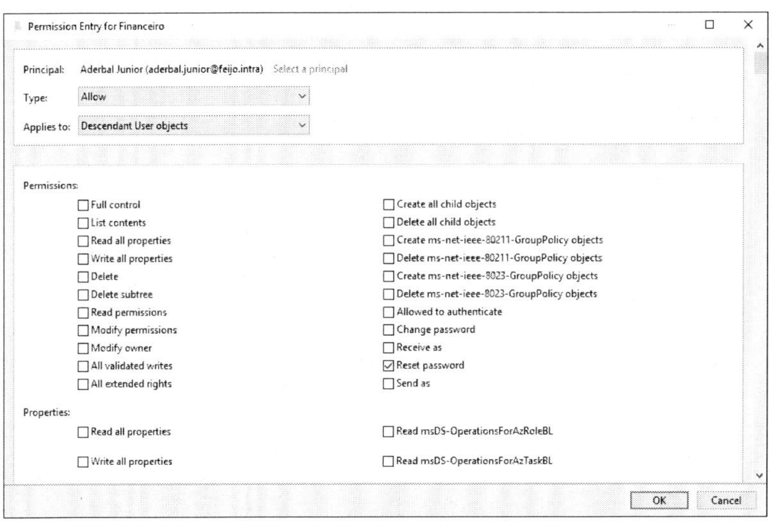

3.2.2.5.3.3 Customizando Interfaces de Delegação

Uma característica importante em relação às tarefas comuns disponibilizadas pelo Assistente de Delegação de Controle é que elas podem ser custumizadas, ou seja, podemos adicionar novas tarefas, para que eles já apareçam na lista de tarefas comuns.

Para personalizar as tarefas que o assistente fornece, é preciso modificar o arquivo **delegwiz.inf.**

O arquivo **delegwiz.inf** está localizado no Windows Server 2000 e Windows Server 2003 na pasta **%windir%\Inf** , enquanto que a partir do Windows Server 2008 na pasta **%windir%\system32.**

Listo a seguir o conteúdo do arquivo **delegwiz.inf**, existente no Windows Server 2016, podemos perceber que o arquivo possui uma estrutura simples onde cada tarefa comum está associada a um modelo que fornece à tarefa um nome amigável e detalha as alterações da ACL que o assistente fará para implementar a delegação. No início do arquivo há uma seção chamada **DelegationTemplates**, que lista os modelos existentes.

Segue a seguir o conteúdo do arquivo **delegwiz.inf:**

```
[Version]
signature="$CHICAGO$"
[DelegationTemplates]
Templates = template1, template2, template3, template4, template5, template6, template7, template8,
template9,template10, template11, template12, template13
;---------------------------------------------------------
[template1]
AppliesToClasses=domainDNS,organizationalUnit,container
;Description = "Create, delete, and manage user accounts"
Description = "@dsuiwiz.dll,-301"
ObjectTypes = SCOPE, user
[template1.SCOPE]
user=CC,DC
[template1.user]
@=GA
;---------------------------------------------------------
;---------------------------------------------------------
[template2]
AppliesToClasses=domainDNS,organizationalUnit,container
;Description = "Reset user passwords and force password change at next logon"
Description = "@dsuiwiz.dll,-302"
ObjectTypes = user
[template2.user]
CONTROLRIGHT= "Reset Password"
pwdLastSet=RP,WP
;---------------------------------------------------------
```

```
;----------------------------------------------------------
[template3]
AppliesToClasses=domainDNS,organizationalUnit,container
;Description = "Read all user information"
Description = "@dsuiwiz.dll,-303"
ObjectTypes = user
[template3.user]
@=RP
;----------------------------------------------------------
[template4]
AppliesToClasses = organizationalUnit,container
;Description = "Create, delete and manage groups"
Description = "@dsuiwiz.dll,-304"
ObjectTypes = SCOPE, group
[template4.SCOPE]
group=CC,DC
[template4.group]
@=GA
;----------------------------------------------------------
;----------------------------------------------------------
[template5]
AppliesToClasses=domainDNS,organizationalUnit,container
;Description = "Modify the membership of a group"
Description = "@dsuiwiz.dll,-305"
ObjectTypes = group
[template5.group]
member=RP,WP
;---------------------------------------------------------
;----------------------------------------------------------
[template6]
AppliesToClasses = domainDNS
;Description = "Join a computer to the domain"
Description = "@dsuiwiz.dll,-306"
ObjectTypes = SCOPE
[template6.SCOPE]
computer=CC
;----------------------------------------------------------
;----------------------------------------------------------
```

```
[template7]
AppliesToClasses = domainDNS,organizationalUnit,site
;Description = "Manage Group Policy links"
Description = "@dsuiwiz.dll,-307"
ObjectTypes = SCOPE
[template7.SCOPE]
gPLink=RP,WP
gPOptions=RP,WP
;----------------------------------------------------------
;----------------------------------------------------------
[template8]
AppliesToClasses=domainDNS,organizationalUnit
;Description = "Generate Resultant Set of Policy (Planning)"
Description = "@dsuiwiz.dll,-308"
ObjectTypes = SCOPE
[template8.SCOPE]
CONTROLRIGHT= "Generate Resultant Set of Policy (Planning)"
;----------------------------------------------------------
;----------------------------------------------------------
[template9]
AppliesToClasses=domainDNS,organizationalUnit
;Description = "Generate Resultant Set of Policy (Logging)"
Description = "@dsuiwiz.dll,-309"
ObjectTypes = SCOPE
[template9.SCOPE]
CONTROLRIGHT= "Generate Resultant Set of Policy (Logging)"
;----------------------------------------------------------
;----------------------------------------------------------
[template10]
AppliesToClasses=domainDNS,organizationalUnit,container
;Description = "Create, delete, and manage inetOrgPerson accounts"
Description = "@dsuiwiz.dll,-310"
ObjectTypes = SCOPE, inetOrgPerson
[template10.SCOPE]
inetOrgPerson=CC,DC
[template10.inetOrgPerson]
@=GA
;----------------------------------------------------------
```

```
;-----------------------------------------------------------
[template11]
AppliesToClasses=domainDNS,organizationalUnit,container
;Description = "Reset inetOrgPerson passwords and force password change at next logon"
Description = "@dsuiwiz.dll,-311"
ObjectTypes = inetOrgPerson
[template11.inetOrgPerson]
CONTROLRIGHT= "Reset Password"
pwdLastSet=RP,WP
;-----------------------------------------------------------
;-----------------------------------------------------------
[template12]
AppliesToClasses=domainDNS,organizationalUnit,container
;Description = "Read all inetOrgPerson information"
Description = "@dsuiwiz.dll,-312"
ObjectTypes = inetOrgPerson
[template12.inetOrgPerson]
@=RP
;-----------------------------------------------------------
;-----------------------------------------------------------
[template13]
AppliesToClasses=container
;Description = "Create, Delete, and Manage WMI Filters"
Description = "@dsuiwiz.dll,-313"
ObjectTypes = SCOPE, msWMI-Som
[template13.SCOPE]
msWMI-Som=CC,DC
[template13.msWMI-Som]
@=GA
;-----------------------------------------------------------
```

Dentro do modelo em si, como podemos observar acima, a primeira informação é para que tipo de objeto este estará disponível:

AppliesToClasses=domainDNS,organizationalUnit,container

Neste caso, para o domínio, Unidades Organizacionais e Contêineres.

E a última linha se refere **PermissionEntries**, que representa as entradas de permissão a serem aplicadas nos objetos e contêineres. As seguintes entradas de permissão podem ser delegadas:

Permissões específicas	Descrição
RP	Read permissions
WP	Write permissions
CC	Create Child
DC	Delete Child
GA	Generic All (Full Control)

Vários especificadores de permissão podem ser usados se forem delimitados por vírgulas. As seguintes sintaxes são suportadas:

Syntaxes	Examplos	Descrição
@=<Permission specifiers>	@=GA @=CC,DC	"@" Significa que os especificadores de permissão a serem aplicados são para todas as propriedades do objeto.
propertyName=<Permission specifiers>	pwdLastSet=RP msNPAllowDialin=RP,WP	Essa sintaxe é usada para permitir a especificação de especificadores de permissão para uma propriedade de objeto específica.
objectType=<Permission specifiers>	User=CC,DC Inetorgperson=CC	Essa sintaxe é usada para permitir a especificação de especificadores de permissão em um objeto específico
CONTROLRIGHT=<Control rights display name>	CONTROLRIGHT= "Reset Password" CONTROLRIGHT="Replicating Directory Changes"	Essa sintaxe é usada para conceder o direito de controle de acesso no objeto

Segue uma relação de templates (modelos) prontos, que podem ser utilizados para adicionar mais tarefas comuns ao Assitente:

```
;-----------------------------------------------------
[template14]

AppliesToClasses=domainDNS,organizationalUnit,container
Description = "Create a group"
```

```
ObjectTypes = SCOPE
[template14.SCOPE]
group=CC
;--------------------------------------------------------

;--------------------------------------------------------
[template15]
AppliesToClasses=domainDNS,organizationalUnit,container
Description = "Delete a child group"
ObjectTypes = SCOPE
[template15.SCOPE]
group=DC
;--------------------------------------------------------

;--------------------------------------------------------
[template16]
AppliesToClasses=domainDNS,organizationalUnit,container
Description = "Delete this group"
ObjectTypes = group
[template16.group]
@=SD
;--------------------------------------------------------

;--------------------------------------------------------
[template17]
AppliesToClasses=domainDNS,organizationalUnit,container
Description = "Rename a group"
ObjectTypes = group
[template17.group]
cn=WP
name=WP
;--------------------------------------------------------

;--------------------------------------------------------
[template18]
AppliesToClasses=domainDNS,organizationalUnit,container
Description = "Modify the description of a group"
ObjectTypes = group
```

```
[template18.group]
description=WP
;----------------------------------------------------------

;---------------------------------------------------------
[template19]
AppliesToClasses=domainDNS,organizationalUnit,container
Description = "Modify the scope of the group"
ObjectTypes = group
[template19.group]
groupType=WP
;----------------------------------------------------------

;---------------------------------------------------------
[template20]
AppliesToClasses=domainDNS,organizationalUnit,container
Description = "Modify the type of the group"
ObjectTypes = group
[template20.group]
groupType=WP
;----------------------------------------------------------

;---------------------------------------------------------
[template21]
AppliesToClasses=domainDNS,organizationalUnit,container
Description = "Modify group membership"
ObjectTypes = group
[template21.group]
member=WP
;----------------------------------------------------------

;---------------------------------------------------------
[template22]
AppliesToClasses=domainDNS,organizationalUnit,container
Description = "Create a computer account"
ObjectTypes = SCOPE
[template22.SCOPE]
computer=CC
```

```
;----------------------------------------------------------

;----------------------------------------------------------
[template23]
AppliesToClasses=domainDNS,organizationalUnit,container
Description = "Delete a child computer account"
ObjectTypes = SCOPE
[template23.SCOPE]
computer=DC
;----------------------------------------------------------

;----------------------------------------------------------
[template24]
AppliesToClasses=domainDNS,organizationalUnit,container
Description = "Delete this computer account"
ObjectTypes = computer
[template24.computer]
@=SD
;----------------------------------------------------------

;----------------------------------------------------------
[template25]
AppliesToClasses=domainDNS,organizationalUnit,container
Description = "Disable a computer account"
ObjectTypes = computer
[template25.computer]
userAccountControl=WP
;----------------------------------------------------------

;----------------------------------------------------------
[template26]
AppliesToClasses=domainDNS,organizationalUnit,container
Description = "Reset a computer account"
ObjectTypes = computer
[template26.computer]
CONTROLRIGHT= "Reset Password"
;----------------------------------------------------------
```

```
;----------------------------------------------------------
[template27]
AppliesToClasses=domainDNS,organizationalUnit,container

Description = "Create a user account"

ObjectTypes = SCOPE , user

[template27.SCOPE]
user=CC

[template27.user]
userAccountControl=WP
CONTROLRIGHT= "Reset Password"
;----------------------------------------------------------

;----------------------------------------------------------
[template28]
AppliesToClasses=domainDNS,organizationalUnit,container

Description = "Disable a user account"

ObjectTypes = user

[template28.user]
userAccountControl=WP
;----------------------------------------------------------

;----------------------------------------------------------
[template29]
AppliesToClasses=domainDNS,organizationalUnit,container
Description = "Unlock a user account"
ObjectTypes = user
[template29.user]
lockoutTime=WP
;----------------------------------------------------------
;----------------------------------------------------------
[template30]
```

```
AppliesToClasses=domainDNS,organizationalUnit,container
Description = "Enable a disabled user account"
ObjectTypes = user
[template30.user]
userAccountControl=WP
;----------------------------------------------------------

;----------------------------------------------------------
[template31]
AppliesToClasses=domainDNS,organizationalUnit,container
Description = "Modify a user's number"
ObjectTypes = user
[template31.user]
telephoneNumber=WP
;----------------------------------------------------------
;----------------------------------------------------------
[template32]
AppliesToClasses=domainDNS,organizationalUnit,container
Description = "Specify the computers from which a user can log on"
ObjectTypes = user
[template32.user]
userWorkstations=WP
;----------------------------------------------------------

;----------------------------------------------------------
[template33]
AppliesToClasses=domainDNS,organizationalUnit,container
Description = "Set User cannot change password for a user account"
ObjectTypes = user
[template33.user]
CONTROLRIGHT= "Change Password"
;----------------------------------------------------------

;----------------------------------------------------------
[template34]
AppliesToClasses=domainDNS,organizationalUnit,container
Description = "Set Password Never Expires for a user account"
ObjectTypes = user
```

```
[template34.user]

userAccountControl=WP

;--------------------------------------------------------

;-------------------------------------------------------

[template35]

AppliesToClasses=domainDNS,organizationalUnit,container

Description = "Modify a user's number"

ObjectTypes = user

[template35.user]

telephoneNumber=WP

;--------------------------------------------------------
```

Para exemplificar a operação de customização das tarefas comuns para delegar, alterando o arquivo **delegwiz.inf**, vamos adicionar duas tarefas:

- Primeiro adicionar a seção **DelegationTemplates**

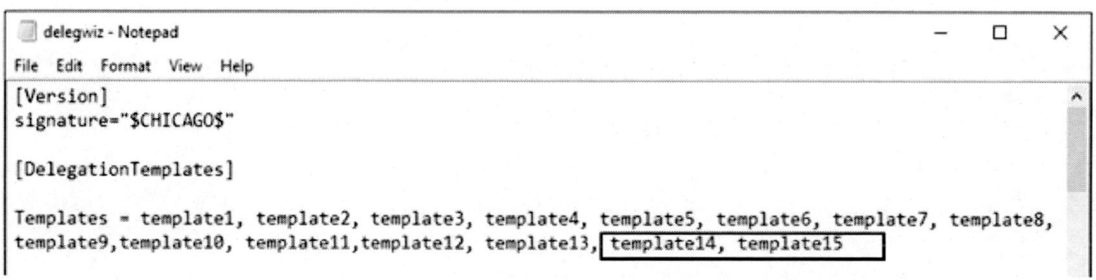

```
[Version]
signature="$CHICAGO$"

[DelegationTemplates]

Templates = template1, template2, template3, template4, template5, template6, template7, template8,
template9,template10, template11,template12, template13, template14, template15
```

- Adicione os modelos

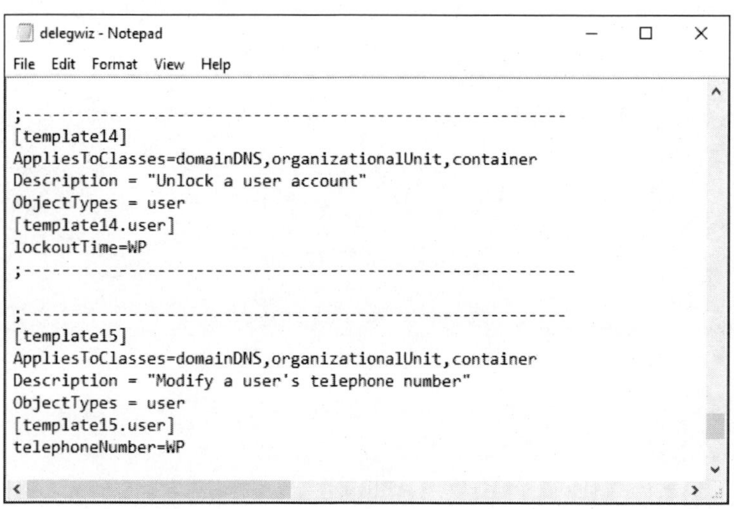

```
;-------------------------------------------------------
[template14]
AppliesToClasses=domainDNS,organizationalUnit,container
Description = "Unlock a user account"
ObjectTypes = user
[template14.user]
lockoutTime=WP
;--------------------------------------------------------

;-------------------------------------------------------
[template15]
AppliesToClasses=domainDNS,organizationalUnit,container
Description = "Modify a user's telephone number"
ObjectTypes = user
[template15.user]
telephoneNumber=WP
```

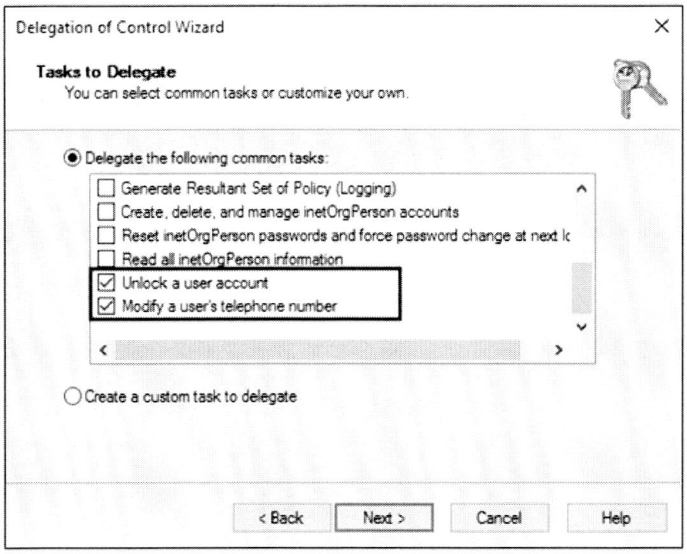

- Verificando o Assistente para Delegação de Controle:

3.2.2.5.3.4 Criando tarefas personalizadas no Assistente para Delegação de Controle

Além da lista de tarefas comuns disponibilizada no Assistente para Delegação de Controle, também existe, no próprio assitente, a possibilidade de criar uma tarefa personalizada, para atender uma necessidade específica, que não esteja abordada nas tarefas comuns, que será delegada a um usuário ou grupo.

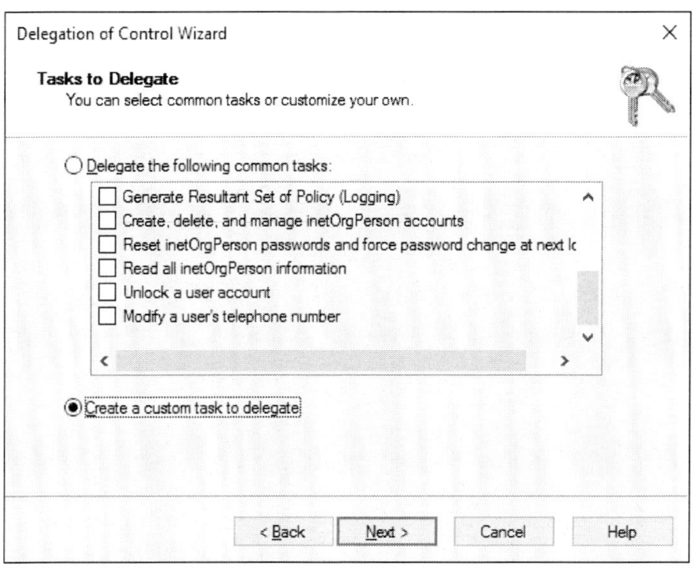

No Assistente para Delegação de Controle, depois de escolher o usuário ou grupo, a seleção da caixa de diálogo Create a custom task to delegate (Criar uma Tarefa Personalizada para Delegar) na janela Task to Delegate (Tarefas para Delegar) inicia o processo de personalização da delegação. A figura a seguir mostra essa caixa de diálogo.

Em seguida, a janela Active Directory Object Type será apresentada, para que possamos definir de que estaremos delegando o controle:

- **This folder, existing objects in the folder, and creation of new objects in the folder** (Esta pasta, objetos existentes na pasta e criação de novos objetos na pasta)

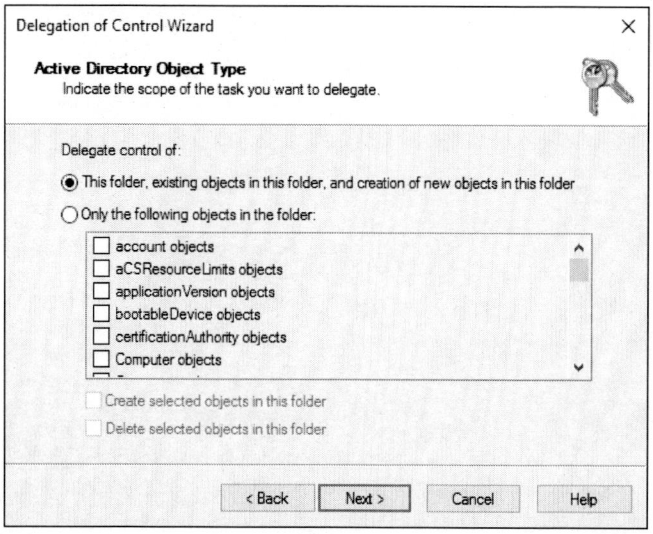

Selecione essa opção se você deseja delegar o controle total desta pasta e todo o conteúdo do objeto existente, bem como quaisquer objetos futuros que ela possa conter.

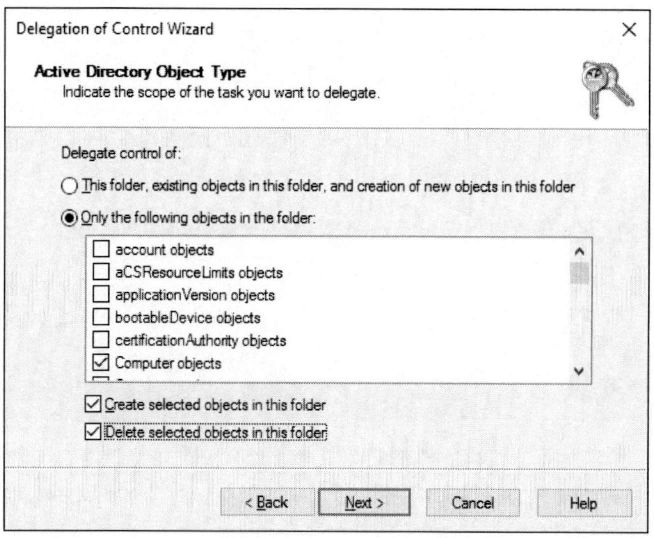

- **Only the following objects in the folder**

  (Apenas os seguintes objetos na pasta) Selecione essa opção se você quiser delegar o controle de apenas tipos selecionados de objetos nessa pasta.

Ao escolher a opção **Apenas os seguintes objetos da pasta,** ficará disponível para utilização as caixas de seleção:

- **Create selected objects in this folder**

Marque esta caixa de seleção para criar objetos dos tipos selecionados na lista de tipos de objetos. Neste caso, da seleção apresentada na janela anterior, estaríamos dando permissão para a criação de contas de computadores.

- **Delete selected objects in this folder**

Marque esta caixa de seleção para remover objetos dos tipos selecionados na lista de tipos de objetos.

Na próxima etapa do assistente, pedirá que selecionemos as permissões que desejamos delegar:

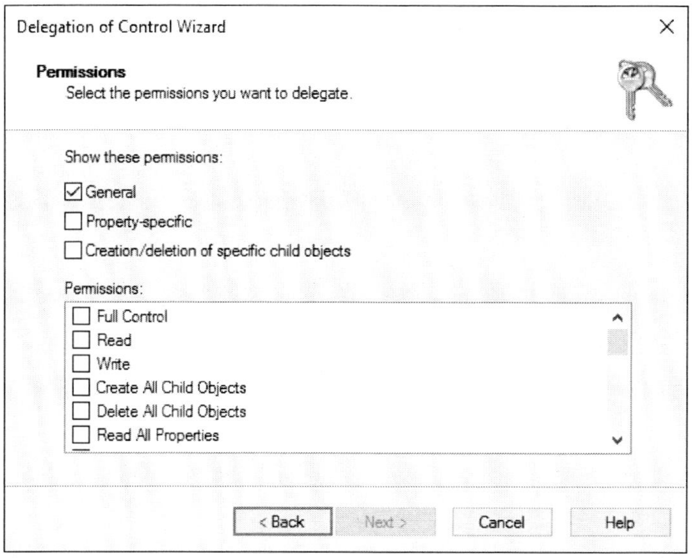

Aqui poderemos visualizar as permissões disponíveis através de três visões:

- **General** (Geral). Esta é a visão padrão. Quando marcamos essa caixa de seleção, a lista de permissões exibe apenas as permissões principais que são comuns a todos os objetos selecionados na página anterior do assistente. Essas permissões incluem Controle Total, Leitura, Gravação, Ler Todas as Propriedades e Gravar Todas as Propriedades.

- **Property-specific** (Propriedade específica). Utilizaremos esta opção para atualizar as permissões listadas para incluir propriedades específicas dos tipos de objetos que foram selecionados na página anterior do assistente. Por exemplo, se selecionamos **User objects**, todas as propriedades específicas do tipo de objeto usuário, como **Read groupMembershipSAM** e **Write job Title**, aparecerão na lista de permissões.

- **Creation/deletion of specific child objects** (Criação / exclusão de objetos filho específicos). Marque esta caixa de seleção para atualizar as permissões listadas para incluir propriedades específicas da criação e exclusão de objetos filho para os tipos de objetos que você selecionou na página do assistente anterior.

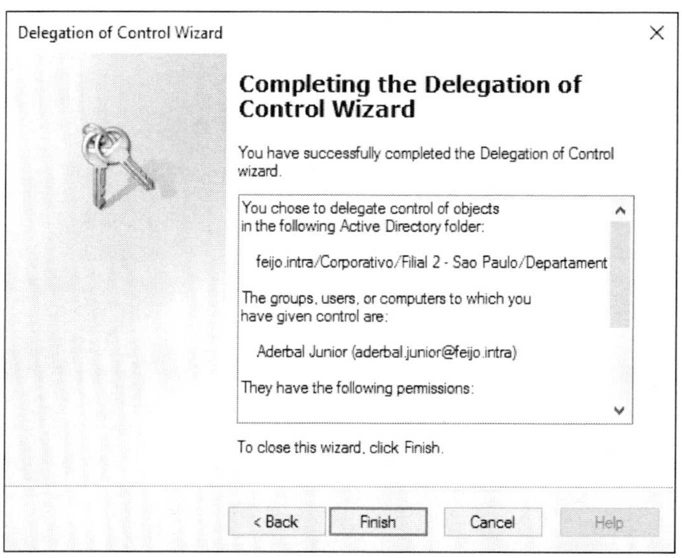

Após a definição das permissões, é apresentada a janela final do assistente com o resumo das definições realizadas. Com a conclusão do assistente a delegação é aplicada.

É importante destacar um outro arquivo, que também tem impacto no processo de delagação, é o caso do arquivo **dssec.dat**, localizado em **%windir%\system32.** Ele também determina quais propriedades aparecem na parte de tarefas personalizadas do Assistente para Delegação de Controle.

Fig. 11 – Conteúdo do arquivo dssec.dat

Dentro do **dssec.dat,** está a definição se certas propriedades apareceram ou não no assistente. Propriedades definidas com o valor **7** estarão ocultas ao assistente, para que seja exibida no assistente é preciso mudar o valor para **0**. As propriedades estão organizadas em sessões.

É muito importante que sejam feitos backups antes de realizar qualquer alteração, tanto no arquivo **delegwiz.inf**, quanto no **dssec.dat.**

3.2.2.5.3.5 Criando Taskpad personalizadas para acessar as tarefas delegadas

A delegação de controle dentro do Active directory nos possibilita dividir tarefas administrativas com outros administradores ou usuários-chaves e isso é sem dúvida um recurso muito apreciado pelos administradores seniores das empresas. Mas, após delegar a tarefa de desbloquear e redefinir a senha dos usuários de um determinado departamento estratégico a um usuário-chave, por exemplo, para que ele possa executar as operações terá que acessar o active directory e na verdade não ficamos nem um pouco confortável de que um determinado usuário tenha acesso a Usuários e computadores do Active directory, mesmo só tendo permissão de executar essas duas tarefas dentro do seu departamento. Afinal ele estará visualizando toda a estrutura do active directory da empresa.

Uma solução simples e muito eficiente para resolver este problema, é criar exibições personalizadas do painel de tarefas no Microsoft Management Console (MMC) para este determinado usuário-chave, onde a sua visão será restrita à Unidade organizacional do seu departamento e assim executar as tarefas que lhe foram delegadas. Para criar um painel de tarefas personalizado para tarefas do AD em uma OU específica:

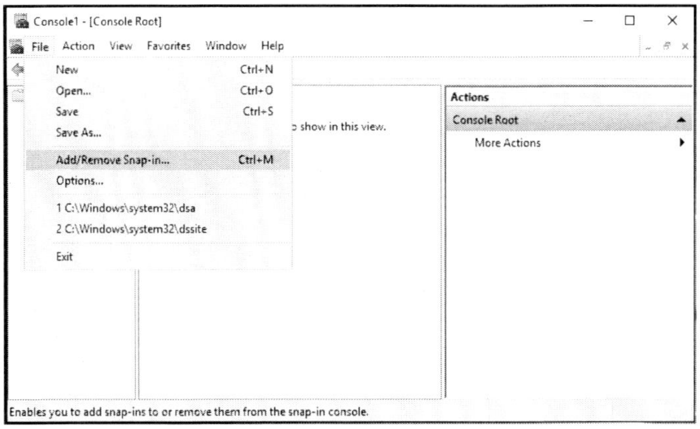

1. Clique em Start > Run, digite **MMC** e clique em Enter.
2. Na nova janela do **MMC**, clique **File** > **Add/Remove Snap-in**.

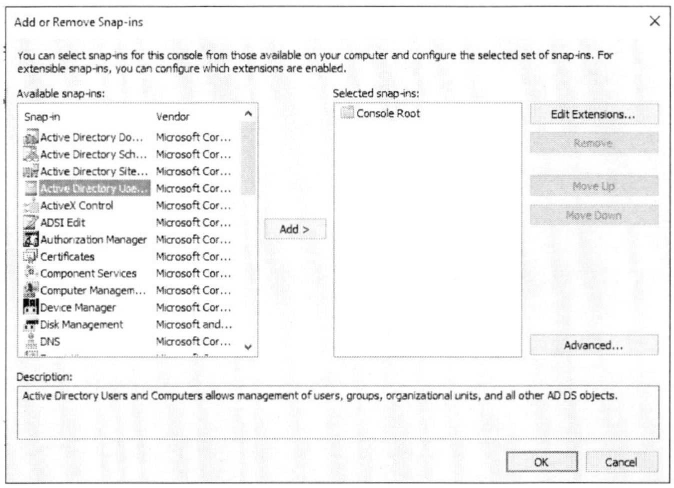

3. Já na janela Adicionar e remover Snap-ins, em **Avaliable snap-ins** (snap-ins disponíveis), procure o Active Directory User e computer e clique em Add.

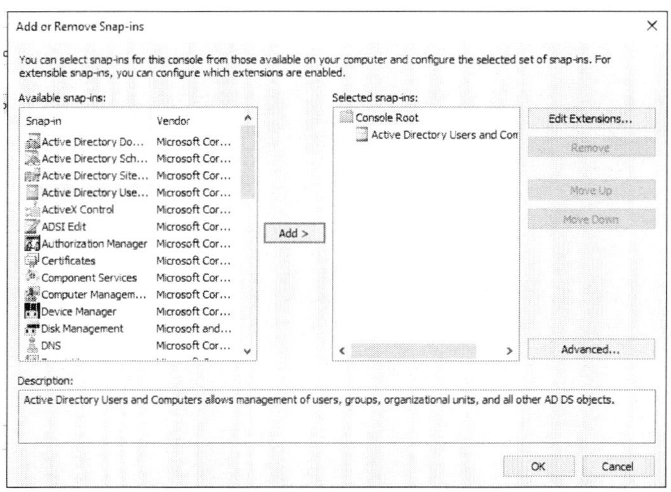

4. Depois de selecionar a ferramenta, clique em OK para concluir.

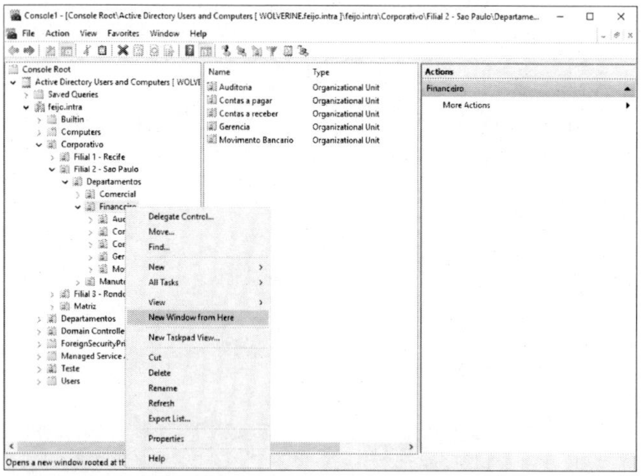

5. Já dentro da ferramenta Usuarios e computadores do Active Diretory, selecione a Unidade Organizacional, dentro da estrutura existente, para qual foi realizada a delegação de controle e para qual iremos criar um console de visualização específica. Neste caso, será OU Financeiro. Clique com o botão direito e escolha a opção **New Windows from Here.**

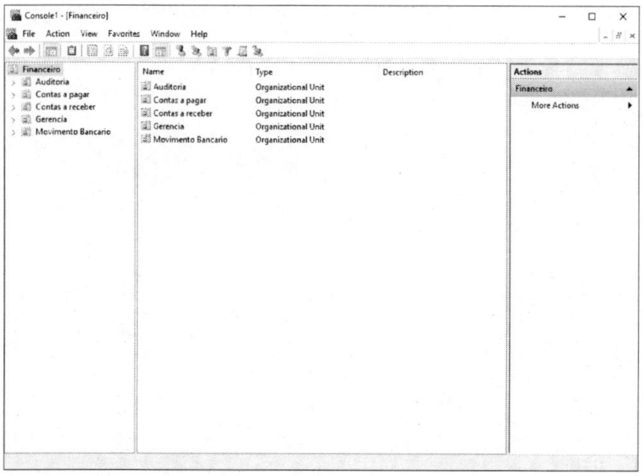

6. A partir deste momento a visão fica restrita a OU Financeiro, como pode ser visto no console a seguir:

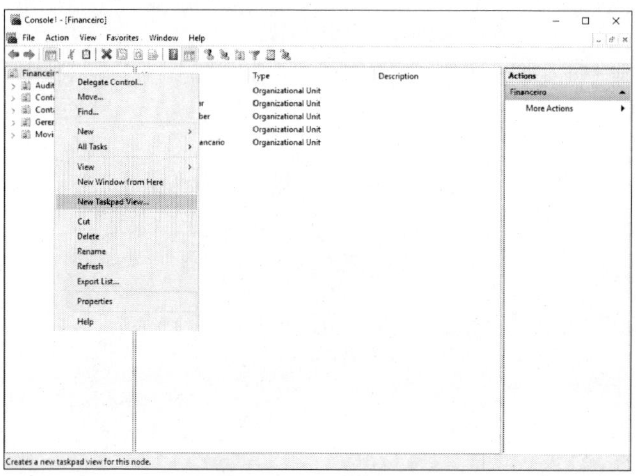

7. O próximo passo é definirmos a configuração desta nova visualização, clicando com o botão direito na OU Financeiro e escolhendo a opção **New Taskpad View...**

8. A janela inicial de boas-vindas é apresentada:

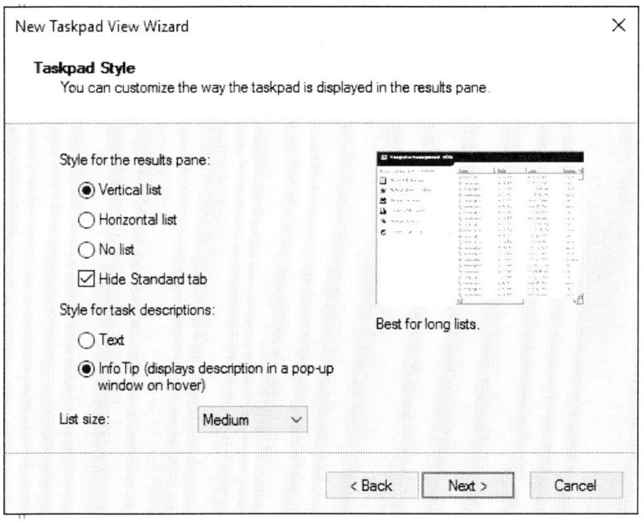

9. Nesta segunda janela do assistente é possível definir o estilo do console, nesta segunda janela do assistente, é possível definir o estilo do console, definindo as opções: como será a apresentação das tarefas disponíveis, na vertical ou horizontal e ainda qual será o tamanho da lista.

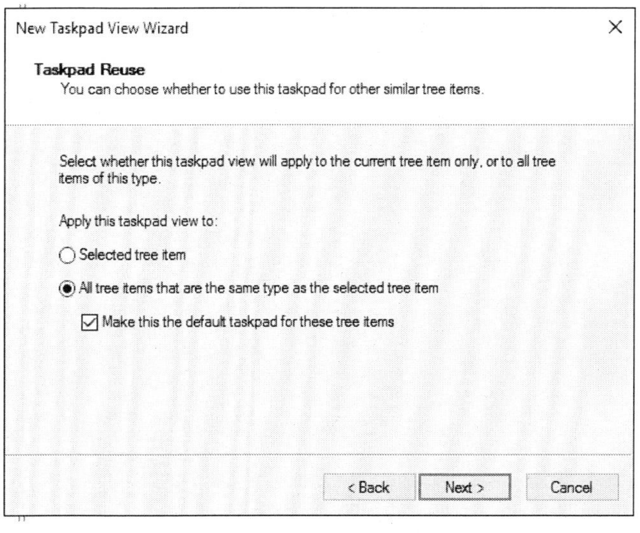

10. Na sequência como será a reutilização do taskpad, apenas para a árvore de itens escolhidos ou para todas as árvores de itens que são do mesmo tipo:

11. Defina o nome para o console:

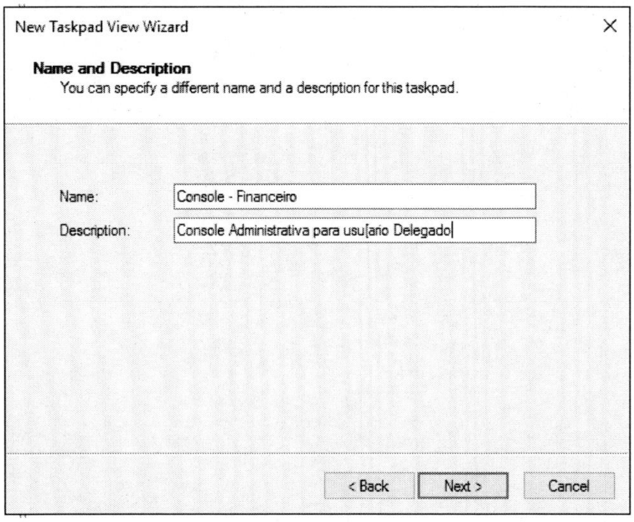

12. Na janela final do assistente é possivel já iniciar a adição de uma nova tarefa que ficará disponível para o usuário que utilizará o console:

13. Tela incial do assitente para adicionarmos a tarefa ao novo console:

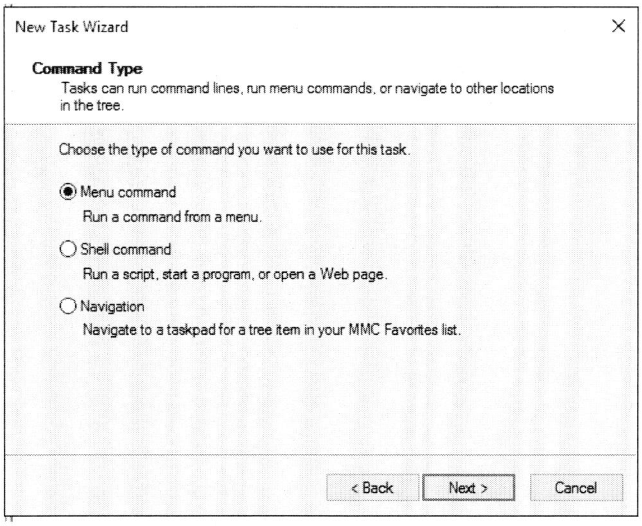

14. Escolha o tipo de comando que você deseja usar para esta tarefa:

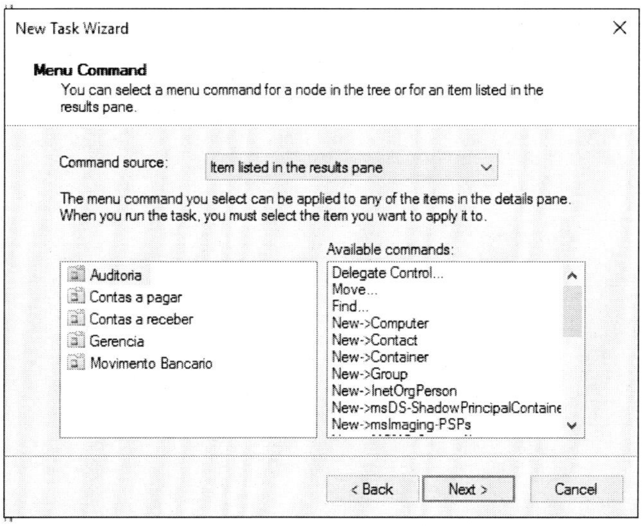

15. Escolhendo a opção **Menu command**, na janela anterior, serão apresentados os comandos disponíveis, conforme o objeto selecionado:

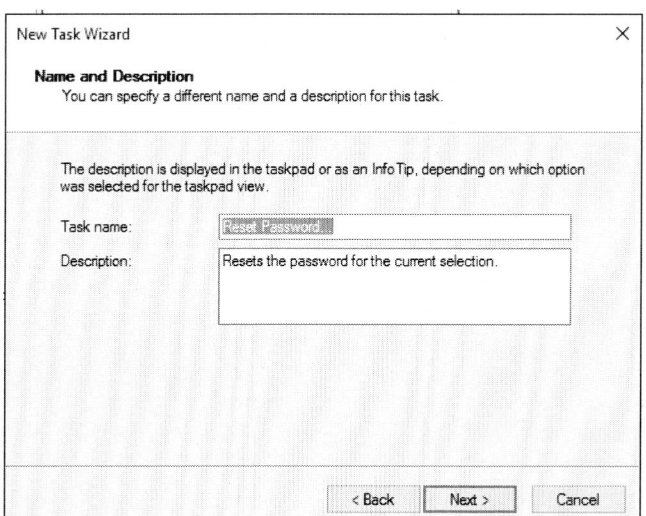

16. Escolha o comando **Reset Password**, pois foi a tarefa de resetar senha que foi delegada ao usuário que irá utilizar o console especial:

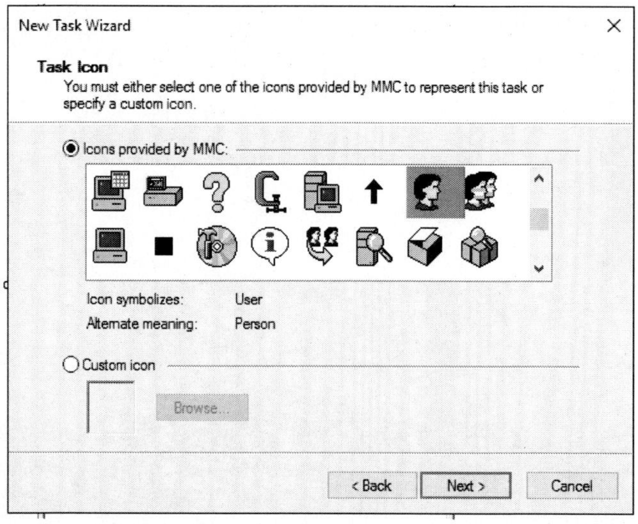

17. É possível selecionarmos um ícone para representar a tarefa ou informarmos um, através da opção **Custom icon:**

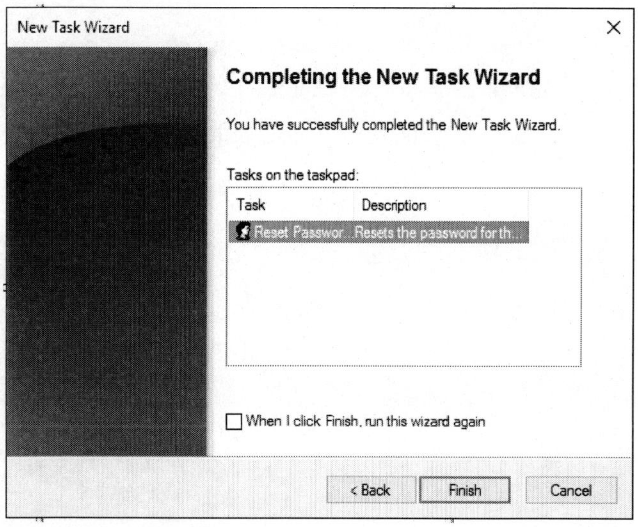

18. Conclua o assistente de tarefas, clicando em **Finish**, caso queira, pode marcar a opção **When I click Finish, run rhis wizard agan,** para adicionar outra tarefa.

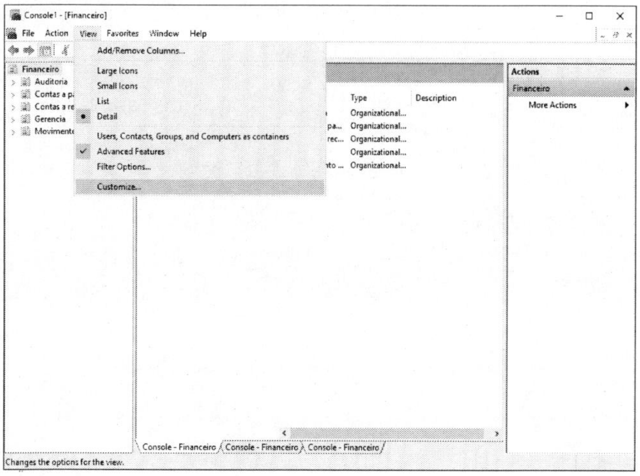

19. Antes de concluirmos totalmente o console, é possível customizá-lo ainda mais, clique no menu **View** e depois na opção **Customize**..

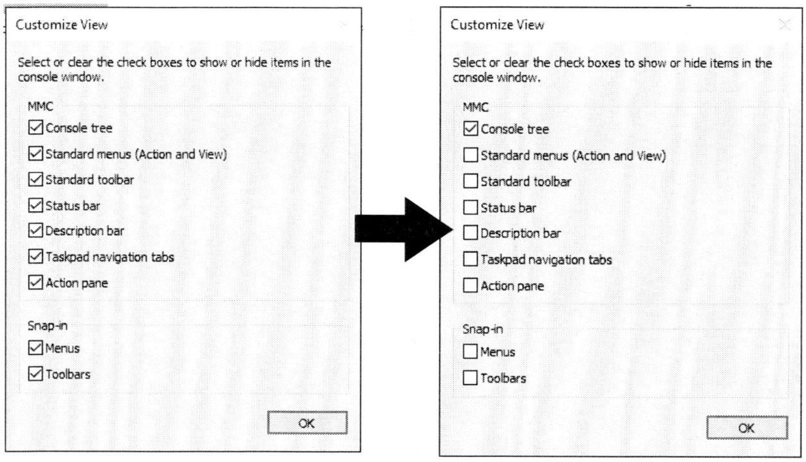

20. Deixe apenas a opção **Console tree** marcada:

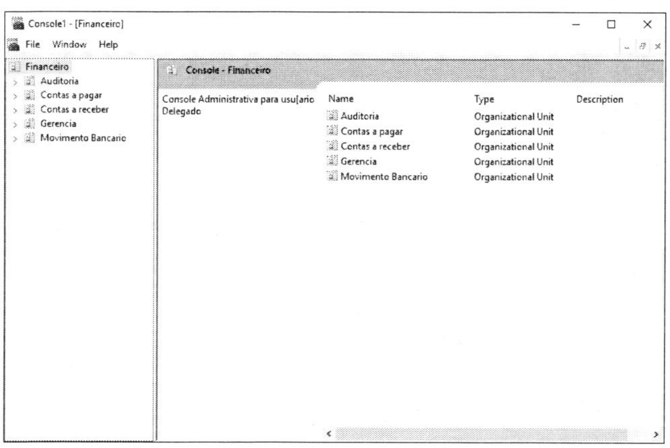

21. Resultado do Console com a customização aplicada:

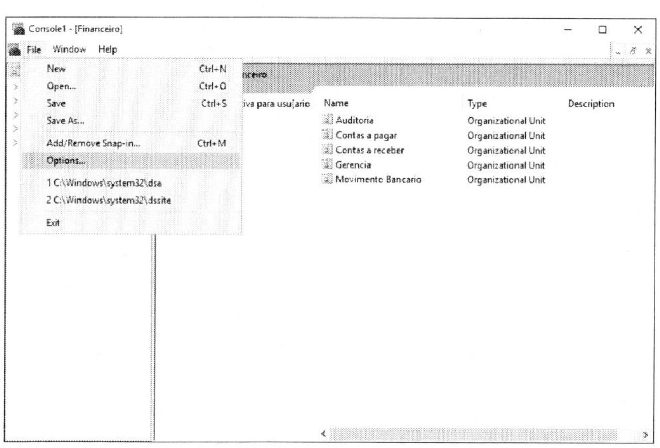

22. Para concluir é preciso gravar o console em modo de usuário, para que não possa ser alterado:

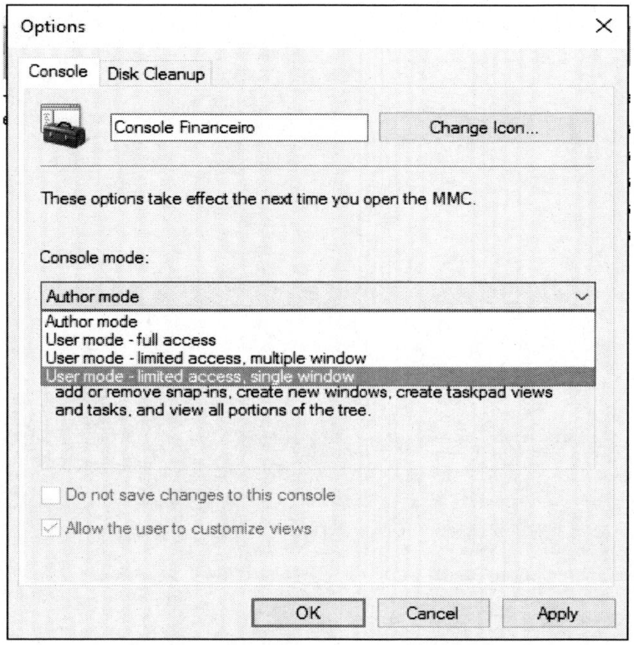

23. E finalmente, com o console pronto, ao clicarmos em um objeto usuário será apresentada a terefa ou tarefas que foram disponibilizadas para utilização, no caso a tarefa de resetar a senha do usuário:

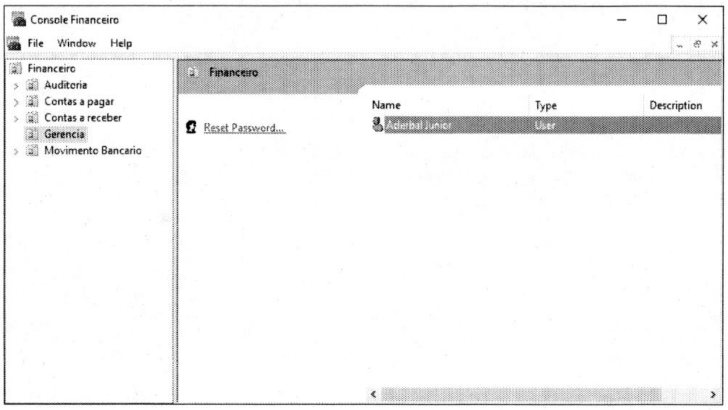

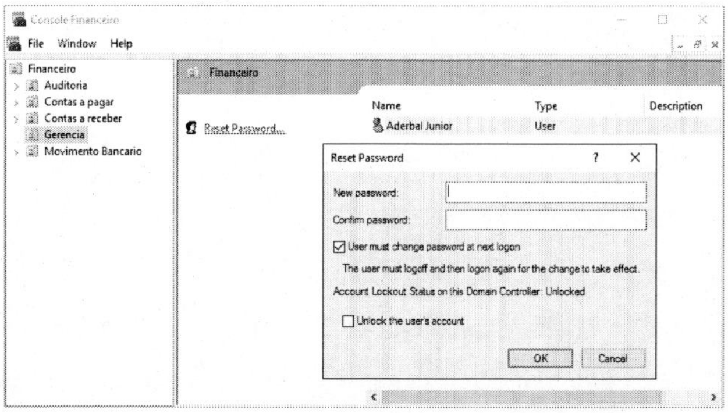

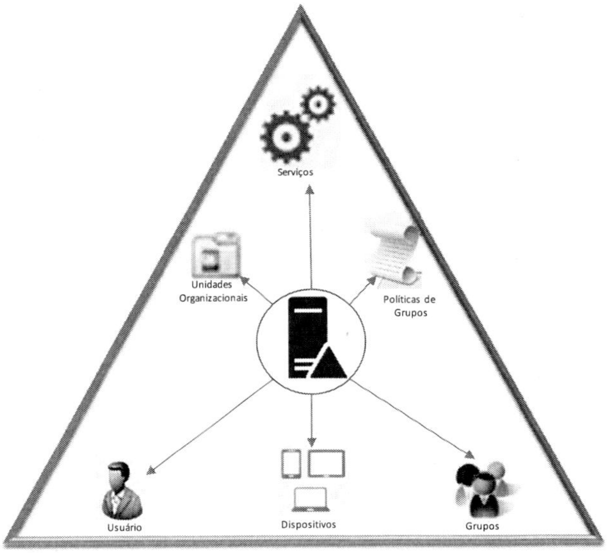

Fig. 12 – Representação de um Domínio do Active Directory

3.2.3 Domínio

Um domínio pode ser definido como um limite administrativo e de segurança. É uma unidade funcional básica da estrutura lógica do Active Directory. De forma mais completa, podemos defini-lo como uma coleção de objetos administrativos que compartilham, através de um banco de dados comum do diretório, diretivas de segurança e relações de confiança com outros Domínios.

Os objetos dentro de um domínio compartilham de diversas características, incluindo o seguinte:

- Políticas de Grupo e Permissões de Segurança
- Nomeação Hierárquica de Objetos
- Propriedades de Hierarquia
- Relação de confiança

Cada domínio tem seu próprio banco de dados de contas original. Assim, a autenticação é feita na base do domínio. Uma vez que uma conta de usuário é autenticada em um domínio, essa conta de usuário tem acesso a recursos do domínio.

Essas características também dão origem a outras definições relacionadas aos Domínios:

- **É uma Unidade de Política**
  Um domínio define um escopo ou unidade de política dentro de uma floresta. Algumas configurações de política se aplicam apenas ao escopo de um domínio, ou seja, as configurações da política são de todo o domínio. As políticas de conta padrões, por exemplo, aplicam-se uniformemente a todas as contas de usuário no domínio.

- **É uma Unidade de replicação**
  O domínio define uma partição do diretório que contém dados suficientes para fornecer serviços de do-

mínio e, em seguida, os replica entre os controladores de domínio, servidores que abrigam o papel AD DS. Dessa maneira, todos os controladores de domínio são pares em um domínio e são gerenciados como uma unidade.

- **Estabelece Autenticação e limites de autorização**
  Um domínio fornece serviços de autenticação e autorização, por padrão, para todas as suas contas, com o propósito de facilitar o controle de acesso de logons e logon único a recursos compartilhados dentro dos limites do domínio. O processo de autenticação garante que os usuários são quem eles afirmam ser. A autorização ocorre por meio do mecanismo de controle de acesso, usando listas de controle de acesso (**ACLs**) que definem permissões em sistemas de arquivos, arquivos de rede e compartilhamentos de impressão, por exemplo.

É importante destacar que cada domínio tem um grupo de administradores de domínio. Os administradores de domínio têm controle total sobre todos os objetos no domínio. Entretanto, esses direitos administrativos são válidos apenas no domínio e não se propagam para outros domínios.

3.2.3.1 Nível funcional do domínio

Os níveis funcionais de domínio determinam os recursos disponíveis dos Serviços de Domínio Active Directory (AD DS). Alguns recursos adicionais do Active Directory estão disponíveis apenas quando todos os controladores de domínio estão executando uma determinada versão do Windows Server. O nível funcional do domínio também limita a versão do sistema operacional que pode estar em uso pelo controlador de domínio. No entanto, é importante destacar que os níveis funcionais não afetam os sistemas operacionais que são executados nas **estações de trabalho** e nos **servidores membros** associados ao domínio.

As florestas, estruturas lógicas que abordaremos em breve, também possuem níveis funcionais, nesse momento é importante saber que no momento da implementação de uma nova floresta precisamos definir tanto o nível funcional da floresta, quanto do domínio e que não podemos definir o nível funcional do domínio com um valor menor que o estabelecido para a floresta.

Então, se o nível funcional da floresta está definido em Windows Server 2012, este é o nível mínimo que os domínios dessa floresta terão. Ou seja, todos os domínios adicionados a essa floresta têm o nível funcional do domínio do Windows Server 2012 por padrão.

É preciso entender que o **AD DS** não ativa automaticamente recursos avançados, mesmo se todos os controladores de domínio em uma floresta estiverem executando a mesma versão do Windows Server. É necessário que o administrador do domínio indique o nível funcional específico para habilitar os recursos avançados. Existe uma verificação, realizada pelo **AD DS**, no momento em que se informa um novo nível funcional, se todos os controladores de domínio estão executando um sistema operacional Windows Server apropriado para garantir o ambiente seguro e com todos os pré-requisitos corretos para habilitar novos recursos do Active Directory.

Considerando os recursos disponíveis em cada nível funcional, temos a seguinte relação:

Nível Funcional	Recursos Disponíveis	Controladores de Domínio (Sistemas Operacionais Suportados)
Windows 2000 Mixed	Nível funcional mixto para atender processo de migração	• Windows NT 4.0 • Windows 2000 • Windows 2003
Windows 2000 Native	• Os grupos universais são habilitados para grupos de distribuição e grupos de segurança • Aninhamento de Grupo • A conversão de Grupos: Grupos de Segurança – Grupos de Distribuição Histórico de Identificação de SID	• Windows Server 2008 R2 • Windows Server 2008 • Windows Server 2003 • Windows Server 2000
Windows 2003 Interim	Nível funcional específico para atender a migração do NT direto para Windows 2003	• Windows NT 4.0 • Windows 2003
Windows Server 2003	• A disponibilidade da ferramenta de gerenciamento de domínio, Netdom.exe, para preparar a renomeação do controlador de domínio. • Atualização do carimbo de data/hora de logon. O atributo lastLogonTimestamp será atualizado com a hora do último logon do usuário ou computador. Este atributo é replicado no domínio. • A capacidade de redirecionar contêineres de Usuários e Computadores	• Windows Server 2012 R2 • Windows Server 2012 • Windows Server 2008 R2 • Windows Server 2008 • Windows Server 2003

Windows Server 2008	• Suporte à Replicação do Sistema de Arquivo Distribuído (DFS) para SYSVOL. • Suporte dos Serviços Avançados de Criptografia (AES 128 e 256) para o protocolo de autenticação Kerberos. • Últimas Informações de Logon Interativo. • Diretivas refinadas de senha (FGPP), que possibilita que as diretivas de bloqueio de senha e de conta sejam especificadas para grupos de segurança globais e de usuários em um domínio.	• Windows Server 2016 • Windows Server 2012 R2 • Windows Server 2012 • Windows Server 2008 R2 • Windows Server 2008
Windows Server 2008 R2	• A garantia do mecanismo de autenticação, cujos pacotes de informações sobre o tipo de método de logon são usados para autenticar o domínio dos usuários dentro de cada token do Kerberos. Quando habilitado em um ambiente de rede com uma infraestrutura de gerenciamento de identidade federada (AD FS), a informação poderá ser extraída sempre que um usuário tentar acessar qualquer aplicativo com reconhecimento de declaração que tenha sido desenvolvido para determinar a autorização baseada no logon	• Windows Server 2016 • Windows Server 2012 R2 • Windows Server 2012 • Windows Server 2008 R2
Windows Server 2012	• Todos os recursos padrão do Active Directory, todos os recursos do nível funcional de domínio do Windows Server 2008R2, mais os seguintes recursos: • O suporte do KDC para declarações, autenticação composta e política de modelo administrativo do KDC de proteção do Kerberos tem duas configurações (Sempre fornecer solicitações de autenticação Solicitações de declaração e Falha) que exigem o nível funcional do domínio do Windows Server 2012.	• Windows Server 2016 • Windows Server 2012 R2 • Windows Server 2012
Windows Server 2012 R2	• Todos os recursos padrão do Active Directory, todos os recursos do nível funcional de domínio do Windows Server 2012, além dos seguintes recursos: • Novas diretivas do Active Directory baseadas na floresta que podem ser aplicadas a contas em domínios do Windows Server 2012 R2 para controlar de quais hosts uma conta pode entrar e aplicar condições de controle de acesso para autenticação a serviços em execução como uma conta.	

Windows Server 2012 R2	• Novo objeto do Active Directory baseado em floresta, que pode criar um relacionamento entre usuário, serviço gerenciado e computador, contas a serem usadas para classificar contas para políticas de autenticação ou para isolamento de autenticação.	• Windows Server 2016 • Windows Server 2012 R2
Windows Server 2016	• Todos os recursos padrão do Active Directory, todos os recursos do nível funcional do domínio do Windows Server 2012R2, além dos seguintes recursos: • Os DCs podem suportar a rolagem de segredos NTLM de um usuário de chave pública. • Os controladores de domínio podem oferecer suporte à permissão de NTLM de rede quando um usuário está restrito a dispositivos específicos ingressados no domínio. • Os clientes Kerberos que se autenticam com êxito com a extensão PKInit Freshness receberão o novo identificador de chave pública SID.	• Windows Server 2016

Com relação ao Active directory do **Windows Server 2019**, algo inédito aconteceu com relação aos níveis funcionais de floresta e domínio, não há um novo nível funcional relacionado ao Windows Server 2019, o maior nível funcional continuou sendo o do Windows Server 2016.

3.2.3.1.1 Aumentando o Nível funcional do domínio

O processo de aumentar o nível funcional do domínio não é automático, como já foi dito anteriormente, e deve ser realizado de acordo com a versão do sistema operacional instalado nos controladores de domínio.

Fique atento, as regras listadas abaixo se aplicam quando tivermos que aumentar o nivel funcional de um determinado domínio:

- É necessário que o usuário que vai executar a ação seja membro do grupo Administradores do domínio, para elevar o nível funcional do domínio.

- A ação de aumentar o nível funcional do domínio deverá ser realizada no Controlador de Domínio que possui a função FSMO (Flexible Single Master Operation), de PDC Emulator (Emulador de controlador de domínio primário).

- A operação de aumentar o nível funcional de um domínio, só será realizada com sucesso se todos os controladores de domínio no domínio executarem a versão ou as versões do Windows Server que o novo nível funcional oferece suporte.

- Não é possível definir o nível funcional do domínio como um valor inferior ao nível funcional da floresta, mas pode defini-lo como um valor igual ou superior ao nível funcional da floresta.

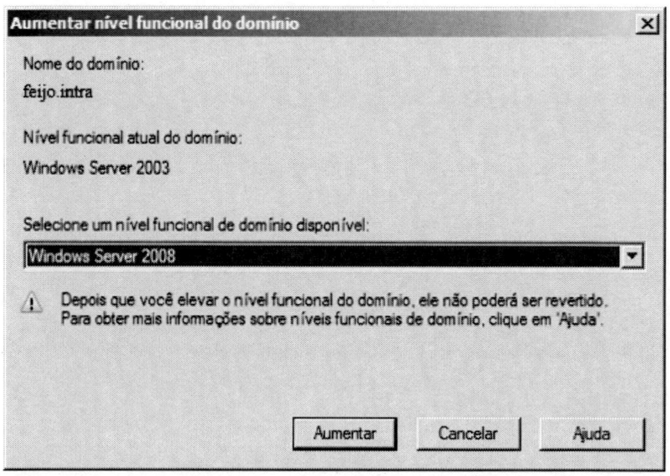

Fig. 13 – Janela com opção de aumentar o nível funcional do domínio

3.2.3.1.1.1 Via Ambiente Gráfico

Para aumentarmos o nível funcional do domínio podemos utilizar as seguintes ferramentas:

- Domínios e Relações de Confiança do Active Directory;
- Usuários e Computadores do Active Directory.

3.2.3.1.1.2 Via PowerShell

No PoweShell com módulo Active Directory, o cmdlet **Get-ADDomain** é utilizado para verificarmos qual o nível funcional do domínio. Enquanto que o cmdlet **Set-ADDomainMode** é utilizado para alterar o nível funcional.

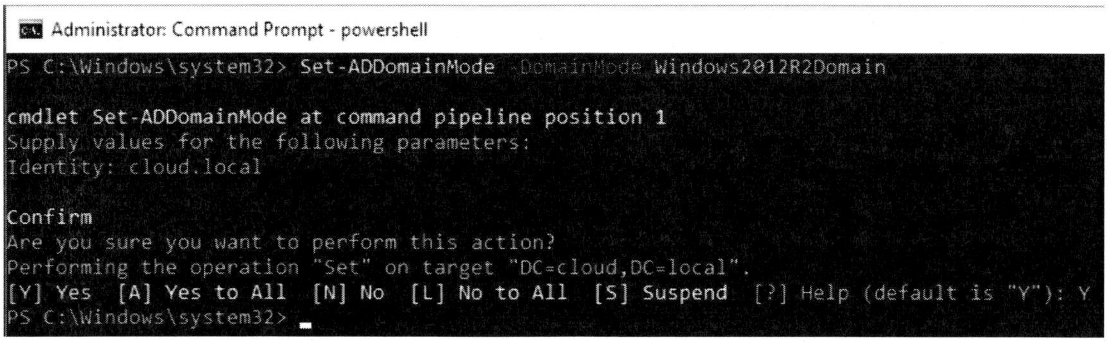

3.2.3.1.2 Revertendo o nível funcional

Depois de definir o nível funcional do domínio, você não poderá reverter ou diminuir o nível funcional do domínio, exceto nos casos listados na tabela a seguir.

Corrente Nível Funcional do Domínio	Corrente Nível Funcional da Floresta	Opção de Rollback (Reversão)
Windows Server 2016	Windows Server 2012 R2	Windows Server 2012 R2
Windows Server 2012 R2	Windows Server 2012 R2	Nenhum, a menos que você abaixe a floresta.
Windows Server 2012 R2	Windows Server 2012	Windows Server 2012
Windows Server 2012 R2	Windows Server 2008 R2	Windows Server 2012 or Windows Server 2008 R2
Windows Server 2012 R2	Windows Server 2008	Windows Server 2012, Windows Server 2008 R2, or Windows Server 2008
Windows Server 2012	Windows Server 2012	Nenhum, a menos que você abaixe a floresta
Windows Server 2012	Windows Server 2008 R2	Windows Server 2008 R2
Windows Server 2012	Windows Server 2008	Windows Server 2008 R2 or Windows Server 2008
Windows Server 2008 R2	Windows Server 2008 R2	Nenhum, a menos que você abaixe a floresta
Windows Server 2008 R2	Windows Server 2008	Windows Server 2008
Windows Server 2008 or lower	Windows Server 2008 or lower	Nenhum

Como pode ser observado na tabela anterior, se estiver utilizando versões do Windows server anteriores ao Windows Server 2008 R2, não é possível reverter ou baixar um nível funcional sob nenhuma circunstância. Caso, seja necessário reverter para um nível funcional inferior com uma versão do Windows Server anterior ao Windows Server 2008 R2, deverá reconstruir o domínio ou a floresta ou restaurá-lo a partir de uma cópia de backup.

3.2.4 Árvores

São Domínios agrupados em estruturas hierárquicas. Uma árvore é uma reunião hierárquica de um ou vários domínios, que compartilham um esquema e configuração comuns, organizados em um espaço de nome contíguo.

Isso significa que podemos desenhar um diagrama de uma árvore de domínio com base no namespace. Podemos determinar o nome distinto de um objeto seguindo o caminho da hierarquia do namespace da árvore de domínio. Essa visão é útil para agrupar objetos em uma hierarquia lógica. A principal vantagem de um namespace contíguo é que uma pesquisa profunda da raiz do namespace pesquisa toda a hierarquia.

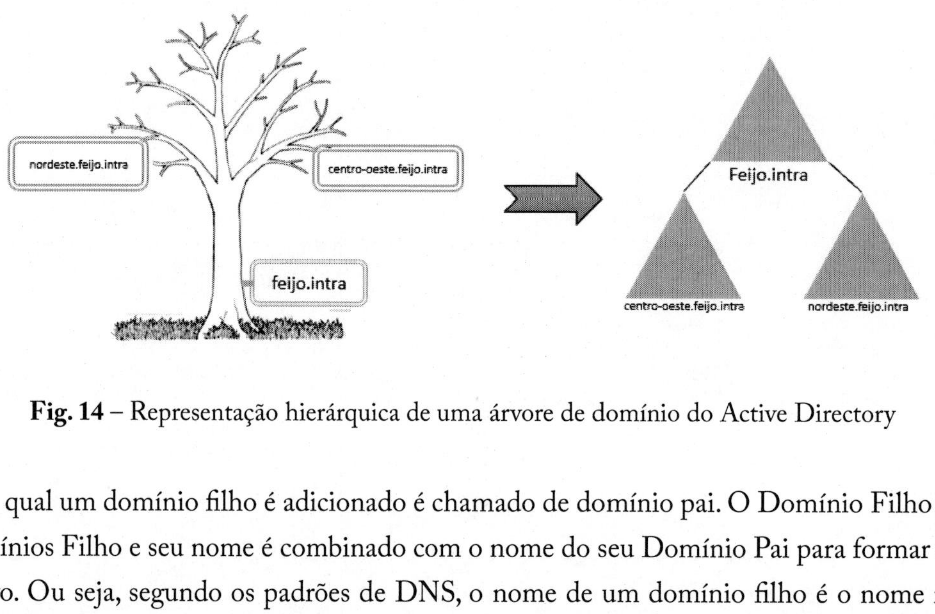

Fig. 14 – Representação hierárquica de uma árvore de domínio do Active Directory

O domínio ao qual um domínio filho é adicionado é chamado de domínio pai. O Domínio Filho pode ter seus próprios Domínios Filho e seu nome é combinado com o nome do seu Domínio Pai para formar o seu próprio nome exclusivo. Ou seja, segundo os padrões de DNS, o nome de um domínio filho é o nome relativo desse domínio filho com o nome do domínio pai anexado.

Observe no exemplo acima, que os domínios na árvore compartilham o mesmo sufixo dns.
Ao criarmos o primeiro domínio, este também é uma árvore e o nome do domínio é também o nome da árvore. Domínios em uma árvore também são ligados por relações de confiança.

Quando um segundo domínio é adicionado a uma árvore, ele é convertido em Filho do Domínio Raiz da Árvore e estabelece com este uma relação de confiança bidirecional e transitiva:

- **Bidirecional,** pois a relação de confiança será estabelecida nos dois sentidos, usando o exemplo a seguir, temos que o domínio pai **feijo.intra** confia no domínio filho **nordeste.feijo.intra,** assim como o domínio filho **nordeste.feijo.intra** confia no domínio pai **feijo.intra.**

- **Transitiva,** pois ao se estabelecer uma relação de confiança bidirecional e transitiva entre os domínios **feijo. intra** e **nordeste.feijo.intra** e entre os domínios **feijo.intra** e **centro-oeste.feijo.intra,** em função da transitividade não é necessário estabelecer nenhuma relação direta entre **nordeste.feijo.intra** e **centro-oeste. feijo.intra,** pois estes já possuem uma relação de confiança bidirecional através do domínio **feijo.intra**

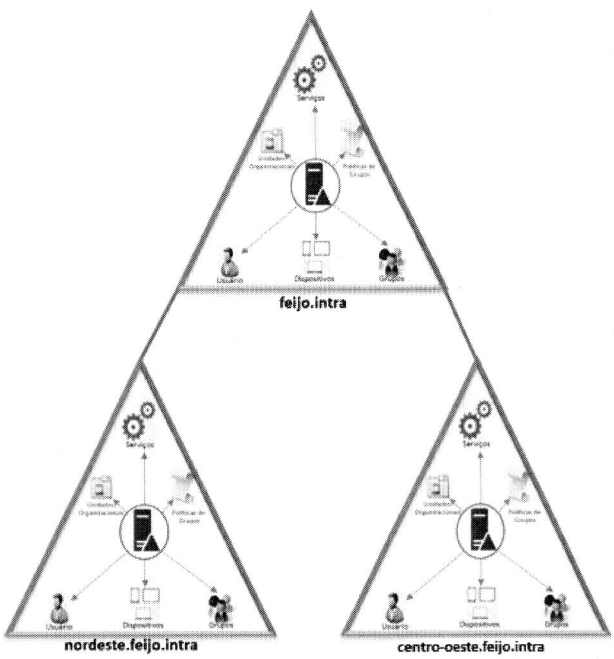

Fig. 24 – Representação hierárquica de uma árvore de domínio do Active Directory

Os domínios em uma árvore são unidos de forma transparente através de uma relação que conhecemos como **relações de confiança transitiva Kerberos bidirecional.**

Essas relações de confiança disponibilizam todos os objetos de todos os domínios da árvore a todos os outros domínios da árvore.

3.2.5 Floresta

Uma floresta é a fronteira mais externa de uma estrutura do Active Directory. É um grupo de árvores de vários domínios que compartilham um esquema comum, mas não formam um namespace contíguo. O primeiro domínio na floresta é chamado de **Domínio Raiz da Floresta** e o nome desse domínio dá **nome** à **floresta.**

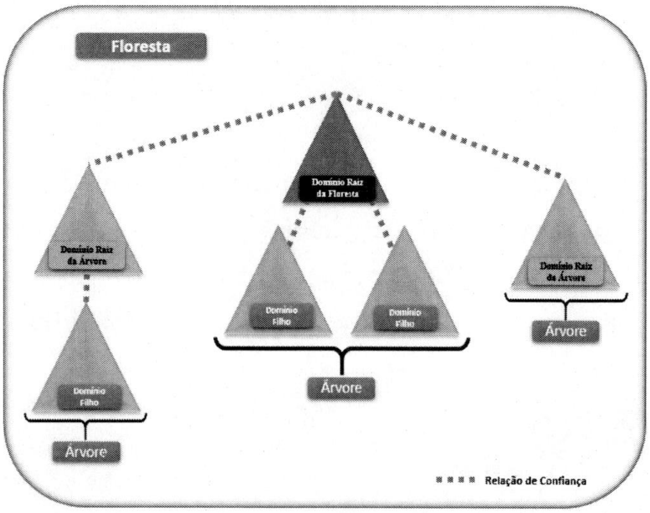

Fig. 16 – Representação de uma Floresta de domínio do Active Directory

Todas as árvores e domínio de uma floresta do Active directory compartilham uma estrutura lógica, um esquema de diretório, uma configuração de diretório e um catálogo comum.

Os domínios da mesma floresta são vinculados automaticamente com relações de confiança bidirecionais e transitivas.

Observe que pelas definições das estruturas logicas do Active directory apresentadas até aqui, podemos tirar a seguinte conclusão: **O primeiro domínio é ao mesmo tempo um domínio, uma árvore e uma floresta.**

Uma Floresta também pode ser definida como:

- **Uma Coleção de domínios que confiam uns nos outros**
  Todos os domínios do Active directory existentes em uma floresta compartilham os seguintes recursos: um **catálogo global**, um **esquema de diretório** e uma **configuração de diretório, comuns**, além das relações de confiança, transitivos bidirecionais automáticos. Importante salientar que isto acontece mesmo cada árvore de domínio possuindo um namespace exclusivo, ou seja, estes recursos são compartilhados, independentemente do namespace.

- **Unidade de replicação**
  O processo de replicação, que abordaremos em detalhes no capítulo 9, está entre aqueles considerados críticos e de extrema importância para o Active directory e para sincronizar dados com eficiência entre controladores de domínio em toda a floresta, a replicação do Active Directory transfere atualizações de acordo com a partição de diretório, que influenciam como a replicação ocorre dentro de uma floresta. É utilizado quatro tipos de partições para armazenar e copiar quatro tipos diferentes de dados.

De forma resumida, temos uma partição relacionada aos dados do domínio e as outras três aos dados da floresta, que por sua vez, contêm dados de configuração, esquema e aplicativo.

- **Fronteira de segurança**
  A floresta é um limite de segurança para todos os objetos que estão dentro dela. Este limite de segurança define o escopo de autoridade dos administradores. Ou seja, a floresta estabelece um limite no qual administradores externos não possuem acesso nem direitos na floresta.

- **Unidade de Delegação**

  No nível de floresta, temos os importantes grupos de segurança conhecidos como administradores corporativos: **Enterprise Admins** (Administradores da empresa) e **Domain Admins** (administradores do domínio) do **domínio root da floresta**. Estes chamados administradores corporativos controlam os objetos do Active Directory relacionados a configurações que não pertencem a nenhum domínio especificamente, mas afetam todos os domínios da floresta.

3.2.5.1 Nível funcional da floresta

As florestas, assim como os domínios, também possuem níveis funcionais, e no caso do nível funcional da floresta, ele funciona como um nível geral mínimo que os domínios têm que obedecer. Ou seja, não podemos definir o nível funcional do domínio com um valor menor que o estabelecido para a floresta.

Então, se o nível funcional da floresta está definido em Windows Server 2008 R2, este é o nível mínimo que os domínios dessa floresta terão. Ou seja, todos os domínios adicionados a essa floresta têm o nível funcional do domínio do Windows Server 2008 R2 por padrão.

Considerando os recursos disponíveis em cada nível funcional, temos:

Nível Funcional	Recursos Disponíveis	Controladores de Domínio (Sistemas Operacionais Suportados)
Windows 2000 Native	• Todos os recursos do padrão AD DS estão disponíveis.	• Windows Server 2008 R2 • Windows Server 2008 • Windows Server 2003 • Windows Server 2000
	• Todos os recursos padrão AD DS e os recursos a seguir, estão disponíveis: • Relação de confiança de floresta • Alteração de nome de domínio • Replicação de valor vinculado • A capacidade de implantar um controlador de domínio somente leitura (RODC)	

Windows Server 2003	• Algoritmos de verificador de consistência de Conhecimento (KCC) e escalabilidade aprimorada • A capacidade de criar instâncias da classe auxiliar dinâmica chamada **dynamicObject em uma partição de diretório de domínio** • A capacidade de converter um **inetOrgPerson instância de objeto em** um **usuário instância de objeto e para concluir a conversão na direção oposta** • A capacidade de criar instâncias dos novos tipos de grupo para dar suporte **à** autorização baseada em função. • Esses tipos são chamados grupos de aplicativos básicos e grupos de consulta LDAP. • Desativação e redefinição de atributos e classes no esquema. Os atributos a seguir podem ser reutilizados: ldapDisplayName, schemaIdGuid, OID e mapiID.	• Windows Server 2012 R2 • Windows Server 2012 • Windows Server 2008 R2 • Windows Server 2008 • Windows Server 2003
Windows Server 2008	• Todos os recursos que estão disponíveis no nível funcional da floresta do Windows Server 2003.	• Windows Server 2016 • Windows Server 2012 R2 • Windows Server 2012 • Windows Server 2008 R2 • Windows Server 2008
Windows Server 2008 R2	• Todos os recursos que estão disponíveis no Windows Server 2003 de floresta nível funcional mais os seguintes recursos: • Lixeira do Active Directory, que fornece a capacidade de restaurar objetos excluídos em sua totalidade durante a execução do AD DS.	• Windows Server 2016 • Windows Server 2012 R2 • Windows Server 2012 • Windows Server 2008 R2

Windows Server 2012	• Todos os recursos que estão disponíveis no nível funcional da floresta do Windows Server 2008 R2, mas não há recursos adicionais disponíveis.	• Windows Server 2016 • Windows Server 2012 R2 • Windows Server 2012
Windows Server 2012 R2	• Todos os recursos que estão disponíveis no nível funcional de floresta Windows Server 2012.	• Windows Server 2016 • Windows Server 2012 R2
Windows Server 2016	• Todos os recursos que estão disponíveis no Windows Server 2012R2 nível funcional da floresta e os recursos a seguir estão disponíveis: • Acesso privilegiado gerenciamento (PAM) usando o Microsoft Identity Manager (MIM)	• Windows Server 2016 • Windows Server 2019

3.2.5.1.1 Aumentando o Nível funcional da floresta

Para habilitar novos recursos em toda floresta, todos os controladores de domínio da floresta devem executar a versão do Windows Server que corresponde ao valor do nível funcional da floresta ou uma versão posterior, e o nível funcional da floresta deve ser elevado para esse valor. Um recurso que podemos usar para exemplificar a necessidade de aumento do nível funcional na floresta é a **Lixeira do Active Directory**, que para ser habilitada no ambiente é preciso que todos os controladores de domínio estejam executando o Windows Server 2008 R2 ou o Windows Server 2012 e o nível funcional da floresta deve ser aumentado para pelo menos o Windows Server 2008 R2.

Assim como o nível funcional do domínio, o aumento do nível funcional da floresta não é automático, deve ser realizado de acordo com a versão do sistema operacional instalado nos controladores de domínio.

Fique atento, as diretrizes a seguir se aplicam ao aumento dos níveis funcionais de floresta:

- Para executar este procedimento, é necessário ser membro do grupo **Enterprise Admins** (Administradores da Empresa).

- Caso a operação de conseguir elevar o nível funcional da floresta, não seja concluída com sucesso, é possível salvar um arquivo de log que especifica quais controladores de domínio na floresta ainda precisam ser atualizados para uma versão posterior.

- Via Ambiente Gráfico

Para aumentarmos o nível funcional da floresta podemos utilizar a seguinte ferramenta:

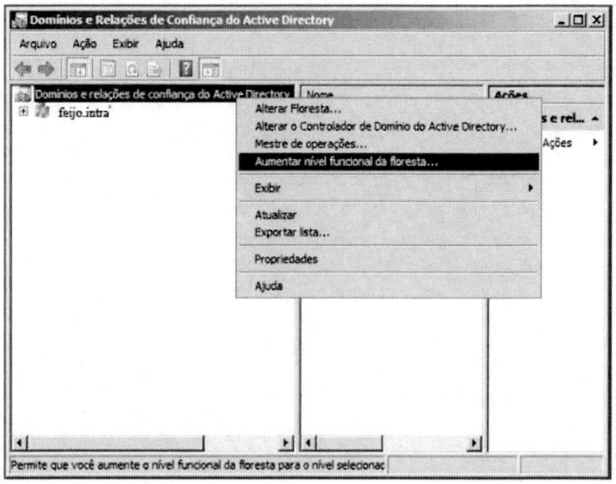

- Abra domínios e relações de confiança do Active Directory.
- Na árvore de console, clique com o botão direito do mouse em Domínios e Relações de Confiança do Active Directory e clique em Aumentar Nível Funcional da Floresta.

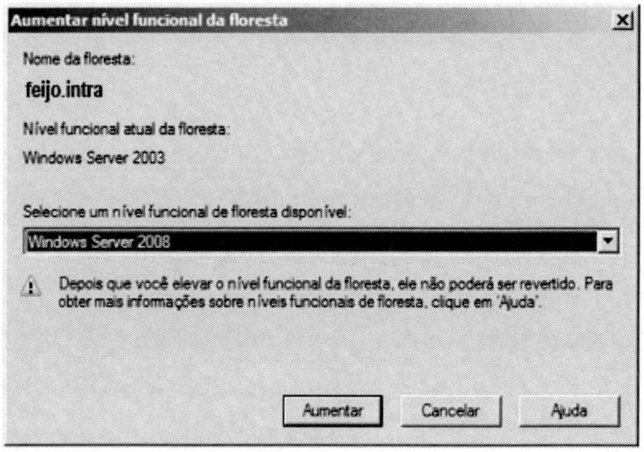

- Em Selecionar um nível funcional de floresta disponível, selecione o valor e clique em **Aumentar**.

3.2.5.1.1.1 Via *PowerShell*

No *PowerShell* com módulo Active Directory, o cmdlet **Get-ADForest** é utilizado para verificar qual o nível funcional da floresta. Enquanto que o cmdlet **Set-ADForestMode** é utilizado para alterar o nível funcional.

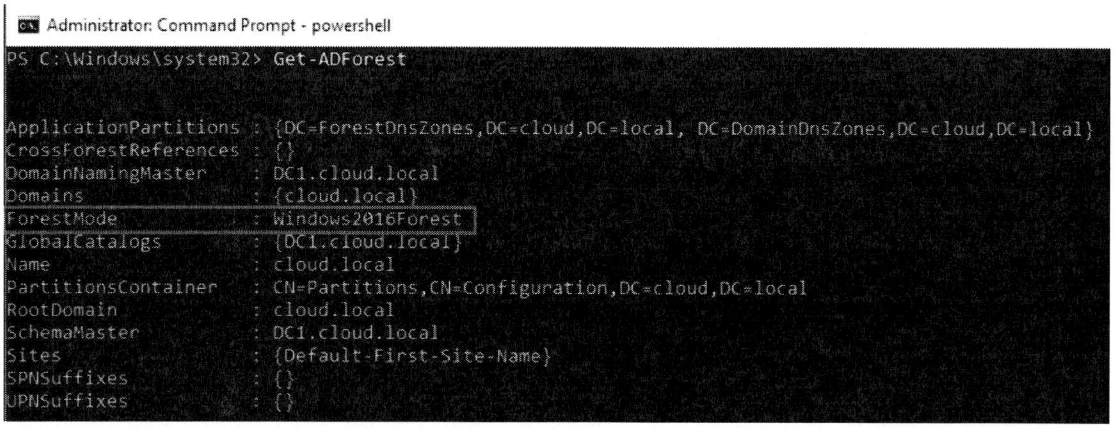

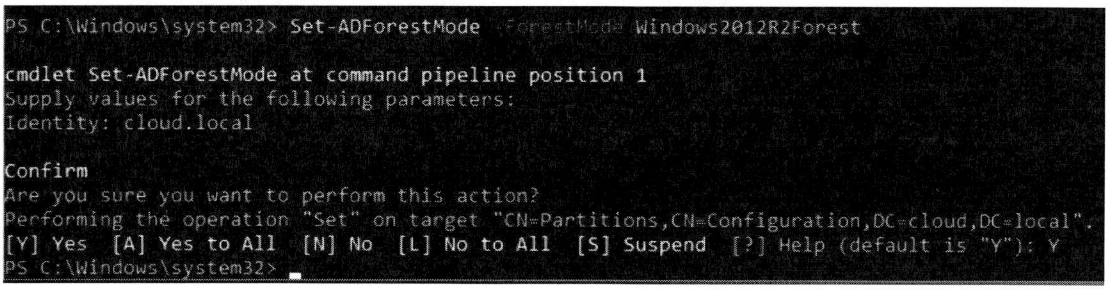

3.2.5.1.2 Revertendo o nível funcional

Depois de definir o nível funcional da floresta para um determinado valor, você não poderá reverter ou diminuir o nível funcional da floresta, com a seguinte exceção:

- Após elevar o nível funcional da floresta para o Windows Server 2012, **é possível revertê-la** para o Windows Server 2008 R2.
- Se a Lixeira do Active Directory não tiver sido habilitada, você também poderá reduzir o nível funcional da floresta do Windows Server 2012 para o Windows Server 2008 R2 ou Windows Server 2008 ou do Windows Server 2008 R2 para o Windows Server 2008.
- Se o nível funcional da floresta for definido para o Windows Server 2008 R2, ele não pode ser revertido, por exemplo, para o Windows Server 2003.

3.3 Estrutura Física do Active Directory

Os componentes físicos do Active Directory representam a topologia de rede adotada pela empresa. Dessa maneira, o Active Directory cria a topologia ideal para replicação dos dados de maneira eficiente. Outra função é prover o serviço de autenticação de maneira mais rápida, baseado na rede onde a estação está localizada, otimizando a banda.

Os elementos da estrutura física do Active Directory são:

- Controladores de Domínio
- Sites

3.3.1 Controladores de domínio

Controladores de Domínio é a denominação dada aos servidores que têm instalado o Active Directory. Estes servidores autenticam todos os usuários que entram no domínio e atuam como um centro administrativo do active directory do Windows Server. Além disso, os Controladores de Domínio realizam funções de armazenamento e replicação.

Cada controlador de Domínio armazena uma cópia completa de todos os objetos contidos dentro do domínio, mais informações de esquema e de configuração relevante à floresta onde o domínio é encontrado.

É importante fixar a informação de que independente do número de Controladores de domínios existentes no domínio, estes estarão replicando a mesma base de objetos do active directory, isto porque só há uma base do active directory por domínio.

Ao instalar o active directory em um servidor, elevando este a função de Controlador de Domínio, o servidor passa a ter um tratamento especial em função da sua importância para o ambiente. O servidor é movido, dentro da estrutura do active directory, para uma Unidade Organizacional especial, chamada **Domain Controllers** (Controladores de domínio) e como reflexo disso, passa a receber a **Default Domain Controllers Policy** (Política Padrão de Controladores de Domínio).

Para estabelecer um nível de tolerância à falha para o active directory é recomendado à utilização de pelo menos dois controladores de domínio em um domínio. Como os controladores de domínio replicam entre si a base do active directory, caso exista problemas em um dos controladores de domínio o outro manterá o ambiente operacional.

3.3.1.1 Armazenamento de dados

O armazenamento de dados é a parte do diretório que gerencia o armazenamento e a recuperação de dados em cada controlador de domínio.

O diretório em si, é implementado por meio de uma estrutura física que consiste em um banco de dados armazenado em todos os controladores de domínio do domínio. O armazenamento de dados do Active Directory manipula todo o acesso ao banco de dados. O armazenamento de dados consiste em serviços e arquivos físicos.

Esses serviços e arquivos físicos disponibilizam o diretório e gerenciam os processos de leitura e gravação dos dados dentro do banco de dados que existe no disco rígido de cada controlador de domínio.

3.3.1.2 Arquitetura

O armazenamento de dados do Active Directory é implementado em todos os controladores de domínio da floresta. Consiste em vários componentes que juntos fornecem serviços de diretório para clientes de diretório e para outros servidores de diretório. Esses componentes incluem **três componentes de serviço, quatro interfaces** e o **banco de dados** de diretório em que os dados são realmente armazenados.

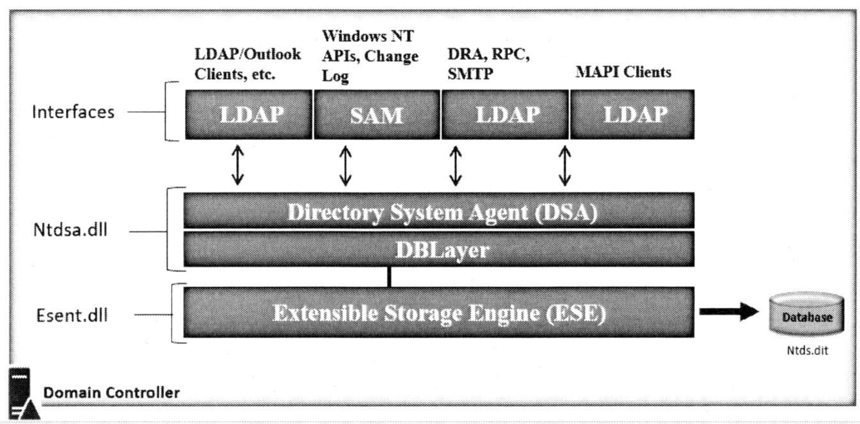

Fig. 17 – Representação da arquitetura de armazenamento do Active Directory

A seguir a descrição dos componentes:

Componente	Descrição
Quatro interfaces: **Protocolo LDAP (Lightweight Directory Access Protocol), Replication (REPL) e interface de gerenciamento do controlador de domínio, API de mensagens (MAPI),** **Gerenciador de contas de segurança (SAM)**	As interfaces de armazenamento de dados fornecem uma maneira dos clientes de diretório e outros servidores de diretório se comunicar com o armazenamento de dados.

Agente de sistema de diretório (NA) (Ntdsa.dll)	O DSA, que é executado como Ntdsa.dll em cada controlador de domínio, fornece as interfaces através das quais os clientes de diretórios e outros servidores de diretórios obtêm acesso ao banco de dados de diretórios. Além disso, o DSA impõe a semântica do diretório, mantém o esquema, garante a identidade do objeto e impõe os tipos de dados nos atributos.
A camada do banco de dados	A camada de banco de dados é uma interface de programação de aplicativo (API) que reside no Ntdsa.dll e fornece uma interface entre aplicativos e o banco de dados de diretório para proteger o banco de dados da interação direta com aplicativos. Chamadas de aplicativos nunca são feitas diretamente no banco de dados; eles passam pela camada do banco de dados. Além disso, como o banco de dados de diretórios é plano, sem namespace hierárquico, a camada de banco de dados fornece ao banco de dados a abstração de uma hierarquia de objetos.
Mecanismo de Armazenamento Extensível (ESE)	O ESE, que é executado como Esent.dll, gerencia as tabelas de registros – cada uma com uma ou mais colunas – que compõem o banco de dados de diretórios.
Arquivo de dados	O armazenamento de dados armazena informações de diretório em um único arquivo de banco de dados chamado **Ntds.dit**. Além disso, o armazenamento de dados também usa arquivos de log, para os quais grava temporariamente transações não confirmadas.

3.3.1.3 Distribuição de dados de diretório

O armazenamento de dados do Active Directory é particionado logicamente de forma que cada controlador de domínio não armazene o diretório inteiro, isto possibilita que seja dimensionado para dezenas de milhões de objetos. Para realizar o particionamento lógico, os dados são categorizados de acordo com um esquema de nomenclatura, a partir do qual os objetos possam ser gerenciados e replicados adequadamente. No Active Directory, a maior dessas categorias lógicas é chamada de **partição de diretório.**

A partir do que foi exposto no parágrafo anterior, temos como consequência o fato de que todo controlador de domínio possui pelo menos uma partição de diretório que armazena dados de domínio, como usuários, grupos e unidades organizacionais. Cada controlador de domínio também armazena duas partições de diretório não domínio que armazenam dados de toda a floresta, o que inclui o esquema e os dados de configuração.

A partir do Windows Server 2003, os dados também podem ser distribuídos aos controladores de domínio de acordo com os aplicativos que usam os dados, em que o escopo de distribuição é definido pelo aplicativo.

A tabela a seguir descreve os três tipos de dados armazenados:

Tipo de Dados	Descrição
Dados de todo o domínio	· Dados específicos do domínio são armazenados em uma partição de diretório do domínio. · Uma réplica completa e gravável da partição de diretório do domínio é replicada para todos os controladores de domínio no domínio.
Dados de toda a floresta	· Os dados de toda a floresta são armazenados em duas partições de diretório: a partição de diretório de **configuração** e a partição de diretório de **esquema**. · Uma réplica completa e gravável da partição de diretório de **configuração** é replicada para todos os controladores de domínio da floresta. · Uma réplica somente leitura da partição de diretório de **esquema** é replicada para todos os controladores de domínio na floresta. As atualizações de esquema são replicadas para todos os controladores de domínio da floresta. Alterações no esquema só podem ser realizadas no controlador de domínio que mantém a função **FSMO** de **mestre de operações de esquema**.
Dados de aplicativos	· Implementado no Windows Server 2003, os aplicativos podem usar um novo tipo de partição de diretório, chamado de partição de diretório de aplicativo, para armazenar dados específicos do aplicativo com um escopo de interesse menor do que a floresta ou o domínio inteiro. Esses dados podem ser caracterizados como mudando frequentemente (dinâmicos) ou tendo uma vida útil curta (volátil). · Por exemplo, podem ser usadas partições de diretório de aplicativo para armazenar dados de zona DNS dinamicamente atualizados apenas nos controladores de domínio que são servidores DNS e não em todos os controladores de domínio do domínio.

3.3.1.4 Partição de diretório de domínio

Quando é executada a ação de criação de um novo domínio, uma partição de diretório de domínio é criada no Active Directory.

O objeto mais importante em cada partição de diretório de domínio é um objeto **domainDns** que é nomeado com o nome DNS do domínio.

Uma partição de diretório de domínio é representada por um contêiner de domínio e possui os seguintes contêineres filho:

- **Builtin**
  Contas de grupos locais padrão, como Administradores e Usuários, que são instaladas sempre que uma nova estação de trabalho, servidor ou controlador de domínio é configurada.

- **Computer**
  Uma área de armazenamento padrão para novos objetos de computador que foram criados originalmente por meio de APIs herdadas. Esse contêiner não pode ser renomeado, mas quando um domínio Windows Server 2003 ou posterior possui um nível funcional de domínio do Windows Server 2003 ou posterior, o local padrão para contas de computador pode ser especificado como uma unidade organizacional para redirecionar o local dos objetos de computador recém-criados.

- **Domain Controllers**
  O contêiner padrão para novos controladores de domínio. O contêiner Controladores de domínio não pode ser renomeado.

- **ForeignSecurityPrincipals**
  Objetos de proxy para objetos de segurança que são de domínios do Windows NT 4.0 ou domínios do Windows NT 3.51 ou que são de florestas diferentes e que foram adicionados ao Windows 2000 ou grupos posteriores.

- **LostAndFound**
  Uma área de armazenamento para novos objetos de domínio cujos contêineres foram excluídos em outro local ao mesmo tempo em que o objeto foi criado. Se um objeto tiver sido criado ou movido para um local ausente após a replicação, o objeto "perdido" será adicionado ao contêiner **LostAndFound**. O contêiner **LostAndFoundConfig** na partição do diretório de configuração atende à mesma finalidade para objetos de toda a floresta.

- **Cotas NTDS**
  Uma área de armazenamento para objetos da classe **msDS-QuotaControl** que contém cotas de propriedade de objeto para a partição de diretório do domínio. Cotas limitam o número de objetos que um usuário, grupo, computador ou serviço pode criar em uma partição de diretório.

- **Program Data**
  Um contêiner vazio que está disponível para aplicativos para armazenar dados específicos do aplicativo na partição de diretório do domínio.

- **System**
  Configurações internas do sistema para os diversos contêineres e objetos de serviço do sistema.

- **Users**
  Uma área de armazenamento padrão para novas contas de usuário criadas por meio de APIs legadas que não são compatíveis com o Active Directory. Esse contêiner não pode ser renomeado, mas quando um domínio Windows Server 2003 ou posterior possui um nível funcional de domínio do Windows Server 2003 ou posterior, o local padrão para contas de usuário e grupo pode ser especificado como uma unidade organizacional para redirecionar o local dos objetos de usuário recém-criados.

- **Deleted Objects**
  Um contêiner especial, que não é visível na interface do usuário, para o qual os objetos são movidos quando são excluídos. Os objetos excluídos são armazenados como marcas de exclusão, que são eventualmente removidos pela coleta de lixo.

- **Infrastructure**
  Um objeto de classe infrastructureUpdate que identifica o objeto NTDS Settings do controlador de domínio que contém a função de mestre de operações de infraestrutura do domínio.

- **Contents of the System container**
  O contêiner System armazena informações operacionais por domínio, que incluem a política de segurança local padrão, rastreamento de link de arquivo, objetos de reunião de rede do Microsoft NetMeeting, objetos representando outros domínios confiáveis e contêineres para pontos de conexão RPC e Windows Sockets (Winsock).

- **TPM Devices container**
  Contêiner introduzido no Windows Server 2012, este contêiner armazena as informações de recuperação para um **Trusted Platform Module Device** (dispositivo de módulo de plataforma confiável).

3.3.1.5 Estrutura Física do Armazenamento de Dados

A base é constituída de um banco de dados conhecido como **NTDS.dit** e está localizado na pasta **%SystemRoot%\NTDS\ntds.dit** em uma instalação padrão do Active directory e seus arquivos de log e temporários associados.

Este diretório chamado de NTDS apenas existirá nos servidores que tenham a função de Controladores de Domínio.

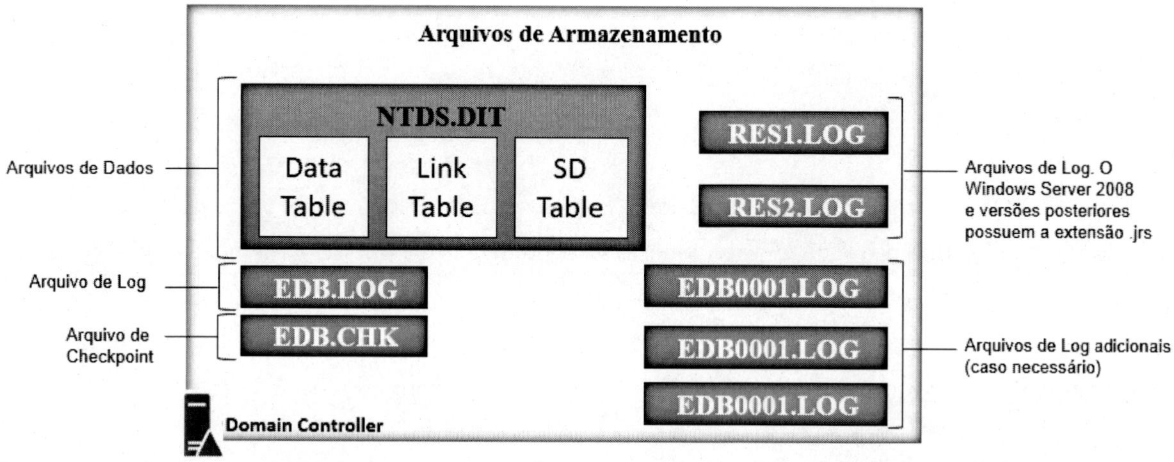

Fig. 18 – Representação da estrutura física do armazenamento do Active Directory

Veja abaixo mais detalhes sobre as tabelas que compõem o **NTDS.DIT**:

Tabela	Descrição
DataTable	A tabela de dados contém todas as informações no armazenamento de dados do Active Directory: usuários, grupos, dados específicos do aplicativo e quaisquer outros dados armazenados no Active Directory após sua instalação. A tabela de dados pode ser considerada como tendo linhas (cada uma representando uma instância de um objeto, como um usuário) e colunas (cada uma representando um atributo no esquema, como GivenName). Para cada atributo no esquema, a tabela contém uma coluna chamada campo. Tamanhos de campo podem ser fixos ou variáveis.

DataTable (continuação)	O espaço do banco de dados usado para armazenar um objeto depende do número de atributos para os quais os valores são definidos e o tamanho dos valores. Por exemplo, se o administrador criar dois objetos de usuário (Usuário1 e Usuário2), definirá apenas os atributos mínimos e, posteriormente, adicionará uma descrição de 10 caracteres ao Usuário2, o espaço Usuário2 será aproximadamente 80 bytes maior que o espaço Usuário1 (20 bytes para os 10 caracteres, além de metadados no atributo recém-gerado). Algumas colunas não refletem atributos e são colunas predefinidas no banco de dados de modelos NTDS.dit gerado pela Microsoft (são necessários para estados internos do NA)
LinkTable	A tabela de links contém dados que representam atributos vinculados, que contêm valores que se referem a outros objetos no Active Directory. Um exemplo é o atributo **MemberOf** em um objeto de usuário, que contém valores que fazem referência a grupos aos quais o usuário pertence. A tabela de links é muito menor que a tabela de dados.
SDTable	A tabela SD contém dados que representam descritores de segurança herdados para cada objeto. Com a introdução da tabela SD no Windows Server 2003 e posterior, os descritores de segurança herdados não precisam mais ser duplicados em cada objeto que herda os descritores de segurança. Em vez disso, os descritores de segurança herdados são armazenados na tabela SD e vinculados aos objetos apropriados.

3.3.1.6 Arquivos de Log

O armazenamento de dados do Active Directory inclui os arquivos de log descritos na tabela a seguir.

Arquivo	Descrição
Edb.log	Esse arquivo armazena as transações do diretório antes de serem gravadas no arquivo de banco de dados do diretório Ntds.dit. Este arquivo tem um tamanho fixo de 10 megabytes (MB).
Edb00001.log, Edb00002.log, Edb00003.log e assim por diante	O Active Directory cria arquivos de log adicionais, conforme necessário, conforme os arquivos de log existentes são preenchidos. Cada arquivo de log tem um tamanho fixo de 10 MB
Edb.chk	Esse arquivo monitora o ponto até ondeas transações no arquivo de log foram confirmadas.

3.3.1.7 Capacidade

Em alguns documentos técnicos, a Microsoft, afirma que não há limites práticos para o número de objetos que podem ser armazenados no Active Directory. A Microsoft realizou testes com o banco de dados do Active Directory para até 60 milhões de objetos.

Ainda segundo a Microsoft, os testes de desempenho mostram que o desempenho de logon de um único cliente LDAP é o mesmo com 10.000 objetos, 100.000 objetos e 1 milhão de objetos; ou seja, o serviço de diretório não diminui de maneira mensurável quando o tamanho do banco de dados aumenta.

3.3.1.8 Tipos de Controladores de Domínio

É possivel utilizar atualmente dois tipos de Controladores de domínios, descritos em detalhes abaixo:

- **Domain Controller Writable** (Controlador de Domínio Gravável)

  Também conhecido como Controlador de domínio completo ou simplesmente Controlador de domínio, são os servidores que hospedam as cópias graváveis do banco de dados do Active Directory e, portanto, podem executar operações de leitura e gravação no banco de dados de diretórios.

- **Read-Only Domain Controllers** (controladores de domínio somente leitura).

  Os Controladores de domínio somente leitura, ou simplesmente RODC, foram introduzidos no Windows Server 2008, são Controladores de domínio que hospedam partições somente leitura do banco de dados do Active Directory. Exceto para senhas de conta, um RODC contém todos os objetos e atributos do Active Directory que um controlador de domínio gravável detém. No entanto, as alterações não podem ser feitas no banco de dados armazenado no RODC. As alterações devem ser feitas em um controlador de domínio gravável e replicadas novamente no RODC.

Outras diferenças importantes:

Replicação do Active Directory – Visando garantir a consistência dos dados, os Controladores de domínios graváveis replicam entre si com frequência e conforme necessário. Os RODCs nunca se replicam entre eles. Os RODCs só podem receber replicação de um DC gravável (Utilizando pelo menos o Sistema operacional Windows Server 2008)

Esse método de replicação é o mesmo para replicar o SYSVOL.

Armazenamento local do banco de dados do AD – Enquanto os Controladores de domínio graváveis possuem uma cópia completa do banco de dados do Active Directory, incluindo as credenciais da entidade de segurança. Os Controladores de domínio somente leitura, possui uma cópia do banco de dados. Essa cópia não possui os atributos que fazem parte do Conjunto de Atributos Filtrados do RODC e das credenciais da entidade de segurança.

Administração – Os Controladores de domínio graváveis são administrados pelos grupos de domínino Administradores e Administradores do domínio; no caso dos RODCs, podemos delegar direitos administrativos completos a uma conta de usuário ou grupo, de forma restrita ao RODC.

No volume 2, detalho com profundidade os controladores de domínio somente leitura (RODC).

3.3.1.9 Sites do Active Directory

Encontramos muitas definições para um dos importantes componentes físicos da estrutura do active directory, os **Sites**, como o da Microsoft, em alguns documentos técnicos: um grupo de redes bem conectadas. Mas poderíamos utilizar outras, tais como: São estruturas que agrupam recursos dentro de uma floresta de acordo com suas posições físicas ou ainda que os sites representam uma localização física de sua infraestrutura ou pelo menos uma porção onde ela está localizada, já que é um cenário comum encontrarmos uma infraestrutura de rede separada fisicamente, distribuída entre várias localizações e interconectadas por enlaces de comunicação dedicados.

Mas é certo que as definições sejam mais curtas e diretas ou mais detalhadas, tem no final um mesmo significado e tentam demonstrar o grau de importância dos sites no gerenciamento do Active directory.

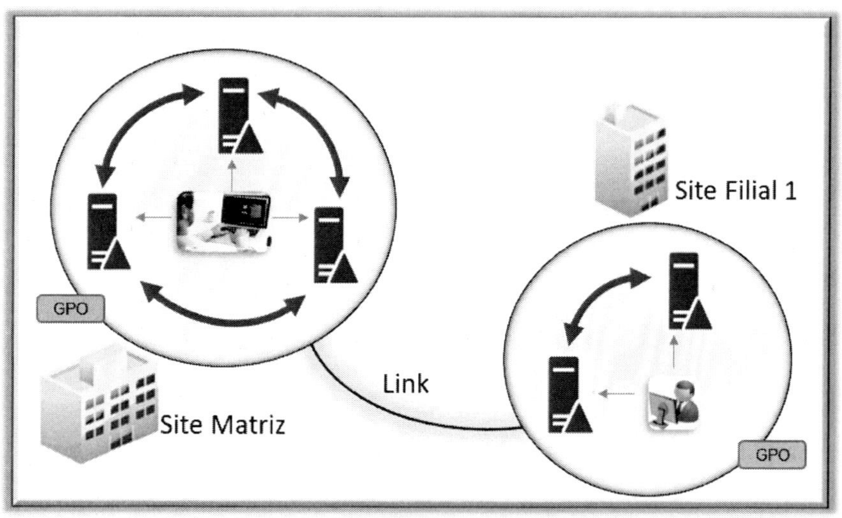

Fig. 19 – Representação da estrutura de Sites do Active Directory

Com o uso dos sites é possível controlar a replicação dos dados da base do Active Directory que ocorre entre os Controladores de Domínio, bem como permite que os usuários sejam autenticados, prioritariamente, por Controladores de Domínio que estejam na mesma localização física que eles. Além de também serem repositórios para aplicação de políticas de Grupo.

As informações dos sites são usadas para inúmeras funções críticas dentro do Active directory:

- **Gerenciamento do tráfego de roteamento**

  Ao usar sites, podemos controlar e reduzir a quantidade de tráfego que corre ao longo de seus links WAN mais lentos. This can result in more lexibili traffic flow for productivity tasks. Isso pode resultar em fluxo de tráfego mais eficiente gerando maior produtividade na execução de tarefas. Um Controlador de domínio informa alteração de diretório a um segundo controlador de domínio, que então informa a um terceiro, e assim por diante, até que todos os controladores de domínio tenham recebido a alteração.

  Com a implementação de Sites no ambiente, passamos a ter a figura de dois tipos de replicação diferentes, que possuem comportamentos próprios: Replicações **intra-sites**, ou seja, entre os Controladores de Domínio pertencentes ao mesmo site, em que as replicações ocorrem automaticamente e replicações **inter-sites**, ou seja, entre Controladores de Domínio pertencentes a sites diferentes, onde as replicações ocorrem em horários pré-agendados.

- **Localização de serviços**

  Ao publicar serviços, como serviços de arquivo e impressão no AD DS, os clientes do Active Directory podem localizar o serviço solicitado no mesmo site ou mais próximo.

- **Replicação de SYSVOL**

  A pasta SYSVOL, presente em cada Controlador de domínio, armazena para o Active directory uma coleção de pastas e arquivos do sistema que devem ser devidamente replicadas no domínio. Estão incluídos no SYSVOL: objetos de Diretiva de Grupo (GPOs), scripts de inicialização e desligamento e scripts de logon e logoff. Esas informações são replicadas de acordo com o agendamento definido na estrutura do site.

- **Informar clientes sobre a presença dos Controladores de domínio**

  Os controladores de domínio usam informações do site para informar os clientes do Active Directory sobre os controladores de domínio existentes no seu site ou no site mais próximo dele.

Uma característica importante e que deve ser bem compreendida, é a configuração de sites e domínios, que basicamente podemos dividir em dois tipos:

- **Sites com Controladores de domínio de diversos domínios**

  Um site pode conter Controladores de domínio de mais de uma árvore ou domínio dentro de uma única floresta.

- **Um domínio pode conter vários Sites**

  Nesse caso podemos ter árvores ou domínios individualmente com vários sites.

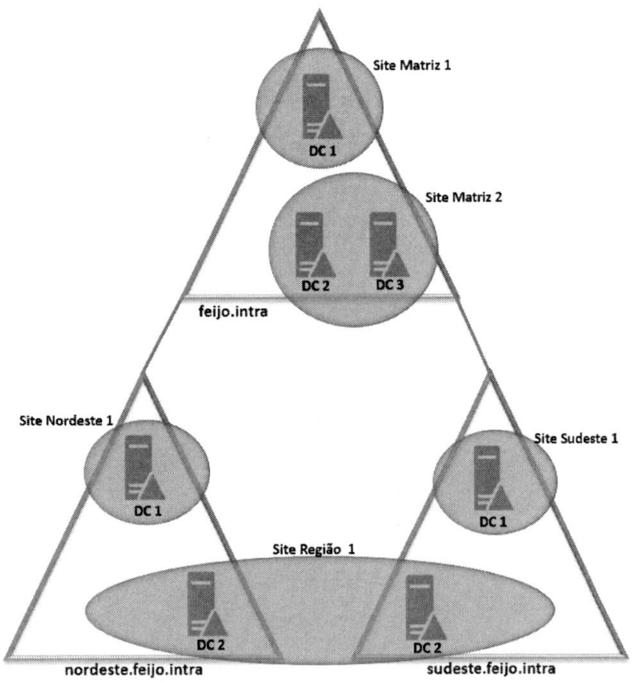

Fig. 20 – Representação da relação de Site x Domínios x DC

Na figura acima, podemos verificar a ocorrência de vários cenários de utilização de sites onde são demonstradas as relações com domínios e Controladores de domínios: Site Matriz 1 – Composto pelo Controlador de domínio DC 1, do domínio feijo.intra. Site Matriz 2 – Composto pelos Controladores de domínio DC 2 e DC3 do domínio feijo.intra. Site Sudeste 1 – Composto pelo Controlador de domínio DC 1 do domínio sudeste.feijo.intra. Site Nordeste 1 – Composto pelo Controlador de domínio DC 1 do domínio nordeste.feijo.intra. Site Região 1 – Composto pelos Controladores de domínio DC 2 do domínio nordeste.feijo.intra e DC 2 do domínio sudeste.feijo.intra.

3.3.1.10 Componentes de um Site

São considerados componentes da infraestrutura de sites os seguintes itens:

- **Subnet**

Podemos definir uma subnet como sendo a representação de uma porção lógica de rede de um site. Ou ainda, que Subnet ou subrede é uma porção de endereços Ips disponíveis em uma rede que representa uma localidade remota ou até mesmo local, mas segmentada.

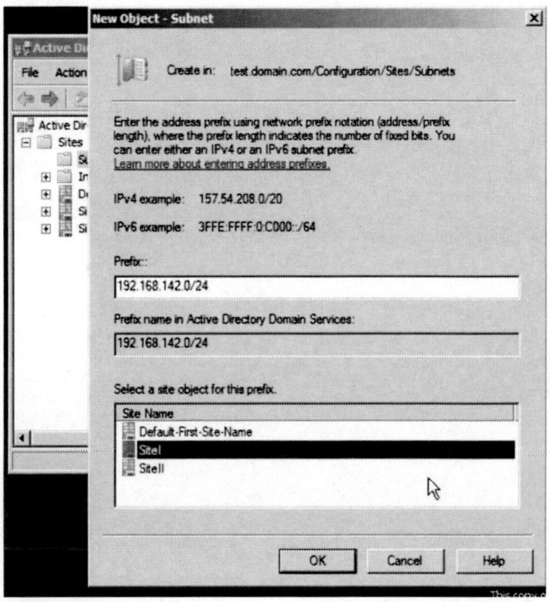

Nos sites, as sub-redes ajudam no agrupamento de computadores, a partir de seus endereços IP.

Deve ser criado um objeto de sub-rede do AD DS, para cada sub-rede IP e máscara de sub-rede associadas a cada local, representando todos os endereços IP do site. As sub-redes podem ser baseadas em endereços TCP / Ipv4 ou TCP / Ipv6.

Quando criamos um objeto de sub-rede do Active Directory, as informações sobre a sub-rede IP e a máscara da sub-rede são colocadas automaticamente para o formato de notação de comprimento do prefixo de rede.

No caso, um endereço de rede IP versão 4 (Ipv4) 192.168.142.0 com uma máscara de sub-rede 255.255.255.0 aparece como 192.168.142.0/24.

- **Site link**

Os links de site estabelecem links entre os sites, representa um link lógico dentro do Active directory que o orienta como a replicação deve ser feita e para quem. Por padrão, quando é criado o primeiro domínio em uma floresta é criado um site link chamado **Default-First-Site-Link**. Os links podem ser do tipo IP ou SMTP.

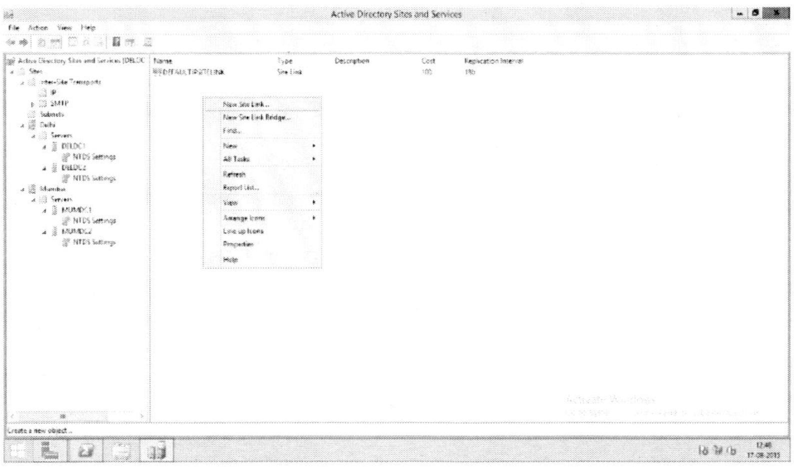

No momento da criação de um novo link de site é necessário informarmos os sites membros que serão conectados com este link do site, é preciso informar pelo menos dois sites.

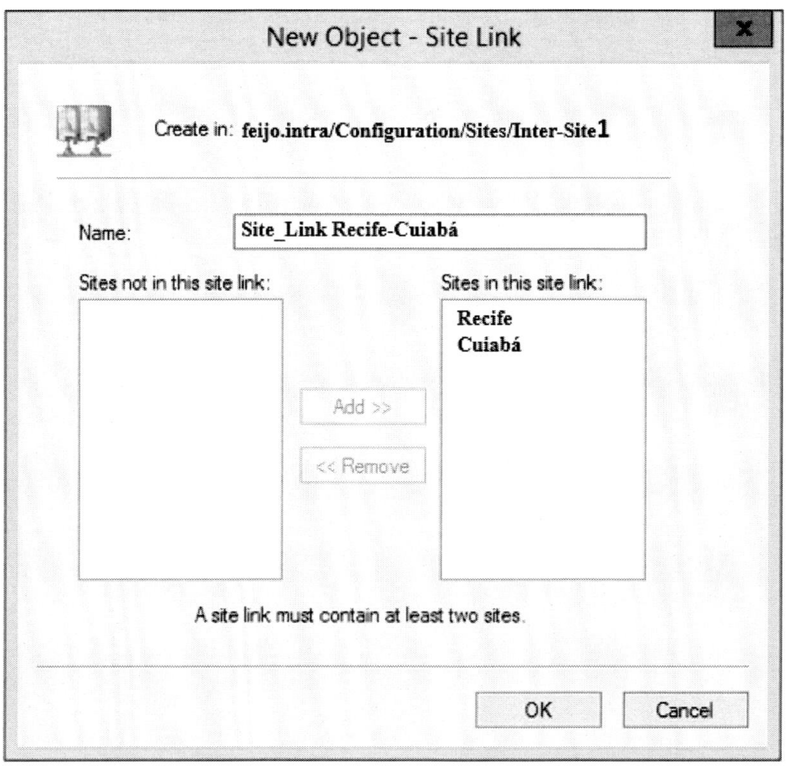

Ao criarmos um objeto de link de site, ele é criado no contêiner IP, que associa o link de site à chamada de procedimento remoto (RPC) pelo transporte IP ou ao contêiner SMTP (Simple Mail Transfer Protocol), que associa o link do site com o transporte SMTP.

O AD DS usa o RPC sobre IP para transferir a replicação entre sites e intrasite entre os controladores de domínio. Para manter os dados seguros enquanto estão em trânsito, a replicação RPC sobre IP usa o protocolo de autenticação Kerberos e a criptografia de dados.

No entanto, no caso da replicação com o SMTP uma autoridade de certificação corporativa (CA) é requerida. O SMTP só pode replicar as partições de diretório de configuração, esquema e aplicativo e não oferece suporte à replicação de partições de diretório de domínio.

Ao concluir o novo link de site, é possível editar suas propriedades e fazer as seguintes configurações: **agendamento de link de site, custo e intervalo de replicação.**

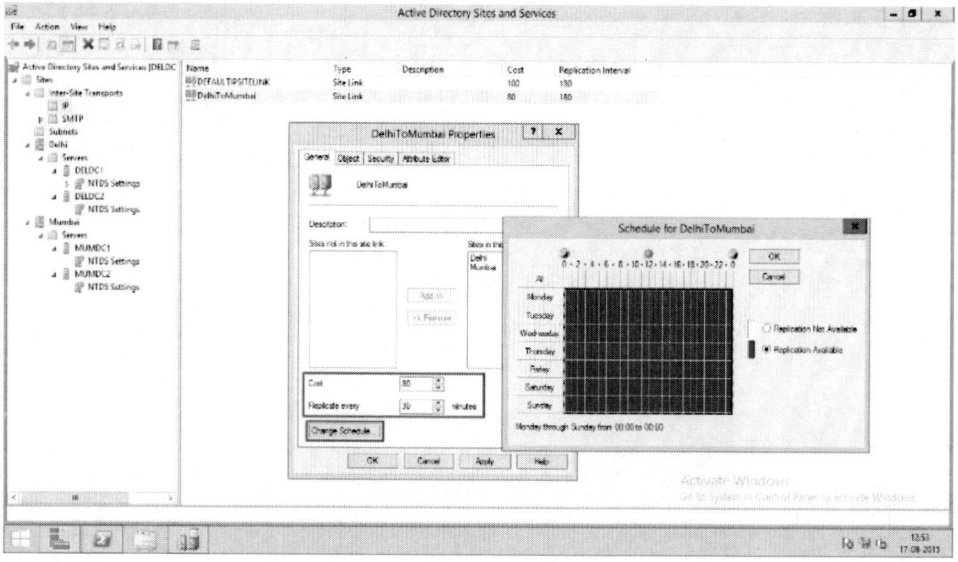

Fig. 21 – Representação da configuração de agendamento de link de site, custo e intervalo de replicação.

3.3.1.10.1 Tipos de Replicações

O AD DS utiliza uma eficiente tecnologia de replicação multimaster, isto possibilita que possamos fazer modificações no Active directory em qualquer um dos controladores de domínio de um domínio, que logo estas alterações serão devidamente replicadas para todos os outros controladores de domínio no domínio. Essa replicação permite que todos os controladores de domínio atuem como pares e forneçam a mesma funcionalidade. Vamos analisar os dois tipos de replicações, envolvendo a estrutura de site, que podemos ter:

3.3.1.10.1.1 Replicação Intrasite

A Replicação intrasite é o processo em que os Controladores de domínios localizados dentro do mesmo site replicam informações entre si. A replicação nesse caso acontece automaticamente, a partir de uma notificação de alteração. O processo tem início quando ocorre uma alteração de diretório em um controlador de domínio.

Por padrão, o controlador de domínio em que a alteração ocorreu, aguarda 15 segundos e, em seguida, envia uma notificação de atualização para seu parceiro de replicação mais próximo. Depois de receber a notificação de uma alteração, um controlador de domínio parceiro envia uma solicitação de atualização de diretório ao controlador de domínio de origem. O controlador de domínio de origem responde à solicitação com uma operação de replicação. Entretanto, em alguns tipos de atualizações de diretório, os controladores de domínio não esperarão por 15 segundos pela replicação. É a chamada **replicação urgente**, que inclui alterações do tipo: bloqueios de contas e alterações na política de bloqueio de conta, a política de senha de domínio ou a senha em uma conta de controlador de domínio, entre outras.

3.3.1.10.1.2 Replicação entre sites

Na replicação entre sites, os Controladores de domínio selecionados de dois sites diferentes serão replicados durante o intervalo especificado. A replicação entre sites é feita por servidores chamados de **Bridgehead**. O servidor Bridgehead é um controlador de domínio que foi administrativamente atribuído ou escolhido automaticamente, por um processo interno do Active Directory, para replicar as alterações coletadas de outros controladores de domínio no site para servidores bridgehead em outros sites. Através das configurações do link de sites, podemos gerenciar a frequência de replicação entre os sites e dessa forma diminuir o uso da largura de banda disponível. Por padrão, a replicação entre sites em cada link de site ocorre a cada 180 minutos, ou seja, 3 horas.

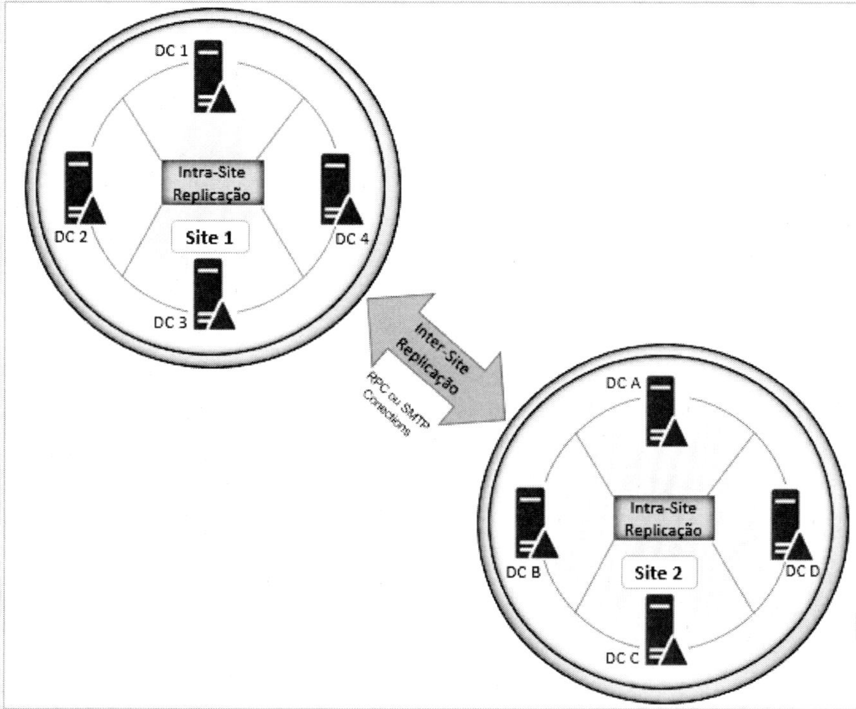

Fig. 22 – Representação dos tipos de Replicação: Inter-site e intra-site

.

Capítulo 4

Funções de Controladores de Domínio

Podemos definir um Controlador de domínio, de forma simples e direta, como um servidor que executa uma versão do sistema operacional Windows Server e possui os Serviços de Domínio Active Directory instalados.

Por padrão, um controlador de domínio armazena uma partição de diretório de domínio que consiste em informações sobre o domínio no qual está localizada, além das partições de diretório de esquema e configuração para toda a floresta. Um controlador de domínio também pode armazenar uma ou mais partições de diretório de aplicativos. Há também controladores de domínio que exercem funções adicionais críticas em um ambiente do AD DS. Essas funções especializadas são as de **catálogo global** e **mestres de operações**, que iremos estudar a seguir.

4.1 Global Catalog (Catálogo Global)

O Active Directory permite que os usuários e os administradores encontrem objetos tais como arquivos, impressoras, ou usuários em seu próprio domínio. Entretanto, encontrar objetos fora do domínio e através da floresta requer um mecanismo que permita que os domínios ajam como uma entidade.

Um serviço de catálogo contém a informação selecionada sobre cada objeto em todos os domínios no diretório, que é útil ao executar buscas. O **global Catalog – GC** é o serviço de catálogo fornecido pelo Active Directory.

Por padrão, o primeiro controlador de domínio em uma floresta é criado automaticamente como um servidor de catálogo global. Posteriormente, é possível designar outros controladores de domínio para serem servidores de catálogo global, caso seja necessário. Vale a pena ressaltar que apenas os Controladores de domínio podem ser servidores de Catálogo Global.

Outro papel importante desempenhado pelos Catálogos Global é no processo de logon dos usuários de uma rede.

Ao fazer o logon em uma rede, uma das informações necessárias é saber quais grupos um usuário pertence. Baseado nesta relação de grupos é que os acessos e direitos a objetos são concedidos ou negados.

Mas, por padrão, um controlador de domínio só consegue identificar os grupos a que um usuário pertence de seu próprio domínio. Apenas os GCs conseguem identificar se o usuário pertence a um grupo de outro domínio, por exemplo, os grupos do tipo "Universal".

Portanto, no processo de logon, o controlador de domínio precisa contatar um GC para identificar quais grupos Universais, de outros domínios, este usuário pertence. Podemos considerar o GC como um "atalho" neste processo, pois caso contrário, cada controlador de domínio teria que, ele próprio, contatar cada controlador na floresta independentemente para descobrir tais informações.

Outro papel do GC é que em ambientes de múltiplos domínios, ele possibilita que um usuário faça um logon em um controlador de domínio o qual não pertença a sua conta. É o GC que possibilita que este controlador "descubra" o domínio do usuário e permita o logon.

Os seguintes eventos exigem um Servidor de Catálogo Global:

- **Buscas na Floresta**
  O catálogo global fornece um recurso para pesquisa na floresta do Active Directory. As buscas na floresta são identificadas pela porta LDAP que usa. Se a busca estiver utilizando a **porta 3268**, ela será encaminhada para um servidor de Catálogo Global.

- **Logon de Usuário**
  Em uma floresta que tenha mais de um domínio, duas circunstâncias exigem o catálogo global durante a autenticação de usuário:

- *Controladores do Domínio solicitam a um Servidor de Catálogo Global a identificação dos membros de Grupos Universais.*

  O catálogo global armazena as informações de membro somente de grupos universais. As informações de quem é membro de outros grupos podem ser verificadas no nível do domínio.

  Porque um grupo universal pode ter membros de domínios diferentes do domínio onde o objeto do grupo é armazenado e pode ser usado para fornecer acesso aos recursos em qualquer domínio, somente um servidor de catálogo global possui as informações de quem são membros de um grupo universal, informação esta que é utilizada no processo de autenticação.

Por exemplo, um usuário pode ser membro de um grupo universal que tem seu objeto do grupo armazenado em um domínio diferente, mas fornece o acesso aos recursos no domínio do usuário.

Para assegurar-se de que o usuário possa ser autorizado alcançar apropriadamente recursos neste domínio, o controlador do domínio deve ter o acesso à informação de que usuários são membros de todos os grupos universais na floresta. Se um servidor de Catálogo Global não está disponível, o login do usuário irá falhar.

- Quando um Nome Principal de Usuário (UPN) é utilizado para fazer logon na floresta que possui mais de um domínio, é necessário um servidor de Catálogo Global para resolver o nome.

Um Nome Principal do Usuário (UPN) é um nome de logon que tem o formato de um endereço de e-mail. Um UPN especifica a identificação do usuário – seguido por um nome de domínio do DNS, separado por um caractere "@" (por exemplo, feijo@feijo.intra).

Quando uma conta de usuário é criada, o sufixo UPN é gerado por padrão como **userName@DnsDomainName**, mas pode ser mudado administrativamente.

Quando você usa um UPN para entrar em um domínio, sua estação de trabalho contata um Servidor de Catálogo Global para resolver o nome porque o sufixo UPN não é necessariamente do domínio do controlador que foi contatado.

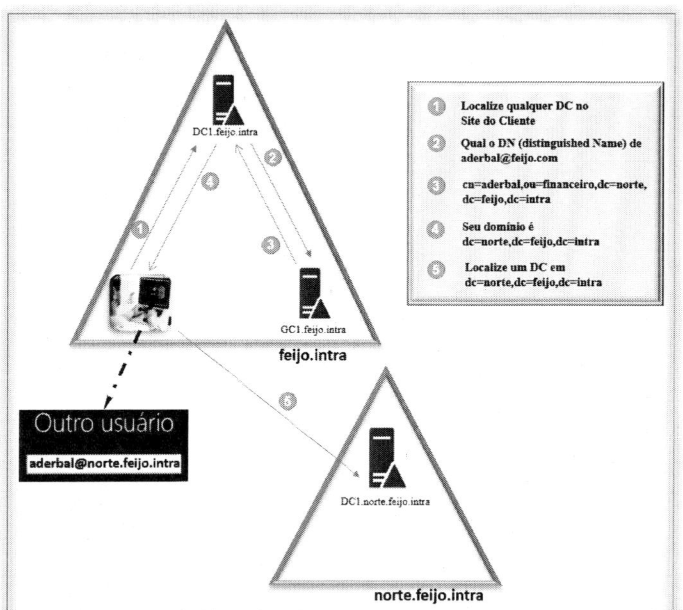

Fig. 23 – Representação do processo de logon com UPN e Catálogo Global

Se em um determinado cenário existir mais de uma floresta e usa relacionamentos de confiança entre os domínios nas **florestas diferentes**, um **UPN não pode ser usado** para entrar em um domínio que esteja fora da floresta do usuário porque o UPN é resolvido no catálogo global da floresta do usuário.

Quando se tratar de uma floresta com um único domínio, todos os controladores de domínio podem atender a todas as solicitações de logon, incluindo logons UPN, sem exigir um servidor de catálogo global. No entanto, somente os controladores de domínio configurados como servidores de catálogo global podem responder ao tráfego LDAP pela porta 3268.

4.1.1 Cache de Membros de Grupos Universais

Em uma Floresta que possui mais de um domínio, no site que tenha usuários do domínio, mas não tenha instalado um Servidor de Catálogo Global, um importante recurso do site, **Universal Group Membership Caching** (Cache de Membro de Grupo universal) pode ser utilizado. Quando ativado, esse recurso permite que um controlador de domínio armazene em cache os SIDs de grupos globais e os SIDs de grupos universais que ele recupera de um servidor de catálogo global para que os logons futuros não requeiram o contato com um servidor de catálogo global.

Um cenário recomendado para o uso Cache de Membro de Grupo universal, é aquele em que os locais incluem menos de 100 usuários e que não incluem um grande número de usuários ou aplicativos que exigem um servidor de catálogo global.

Podemos listar como bnefícios gerados pelo Cache de Membro de Grupo universal:

- Tempos de logon mais rápidos porque a autenticação de controladores de domínio não precisa mais entrar em contato com um servidor de catálogo global para obter associação de grupo universal.

- Maior disponibilidade porque o logon ainda é possível se o link WAN para o site do servidor de catálogo global não estiver disponível.

- Não há necessidade de atualizar o hardware dos controladores de domínio existentes para lidar com os requisitos extras do sistema necessários para hospedar o catálogo global.

- Uso de largura de banda de rede minimizada, porque um controlador de domínio de site de filial não precisa replicar todos os objetos localizados no catálogo global.

4.1.2 Estrutura Física do Catálogo Global

Como vimos anteriormente, um Catalogo global é uma função que pode ser dada a um controlador de domínio, é preciso entender que quando um Controlador de domínio também é um Catalogo Global seu limite de atuação é expandido para toda a floresta, no sentido de distribuição de dados, já que além dos dados completos do seu domínio, ele também possuirá dados parciais dos demais domínios da floresta.

4.1.2.1 Conjunto de Atributos Parciais do Catálogo Global

Em sua função de controlador de domínio, um servidor de catálogo global armazena uma partição de diretório de domínio gravável e completa. Em sua função como servidor de catálogo global, ele também armazena os objetos de todas as outras partições de diretório de domínio em uma floresta de vários domínios como objetos somente leitura com um conjunto parcial de atributos. O conjunto de atributos marcados para inclusão no catálogo global é chamado de **conjunto de atributos parciais** (PAS). Um atributo é marcado para inclusão no PAS como parte de sua definição de esquema.

Objetos no esquema que definem um atributo são objetos **attributeSchema** que possuem um atributo **isMemberOfPartialAttributeSet**. Se o valor desse atributo for **TRUE**, o atributo será replicado para o catálogo global. A topologia de replicação para o catálogo global é gerada automaticamente pelo **Knowledge Consistency Checker** (KCC), um processo interno que implementa uma topologia de replicação que garante a entrega do conteúdo de cada partição de diretório a cada servidor de catálogo global.

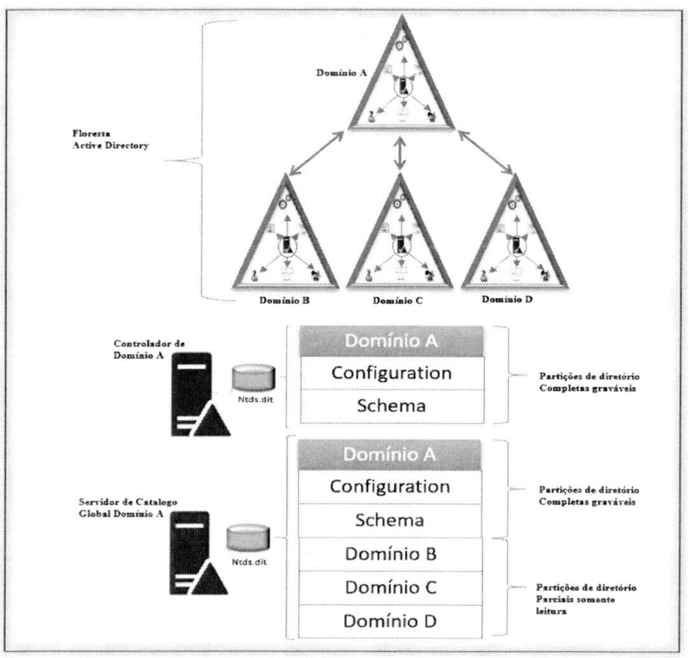

Fig. 24 – Representação do Catálogo Global

Os atributos que são replicados para o catálogo global por padrão incluem um conjunto de base que foi definido pela Microsoft como os atributos com maior probabilidade de serem usados nas pesquisas.

A representação física dos dados de catálogo global é igual a todos os controladores de domínio: o banco de dados Ntds.dit armazena atributos de objeto em um único arquivo. Em um controlador de domínio que não é um servidor de catálogo global, o arquivo Ntds.dit contém uma réplica gravável completa de cada objeto em uma partição de diretório de domínio para seu próprio domínio, além das partições de diretório de esquema e configuração graváveis.

O diagrama a seguir mostra as representações físicas do catálogo global como um recurso de toda a floresta que é distribuído como um banco de dados em servidores de catálogo global.

A partir do Windows Server 2003 houve uma redução no impacto ao atualizar o catálogo global, já que são replicados somente os atributos que mudaram, ao invés de todos os atributos, como acontecia anteriormente.

4.1.2.2 Portas de Rede Utilizadas pelo Servidor de Catálogo Global

As seguintes portas são utilizadas pelo Servidor de Catálogo Global:

Serviço	UDP	TCP
LDAP		3268 (global catalog)
LDAP		3269 (global catalog Secure Sockets Layer [SSL])
LDAP	389	389
LDAP		636 (SSL)
RPC/REPL		135 (endpoint mapper)
Kerberos	88	88
DNS	53	53
SMB over IP	445	445

4.1.3 Habilitando o Catálogo Global

Quando o Active Directory é instalado no primeiro controlador de domínio da floresta, a aplicação de instalação cria o Controlador de Domínio como um Servidor de Catálogo Global.

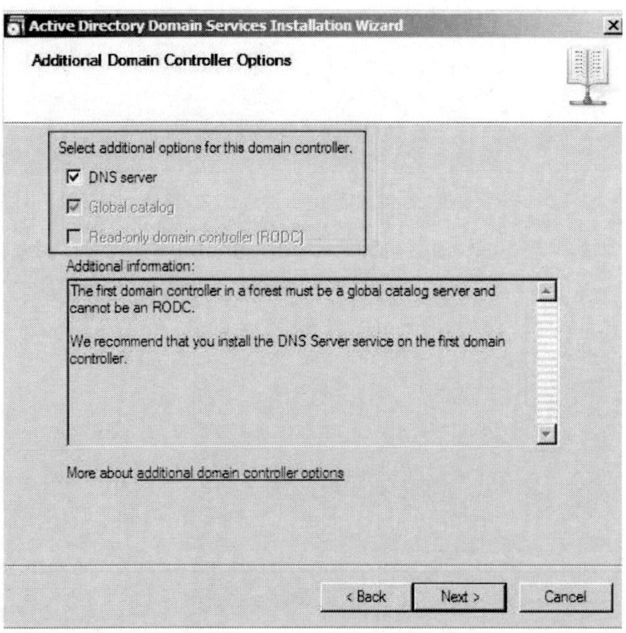

Fig. 25 – Catálogo global já definido por padrão na instalação do primeiro DC da Floresta

Para configurar um determinado Controlador de domínio, como Catálogo Global, é simples, basta realizar o procedimento:

4.1.3.1 Via Ambiente gráfico

Utilizar a ferramenta **Active Directory Sites and Services** (Serviços e Sites do Active Directory), onde é preciso acessar as propriedades do objeto "**NTDS Settings**" do servidor desejado, marcando a caixa referente ao **Catálogo Global**, como mostra a figura ao lado:

4.1.3.2 Via *PowerShell*

No *PowerShell* iremos utilizar o cmdlet Set-ADObject, para configurar o Controlador de domínio como Catálogo Global.

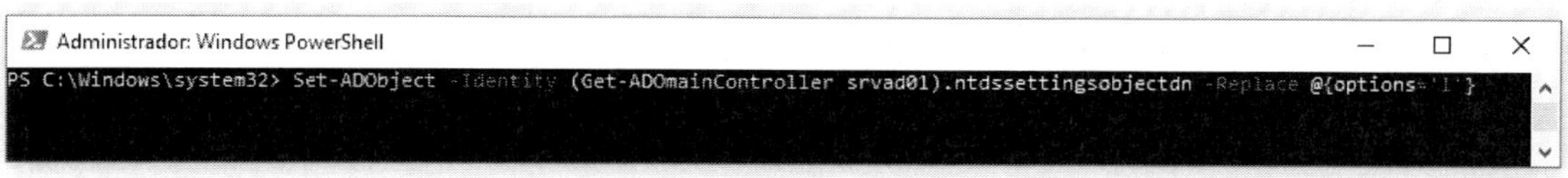

4.1.4 Identificando quem são os GC do ambiente

Podemos verificar rapidamente quais os controladores de domínio no ambiente atuam como um Servidor de Catálogo Global:

4.1.4.1 Via *PowerShell*

Acessando um Controlador de domínio, com credenciais de Administrador do domínio, utilize o cmdlet **Get-ADDomainController**, apenas para verificar a configuração atual.

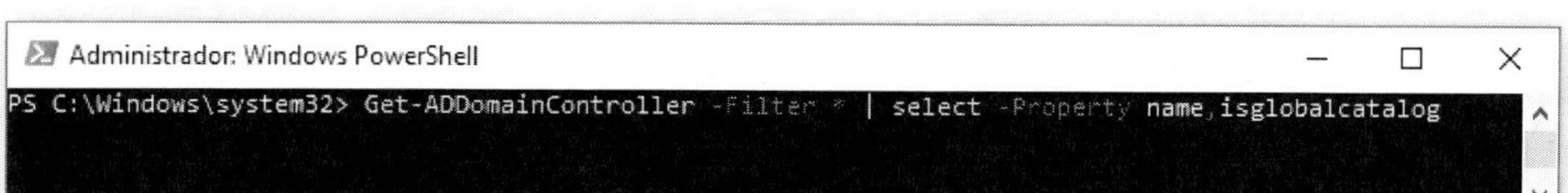

4.1.4.2 Via nltest

Uma outra opção é o uso do comando **nltest.**

Nltest /dsgetdc:nomedodominio /GC

```
C:\>nltest /dsgetdc:ecorp.com.br /GC
           DC: \\London.ecorp.com.br
      Endereço: \\192.168.1.200
     Dom Guid: f90fc062-4150-4e06-95b8-7269c5fc0c61
     Nome do Dom: ecorp.com.br
  Nome da Floresta: ecorp.com.br
 Nome do Site Dc: Default-First-Site-Name
Nome do nosso Site: Default-First-Site-Name
        Sinalizadores: PDC GC DS LDAP KDC TIMESERV GTIMESERV WRITABLE DNS_DC DNS
_DOMAIN DNS_FOREST CLOSE_SITE FULL_SECRET
Comando concluído com êxito
```

Capítulo 5

Implementando o Active Directory

Desde o Windows 2000 server, quando o Active Directory surgiu, já tivemos 8 versões do Windows server (2003, 2008, 2008 R2, 2012, 2012 R2, 2016 e 2019), em que o Active Directory teve avanços em praticamente todos os aspectos, inclusive na forma de implementação. Até a plataforma Windows Server 2008, o utilitário **Dcpromo** foi a principal forma de implementação do serviço de diretório, que também teve evoluções, à medida em que as versões foram sendo lançadas, como a disponibilização de um modo avançado, a partir do Windows Server 2003. Uma das grandes mudanças no processo de implementação, ocorreu a partir do Windows Server 2012, quando o Dcpromo deixou de ser utilizado, passando a ser executado inteiramente no Gerenciador de Servidor, que teve integrado as etapas anteriormente realizadas via Dcpromo, além da possibilidade da instalação via Windows *PowerShell.* Com isso, o número de etapas necessárias para introduzir os controladores de domínio em um ambiente existente do Active Directory foi reduzido, tornando o processo de criação de um novo ambiente do Active Directory mais simples e eficiente.

Este capítulo descreve as etapas necessárias para instalar e desinstalar os Serviços de Domínio do Active Directory, iremos contemplar as operações em dois cenários: Com Dcpromo (plataforma 2008) e sem o Dcpromo (Plataforma 2016/19).

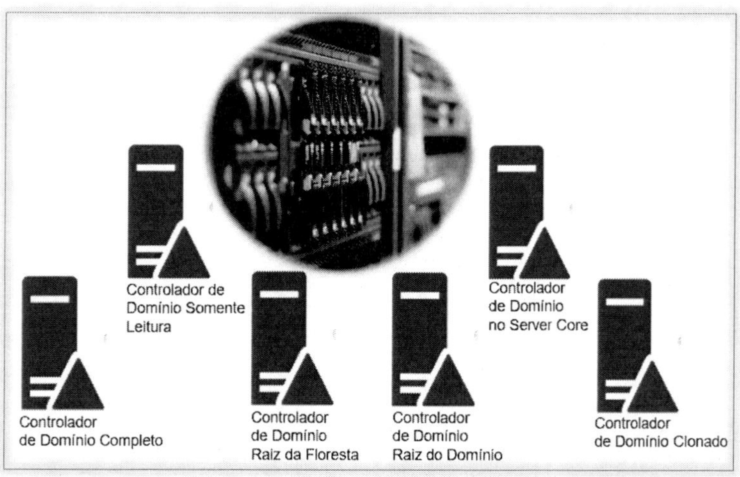

Fig. 26 – Representação de diversos cenários dos Controladores de domínio

5.1 Implementando o Active Directory via Dcpromo (Plataforma Windows 2008)

A partir do Windows Server 2008, a Microsoft implementou o conceito de papéis de servidores, que possibilita dotar o sistema de recursos para administração e controle de acordo com o papel que este desempenhará no ambiente da empresa.

Apenas os componentes necessários para que o servidor atue no papel desejado, serão instalados, isto diminui sensivelmente a área de ataque pelo fato de que o servidor não possuirá componentes e serviços desnecessários.

Para melhorar a instalação e a gerência do AD DS, O Windows 2008 inclui uma atualização no Wizard de instalação do Active Directory.

As novas interfaces do AD DS trazem melhorias significativas e fornece novas opções de instalação de controladores de domínio. Além disso, o assistente de Instalação de Serviços do Active Directory atualizado moderniza e simplifica a instalação.

5.1.1 Pré-requisitos para Instalação do AD DS

É necessário atender alguns pré-requisitos para realizar a instalação do AD DS, como veremos a seguir:

- **Espaço em Disco** – Para realizar a instalação do AD DS, em um novo servidor executando o Windows Server 2008, os seguintes requerimentos mínimos de disco deverão ser cumpridos:
    - 15 Megabytes (Mb) de espaço disponível na partição de instalação de sistema;
    - 250 Megabytes (Mb) de espaço para o banco de dados do AD DS, Ntds.dit;
    - 50 Megabytes (Mb) de espaço disponível para os arquivos de log de transação.

- **Configurações de Rede** – Verifique a conectividade do servidor antes de instalar o AD DS. É necessário também configurar endereçamento fixo para o servidor.

- **DNS** – O AD DS requer que um servidor DNS que suporte registro de serviço (SRV) esteja presente. Este pode ser qualquer servidor executando Windows 2000 ou posterior, ou pode ser um servidor UNIX executando Berkeley Internet Name Domain (BIND) 4.9.7 ou posterior. Se você deseja integrar o banco de dados DNS com o Active Directory, você deverá instalar DNS no mesmo servidor que será instalado o AD DS.

- **Permissões Administrativas** – Para adicionar ou remover o AD DS, deverá ser utilizada uma conta com credenciais administrativas. Os tipos de permissões necessárias dependerão do cenário de implementação do AD DS. Quando o cenário é a criação de um domínio raiz da floresta é necessária a utilização de uma conta de Administrador local. No cenário de criação de um novo domínio raiz de uma árvore é necessário utilizar uma credencial pertencente ao grupo Administradores da Empresa. Já para adicionar um controlador de domínio a um domínio já existente, é necessário pertencer ao grupo global administradores do domínio.

5.1.2 Iniciando a Instalação

Podemos iniciar a instalação do AD DS, utilizando uma interface gráfica ou via linha de comando apropriada.

Há vários métodos para iniciar a instalação do Active Directory:

- Assistente de tarefas de configuração inicial e o Assistente de adicionar Papéis
- Assistente de instalação do Serviço de Domínio do Active Directory (DCPROMO.exe)
- Instalação desassistida

5.1.2.1 Utilizando o Assistente de tarefas de configuração inicial e o Assistente de adicionar Papéis

No assistente **Tarefas de Configuração Inicial**, podemos executar várias operações, tais como: configurar rede, nome do computador, definir fuso horário. Adicionalmente podemos também escolher a opção para adicionar papéis de servidores.

Fig. 27 – Assistente de Tarefas de Configuração inicial

Ao adicionarmos a função AD DS no computador serão instalados os arquivos necessários para o computador executar AD DS.

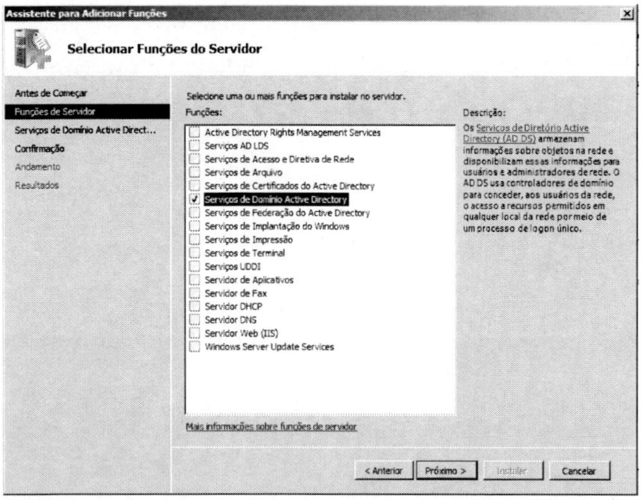

Ao escolhermos **Adicionar Funções**, um novo assistente será aberto, onde deverão ser escolhidas as funções que serão implementadas no servidor:

No Gerenciador de Servidor, também temos acesso ao mesmo assistente para adicionar funções.
Segue abaixo a sequência utilizada na instalação da função AD DS, em um determinado servidor:

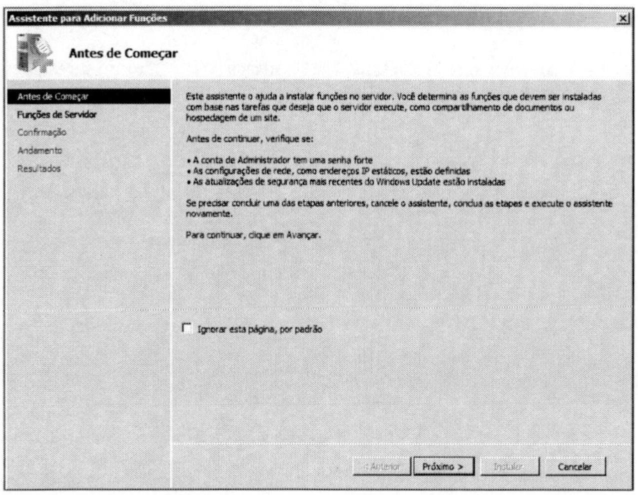

1. No Gerenciador de Servidor iniciar o assistente para adicionar funções, clicando em Adicionar funções, dentro do menu Funções.

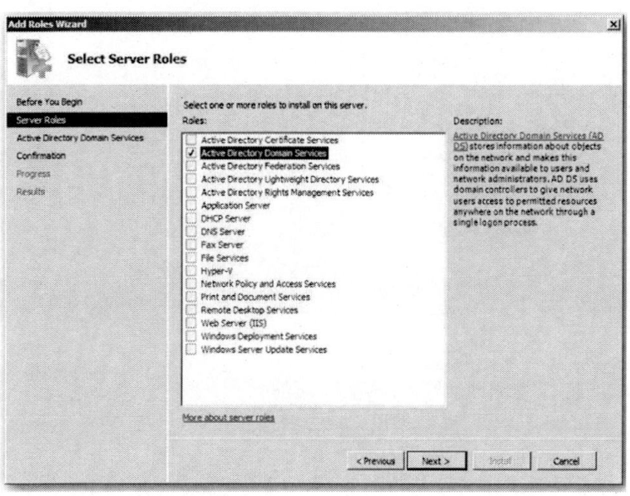

2. Na segunda tela do Assistente para adicionar funções, já é necessário definir quais as funções serão implementadas no servidor:

Selecione **Active Directory Domain Services** (Serviços de Domínio do Active Directory).

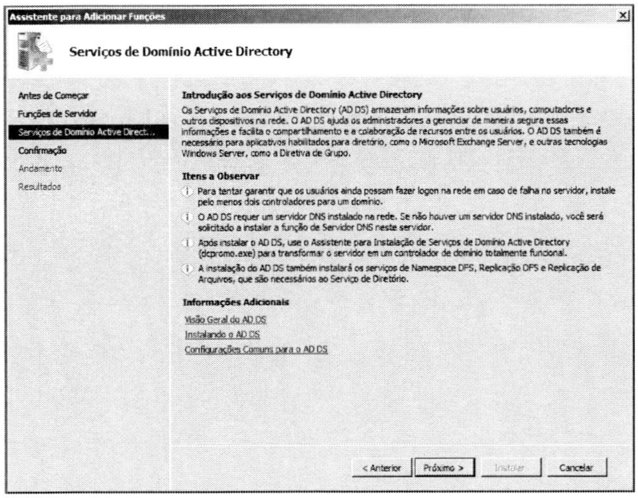

3. Na janela seguinte são apresentadas informações adicionais detalhadas sobre o Serviço de Diretório do Active Directory, tais como:

Visão Geral,
Instalando e
Configurações comuns do AD DS:

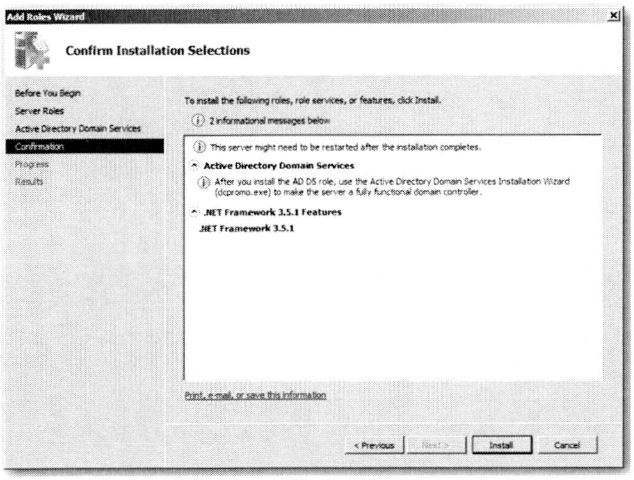

4. A janela seguinte é de Confirmação, para que se possa iniciar a instalação da Função selecionada.

Nela são apresentadas duas mensagens, informando que o servidor poderá solicitar que seja reiniciado após a conclusão da instalação da função e que após a instalação da função AD DS será necessário utilizar o Assistente para Instalação do Serviço de domínio do Active Directory (**Dcpromo.exe**) para fazer as configurações necessárias para transformar o servidor em questão em um Controlador de Domínio operacional.

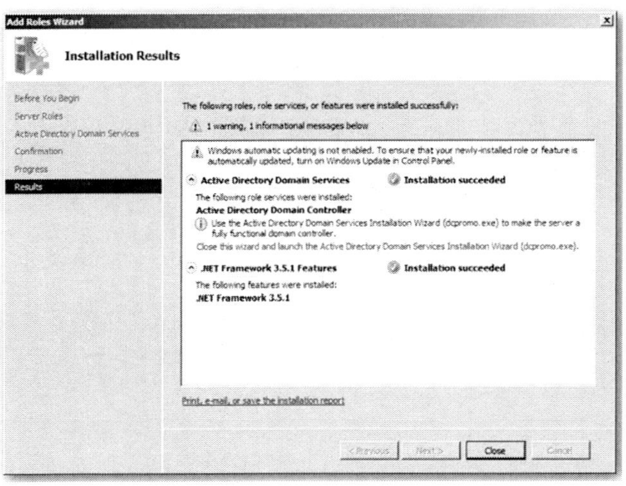

5. Na janela final as informações se as funções foram instaladas com sucesso.

5.1.2.2 Assistente para Instalação do Serviço de domínio do Active Directory (Dcpromo.exe)

O Assistente para instalação do Serviço de Domínio do Active Directory, o Dcpromo.exe, é o assistente onde podemos definir todas as opções e variáveis do processo de instalação do AD DS.

O Dcpromo possui a seguinte sintaxe:

dcpromo [/answer[:<filename>] | /unattend[:<filename>] | /unattend | /adv] /uninstallBinaries [/CreateDCAccount | /UseExistingAccount:Attach] /? /?[:{Promotion | CreateDCAccount | UseExistingAccount | Demotion}]

Segue descrição detalhada dos parâmetros do Dcpromo:

<table>
<tr><th>Parâmetro</th><th>Descrição</th></tr>
<tr><td>/answer[:<filename>]</td><td>Especifica arquivo de resposta que contém valores e parâmetros de instalação</td></tr>
<tr><td>/unattend[:<filename>]</td><td>Especifica arquivo de resposta que contém valores e parâmetros de instalação. Provém a mesma função de /answer.</td></tr>
<tr><td>/unattend</td><td>Especifica uma instalação desacompanhada em que os parâmetros e valores da instalação são fornecidos na linha de comando.</td></tr>
<tr><td colspan="2"><u>Exemplo</u>:
dcpromo /unattend /InstallDns:yes /ParentDomainDNSName:contoso.com / replicaOrNewDomain:domain /newDomain:child /newDomainDnsName:east.contoso.com / childName:east /DomainNetbiosName:east /databasePath:"e:\ntds" /logPath:"e:\ntdslogs" / sysvolpath:"g:\sysvol" /safeModeAdminPassword:FH#3573.cK /forestLevel:2 /domainLevel:2 / rebootOnCompletion:yes</td></tr>
<tr><td>/adv</td><td>É usado para iniciar o Assistente de Instalação do Serviço de domínio do Active directory em modo avançado. A partir do Windows Server 2008 a opção de executar o Dcpromo em modo avançado está disponível na janela inicial do Assistente. Utilize o modo avançado quando um Controlador de Domínio for criado a partir da restauração de um backup de arquivos, conhecido como Instalação a partir de uma Mídia – IFM. Ou quando for configurar a política de replicação de senha para um RODC.</td></tr>
<tr><td>/UninstallBinaries</td><td>Desasistindo binários do AD DS</td></tr>
<tr><td>/CreateDCAccount</td><td>Criar uma conta de Controlador de Domínio Somente Leitura – RODC. Somente membros dos grupos Administradores do Domínio e Administradores da Empresa podem executar este comando.</td></tr>
</table>

/UseExistingAccount:Attach	Une um servidor para uma conta RODC existente. Um membro do grupo Administradores do domínio ou usuários delegado pode executar este comando.
/?:Promotion	Mostra parâmetros para aplicar nas operações do dcpromo.

Segue abaixo a seqência utilizada com o Dcpromo, para a configuração de um novo domínio raiz de uma nova floresta:

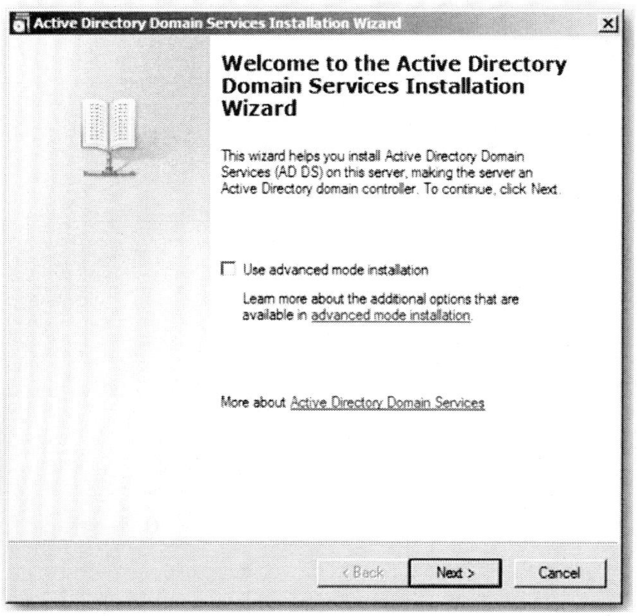

1. Iniciando o Dcpromo, execute dcpromo.exe, no prompt de comando.

A janela de Inicial do Dcpromo é mostrada, nela se encontra a opção de executar o assistente em modo avançado. Clique em Avançar.

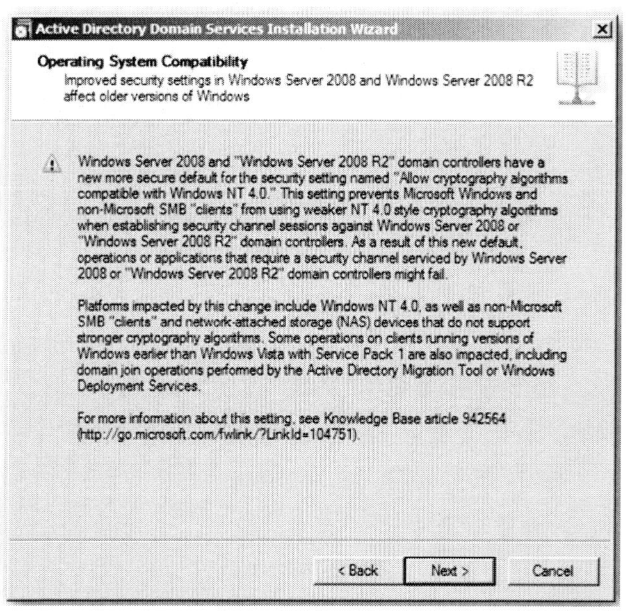

2. A janela de Compatibilidade de Sistema Operacional é mostrada a seguir.

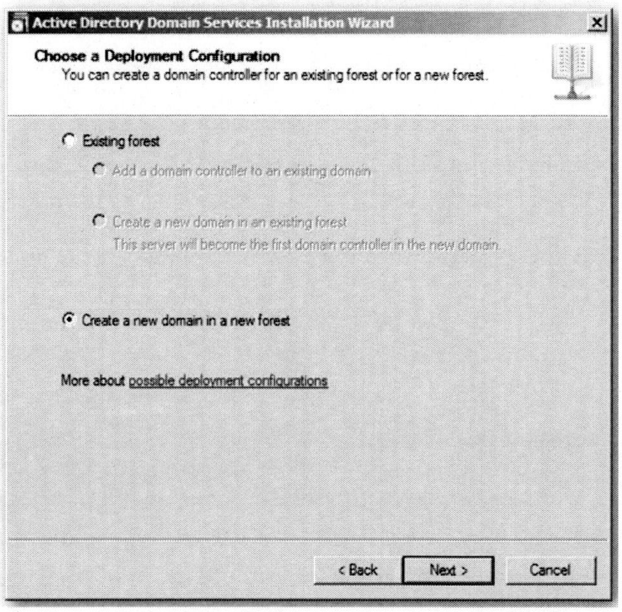

3. A janela a seguir mostra as possíveis configurações de implantação do AD DS:

Neste momento é preciso definir qual o cenário de implementação se deseja realizar, as opções são:

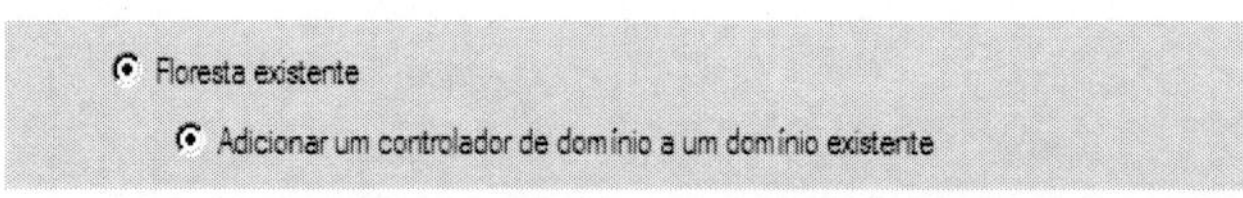

a. **Adicionar um Controlador de Domínio adicional a um domínio existente**:

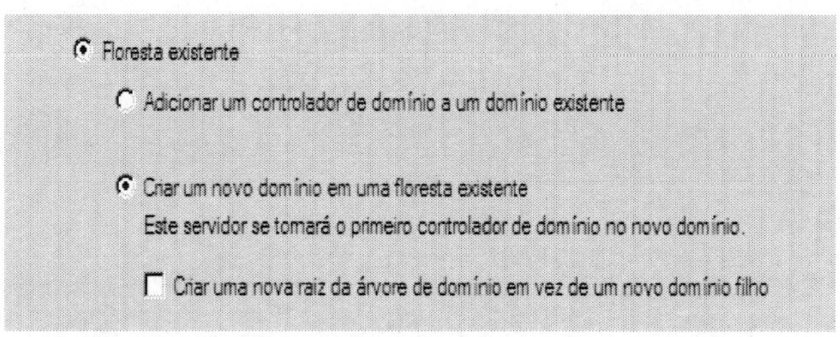

b. **Criação de um novo domínio em uma árvore e floresta existente**, ou seja, criação de um domínio filho em uma árvore existente:

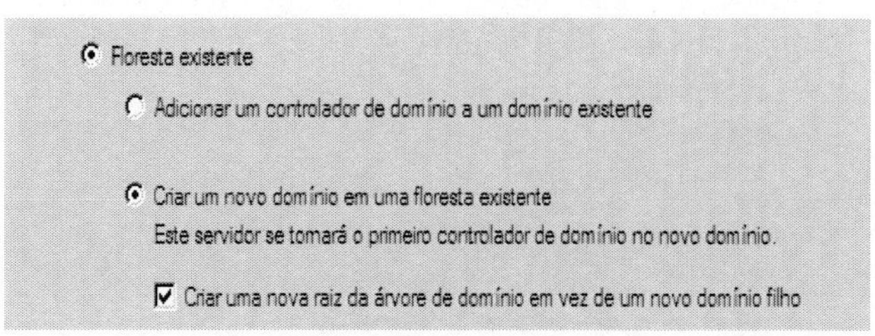

c. **Criação de uma nova árvore em uma floresta existente**, ou seja, criação de um domínio raiz de uma nova árvore em uma floresta já existente:

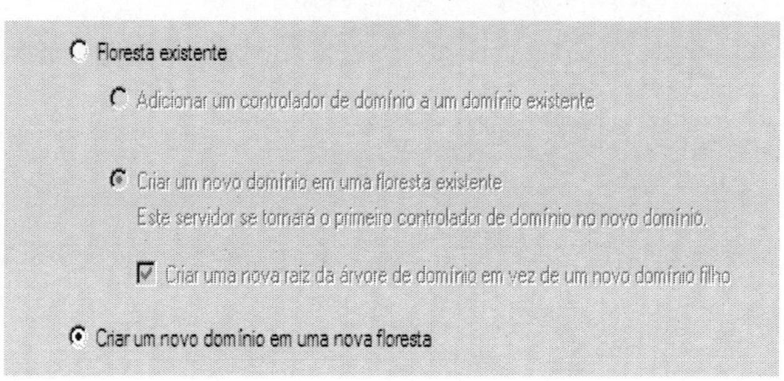

d. **Criação do domínio raiz de uma nova árvore de uma nova floresta**, ou seja, uma nova estrutura está sendo criada. Este será o primeiro domínio de uma nova árvore de uma nova floresta:

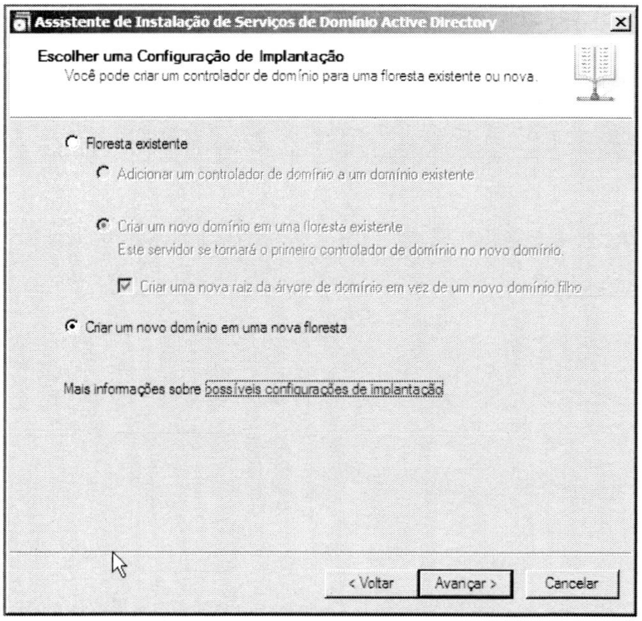

Seguindo o processo de configuração de um novo domínio raiz de uma nova floresta, é preciso marcar a opção, Criar um novo domínio em uma nova floresta, e clicar em avançar, como mostra a figura abaixo:

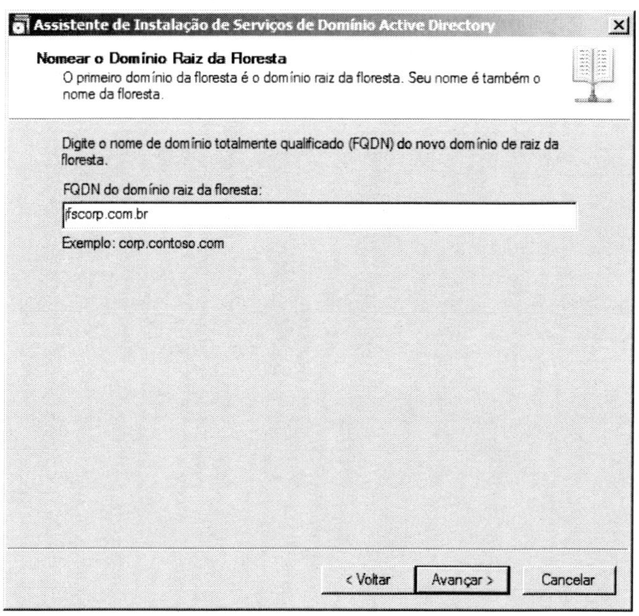

4. Na janela seguinte é solicitado o nome completo do novo domínio que está sendo criado. Esse nome também será o nome da árvore e da floresta que também estão sendo criadas nesse momento, já que se trata da criação do domínio raiz da floresta.

Ao clicar em Avançar, o Dcpromo verifica se o nome indicado não está em uso, pois o nome precisa ser único em toda a floresta.

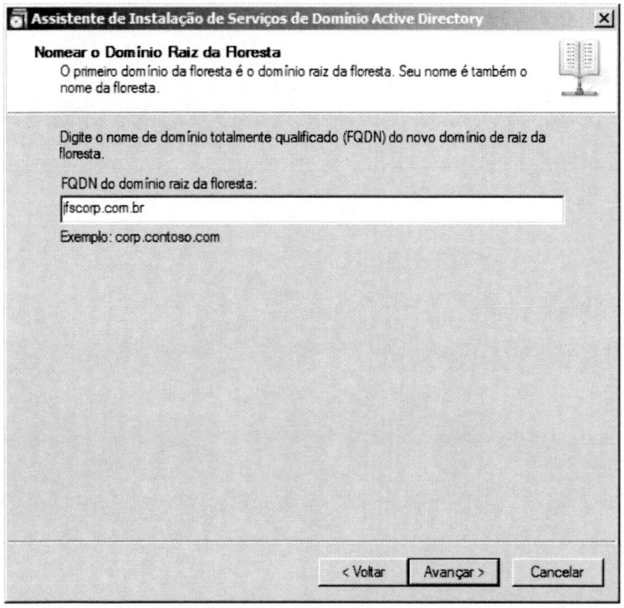

5. É apresentada, então, a janela com o nome NetBIOS do domínio, gerado pelo próprio dcpromo, como sugestão que pode ser aceita ou alterada.

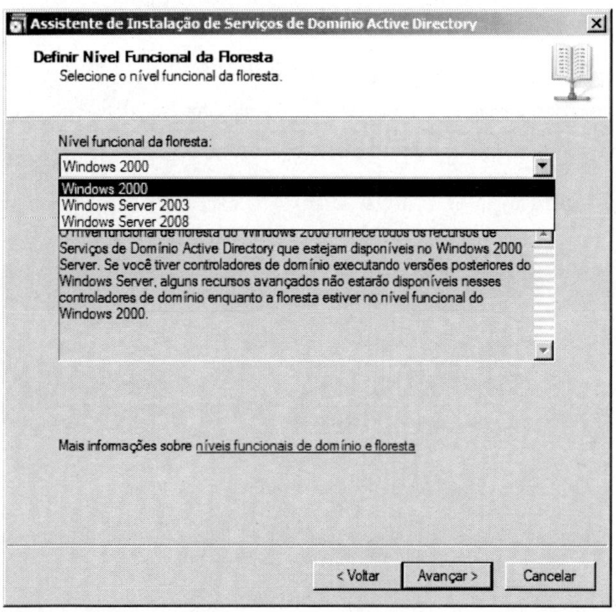

6. Na próxima janela, é preciso definir o nível funcional da Floresta, que pode ser:

Windows Server 2000
Windows Server 2003
Windows Server 2008

O nível funcional da Floresta deve ser definindo, conforme as informações apresentadas no Capítulo 2. Caso seja definindo como nível funcional da floresta Windows Server 2000 ou Windows Server 2003, será solicitada na próxima janela a definição do nível funcional do domínio.

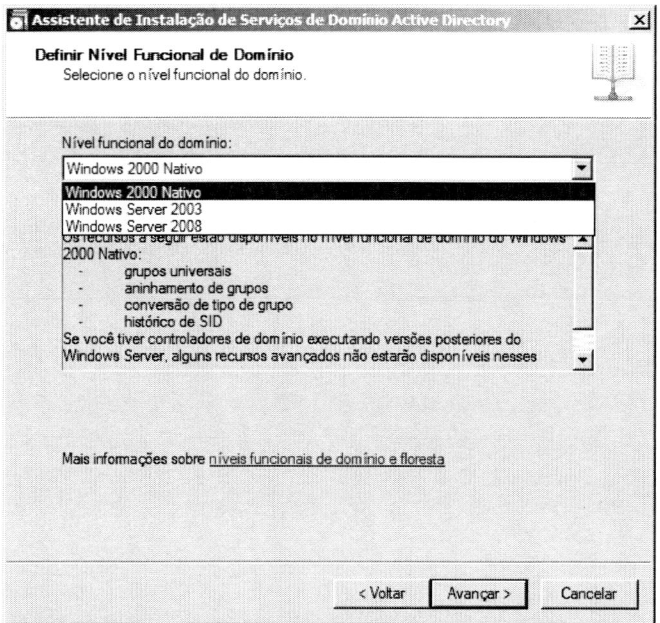

7. Na próxima janela, é preciso definir o nível funcional do domínio, que pode ser:

Windows Server 2000 nativo
Windows Server 2003
Windows Server 2008

O nível funcional do domínio deve ser definido, conforme as informações apresentadas no **Capítulo 3** - Componentes Estruturais do Active Directory.

8. Na próxima janela, são apresentadas opções adicionais para o Controlador de Domínio, que são:

1. Servidor DNS

A instalação do serviço Servidor DNS em um controlador de domínio faz com que este controlador se transforme em um servidor do sistema de nome de domínio (DNS). A configuração padrão da opção Servidor DNS depende dos seguintes fatores:

- Da configuração de implantação escolhida, por exemplo, adição de um novo domínio ou adição de um controlador de domínio adicional para um domínio existente.

- Do ambiente DNS atual

A tabela a seguir lista as configurações padrão para a instalação de um servidor DNS para várias configurações de implantação do AD DS.

Configuração de implantação	Configuração padrão da instalação do servidor DNS
Nova floresta	O servidor DNS é instalado por padrão.
Novo domínio	O servidor DNS é instalado por padrão se o assistente detecta uma infraestrutura DNS no domínio pai. O servidor DNS não é instalado por padrão se o assistente não detecta uma infraestrutura DNS.
Nova árvore de domínio	O servidor DNS é instalado por padrão se o assistente detecta uma infraestrutura DNS no domínio raiz da floresta. O servidor DNS não é instalado por padrão se o assistente não detecta uma infraestrutura DNS.
Controlador de domínio adicional	O servidor DNS é instalado por padrão se o assistente detecta uma infraestrutura DNS no domínio. A opção de servidor DNS não está disponível se o assistente não detecta uma infraestrutura DNS no domínio.

a. Catálogo global

Como o primeiro controlador de domínio de uma floresta deve ser um servidor de catálogo global, a caixa de seleção Catálogo global é marcada e não pode ser desmarcada durante a criação de uma floresta.

A caixa de seleção também é marcada por padrão quando você instala um controlador de domínio adicional em um domínio existente. Entretanto, você pode desmarcar a caixa de seleção se não quiser que o controlador de domínio adicional seja um servidor de catálogo global.

Quando é criado um novo domínio filho ou uma árvore de domínios, a caixa de seleção Catálogo global não é selecionada por padrão porque o primeiro controlador do novo domínio hospeda todas as funções do mestre de operações em domínios (também conhecidas como operações de mestre flexível ou FSMO), incluindo a função do mestre de operações de infraestrutura. Em uma floresta de vários domínios, você poderá encontrar problemas se hospedar a função do mestre da infraestrutura em um servidor de catálogo global, a menos que todos os controladores de domínio sejam servidores do catálogo global.

Portanto, se você decidir instalar o catálogo global no controlador do primeiro domínio em um novo domínio filho ou em uma árvore de domínios, deverá transferir a função do mestre de infraestrutura após instalar os controladores de domínio adicionais no domínio ou garantir que todos os controladores de domínio adicionais instalados também sejam servidores do catálogo global.

À medida que os controladores de domínio graváveis adicionais são instalados, o Assistente de Instalação dos Serviços de Domínio Active Directory valida se o mestre de infraestrutura está hospedado em um controlador de domínio adequado e oferece opções para corrigir problemas que podem surgir.

b. Controlador de Domínio Somente Leitura – RODC

Na instalação em etapas de um RODC, a caixa de seleção Controlador de domínio somente leitura é marcada e não pode ser desmarcada durante a criação da conta RODC. A página Opções Adicionais de Controlador de Domínio não é exibida quando o servidor é anexado à conta RODC.

Se você estiver instalando um controlador de domínio adicional em um domínio, mas não estiver executando uma instalação em etapas, a caixa de seleção Controlador de domínio somente leitura será desmarcada por padrão. Você pode selecioná-la a não ser que determinadas condições do ambiente impeçam a instalação do RODC. Se isso acontecer, a caixa de seleção RODC será desmarcada e não poderá ser selecionada. Estas condições impedem a instalação do RODC:

- Você está instalando o controlador do primeiro domínio em uma nova floresta.
- Você está instalando o controlador do primeiro domínio em um novo domínio.
- O nível funcional da floresta não é Windows Server 2003 ou Windows Server 2008.
- Não há controladores de domínio graváveis sendo executados no Windows Server 2008 no domínio no qual você deseja instalar o RODC.

5.1.3 Verificações de validação das opções selecionadas

Depois que você seleciona as opções na página Opções Adicionais de Controlador de Domínio e clica em Avançar, o assistente executa as seguintes verificações de validação antes que seja possível continuar:

- Verificação do mestre da infraestrutura
- Verificação Adprep /rodcprep
- Validação do endereço IP estático

5.1.3.1 Verificação do mestre da infraestrutura

Se você selecionar a opção de instalação de um controlador de domínio adicional em um domínio, o Assistente de Instalação dos Serviços de Domínio Active Directory marcará a caixa de seleção Catálogo global por padrão. Se você estiver instalando um controlador de domínio gravável (a caixa de seleção Controlador de domínio somente leitura está desmarcada) e também desmarcar a caixa de seleção Catálogo global, o assistente verificará se a função do mestre de infraestrutura está hospedada em um servidor de catálogo global no domínio, no momento. Se estiver, o assistente solicitará que a função seja transferida para o controlador de domínio que você está instalando. Você pode clicar em Sim para transferir a função do mestre da infraestrutura para esse controlador de domínio ou em Não para corrigir a configuração posteriormente.

5.1.3.2 Verificação Adprep /rodcprep

Se você estiver instalando um RODC, o assistente verificará se o comando adprep /rodcprep foi concluído com êxito e se as alterações resultantes do comando são replicadas na floresta. Se o comando adprep /rodcprep não for concluído com êxito ou se as alterações não tiverem sido replicadas ainda, será exibida uma mensagem de erro indicando que o comando deve ser executado antes que você possa continuar com a instalação. Caso essa mensagem seja exibida, execute novamente o comando adprep /rodcprep na floresta ou espere até que as alterações sejam replicadas na floresta.

5.1.3.3 Validação do endereço IP estático

Se você marcar a caixa de seleção Servidor DNS, o Assistente de Instalação dos Serviços de Domínio Active Directory verificará se todos os adaptadores físicos de rede do servidor têm um endereço estático, incluindo os endereços de IP estático versão 4 (Ipv4) e versão 6 (Ipv6), caso estejam disponíveis. Embora a instalação do AD DS possa ser concluída sem o uso de um endereço IP estático, essa ação não é recomendada porque os clientes podem ter problemas para contatar o controlador de domínio se o endereço IP mudar. Para obter mais informações sobre como configurar um endereço IP estático, consulte Configurando o protocolo TCP/IP e as configurações de cliente DNS.

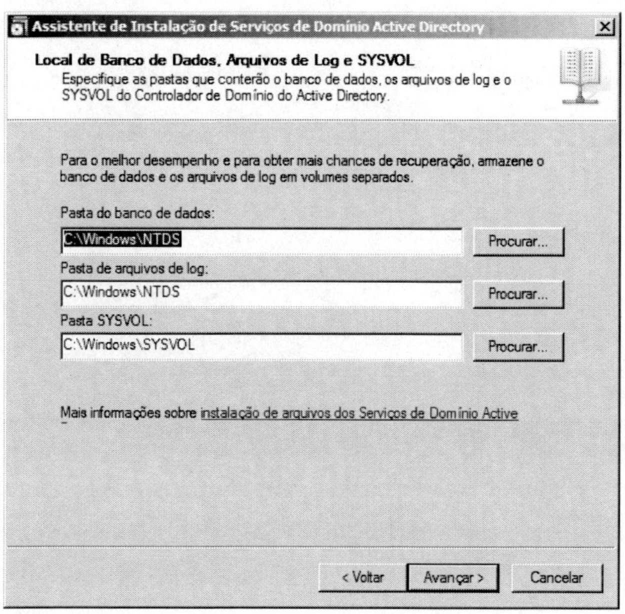

1. Na próxima janela, são apresentados os locais de armazenamento padrão do banco de dados, arquivos de log e pasta SYSVOL:

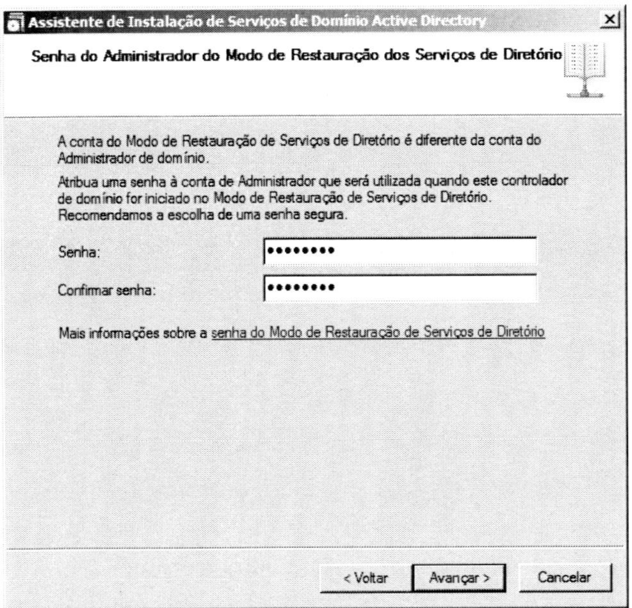

2. Na próxima janela, é solicitada a digitação da senha DSRM:

A senha DSRM é necessária para fazer o logon em um controlador de domínio quando os Serviços de Domínio do Active Directory Domain Services (AD DS) não estão em execução porque foi interrompido ou porque o controlador de domínio foi iniciado no DSRM.

Se estiver criando o primeiro controlador de domínio na floresta, a diretiva de senha que está em vigor no servidor local também estará em vigor no Assistente de Instalação dos Serviços de Domínio do Active Directory.

Certifique-se de manter a senha DSRM em segurança. A divulgação da senha DSRM para pessoas não autorizadas após a instalação representa um risco de segurança. Um usuário mal-intencionado pode usar a senha para iniciar o controlador de domínio no DSRM e posteriormente causar problemas na floresta.

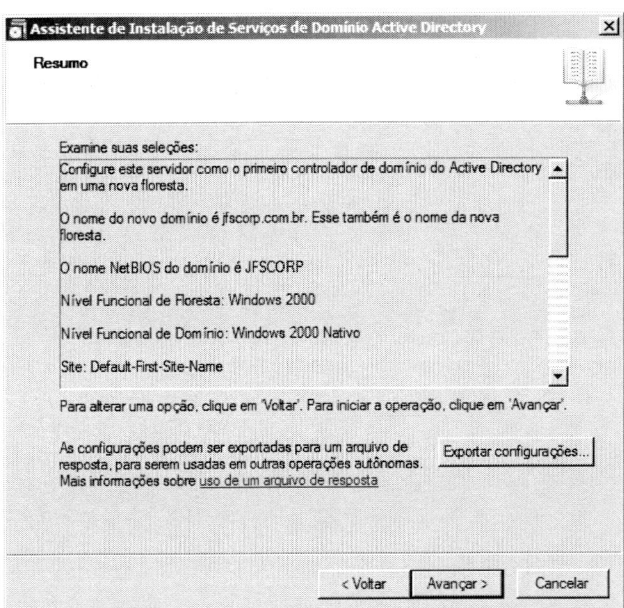

3. Na próxima janela, é apresentado um resumo das configurações definidas:

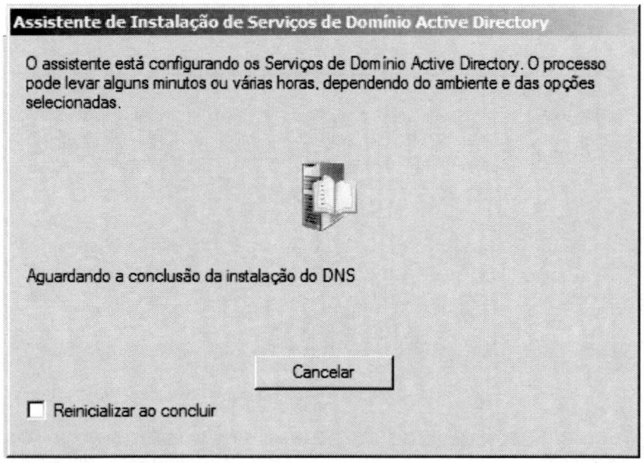

4. Na próxima janela, são apresentadas informações sobre o processo em execução:

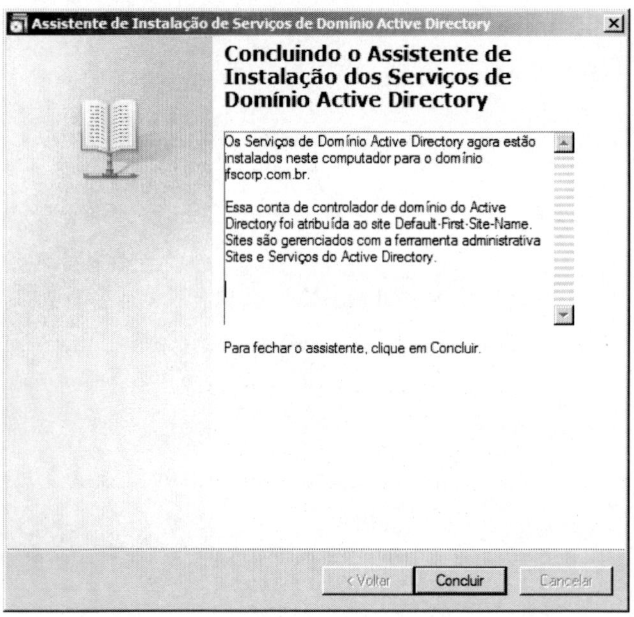

5. Janela final de conclusão do Dcpromo:

5.1.4 Instalação com um arquivo de Resposta

Para instalar o AD DS sem interação de usuário, é necessário utilizar o comando Dcpromo.exe com o parâmetro /answer. Com o parâmetro deverá ser informado o nome do arquivo de resposta.

O arquivo de resposta contém todos os dados que normalmente são requeridos durante o processo de instalação.

E pode ser gerado automaticamente, selecionando a opção **Export Settings** durante a execução anterior do **Dcpromo.exe**

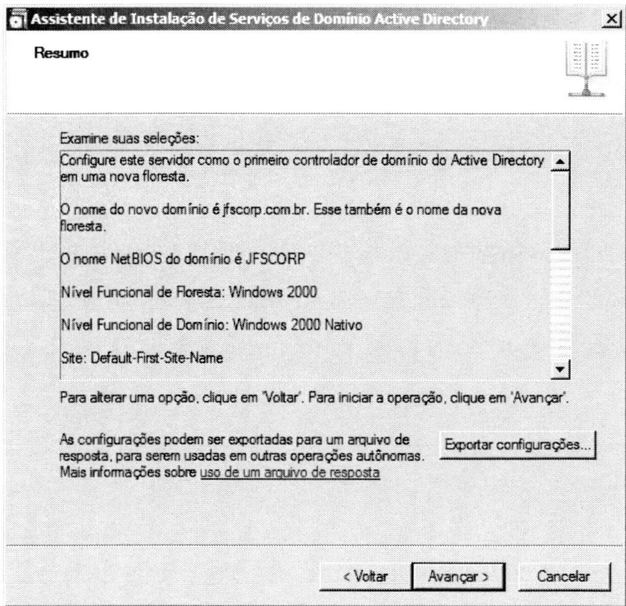

Para executar uma instalação desassistida, execute no prompt de comando:

Dcpromo.exe /answer:[nome do arquivo]

Para criar um novo domínio em uma nova árvore de uma nova Floresta, com o serviço DNS sendo configurado automaticamente, o conteúdo do arquivo de resposta, seria:

```
[DCInstall]
InstallDNS=yes
NewDomain=forest
NewDomainDNSName=Adatum.com
DomainNetBiosName=Adatum
ReplicaOrNewDomain=domain
ForestLevel=3
DomainLevel=3
DatabasePath="C:\Windows\NTDS"
LogPath="C:\Windows\NTDS"
RebootOnCompletion=yes
SYSVOLPath="C:\Windows\SYSVOL"
SafeModeAdminPassword=Pa$$w0rd
```

5.2 Implementando o Active directory (Plataforma Windows 2016/2019)

A implantação dos Serviços de Domínio Active Directory (AD DS) nas plataformas 2012, 2016 e 2019 do Windows Server ficou mais eficiente do que nas versões anteriores do Windows Server. O processo, que até então era realizado em sua grande parte pelo Dcpromo, foi integrado ao Gerenciador de Servidor.

Algumas outras novidades merecem destaque, como a de podermos instalar os binários da função do servidor AD DS em vários servidores ao mesmo tempo e poder executar o assistente de instalação remotamente em um servidor individual.

5.2.1 Recursos incluídos na instalação do AD DS:

- **Adprep.exe integrado no processo de instalação do AD DS.**

Uma etapa crítica, de preparação do Active directory existente, que exigia a realização de vários procedimentos manuais, foi incorporada no processo de intalação (ainda é possível executar os comandos adprep.exe separadamente, a versão do adprep.exe do Windows Server 2012 e posterior são executadas remotamente, dessa forma podemos executar todos os comandos necessários de um servidor que executa uma versão de 64 bits do Windows Server 2008 ou posterior.)

- **A instalação do AD DS, agora** é criada no Windows ***PowerShell.***

Os **cmdlets** de implementação do AD DS, que podem ser chamados remotamente, permitem uma maior flexibilidade ao processo.

- **Inclui validação de pré-requisito.**

Com esta validação erros em pontenciais são devidadmente identificados, antes que possam trazer prejuízo ao processo de instalação em si.

- **Exportar um script do Windows *PowerShell***

Ao final das definições tomadas, durante a instalação no ambiente gráfico, é possível exportar as configurações para um script do Windows *PowerShell* para automação.

- **Apenas a replicação crítica ocorre antes da reinicialização.**

Novo switch deve ser usado para permitir a replicação de dados não críticos antes da reinicialização.

5.2.2 Iniciando a Instalação

Vamos demonstrar a instalação do Active directory, utilizando o Windows Server 2016, utilizando o Server Manager (Gerenciador de servidor) e o Windows *PowerShell*:

5.2.2.1 Via Ambiente Gráfico

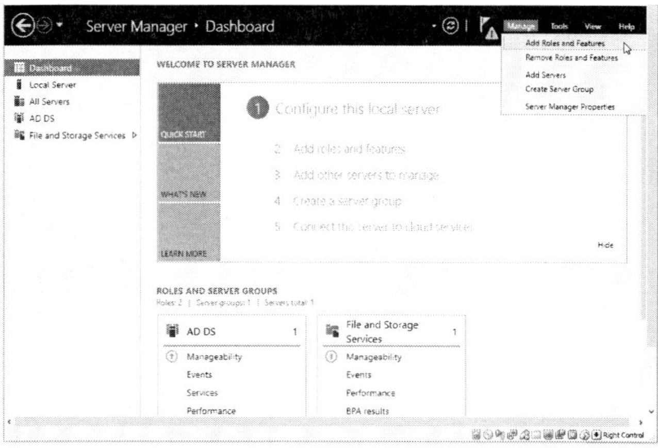

1. No **Server Manager** clique em **Manager** e na sequência em **Add Roles and Features** (Adicionar Papéis e Recursos)

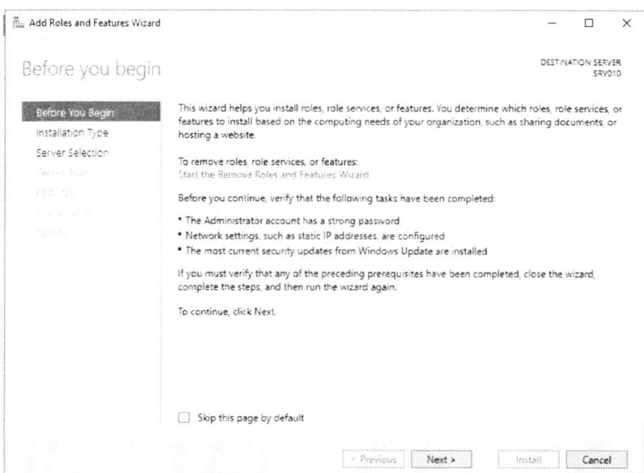

2. No Assistente para **Add Roles and Features** (Adicionar Papéis e Recursos), clique em **Next**.

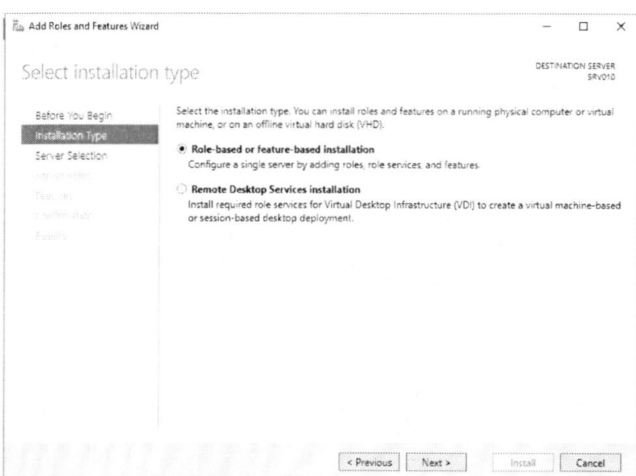

3. Por padrão, a Role-based or feature-based installation (instalação baseada em função ou recurso) está selecionada, clique em **Next.**

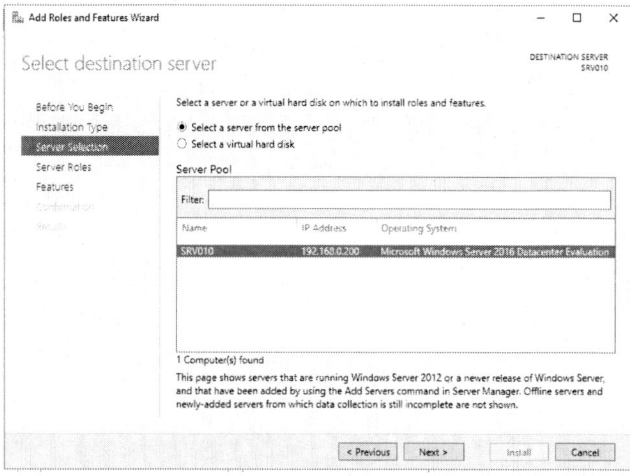

4. Na Seleção do Servidor, selecione a opção **server from the server pool** (servidor no pool de servidores) e clique em Avançar.

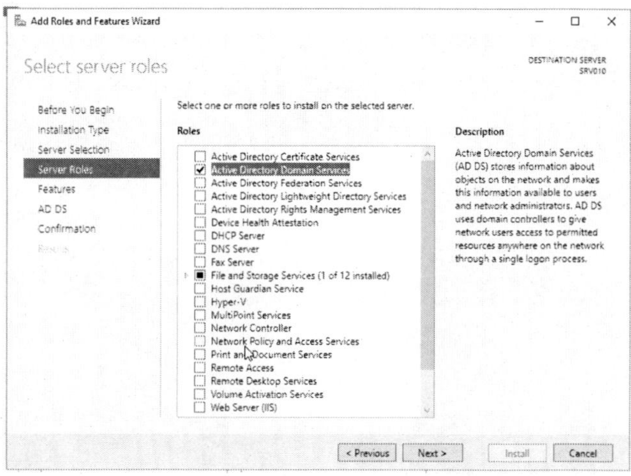

5. Na página **Select server roles** (Selecionar funções do servidor), marque em **Active Directory Domain Server (**servidor de domínio do Active Directory) e clique em **Next**, para continuar.

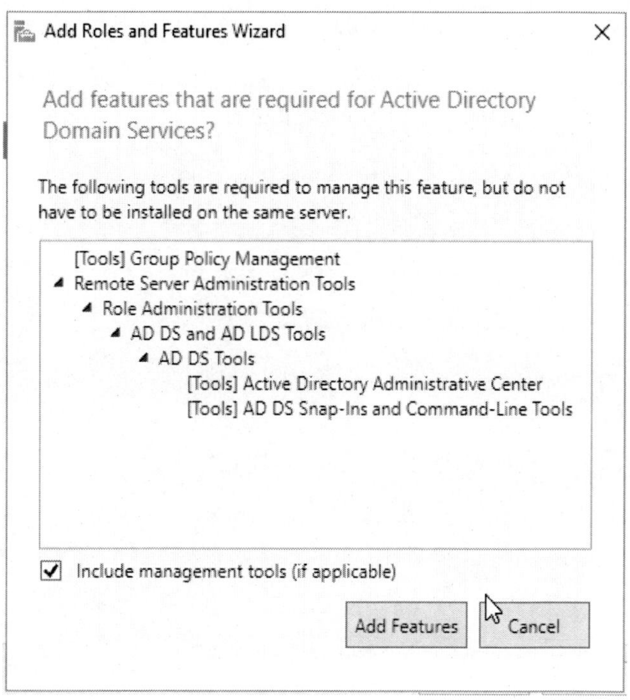

6. Um pop-up aparecerá pedindo para adicionar recursos que são necessários para os serviços do Active Directory, clique no botão Adicionar recursos.

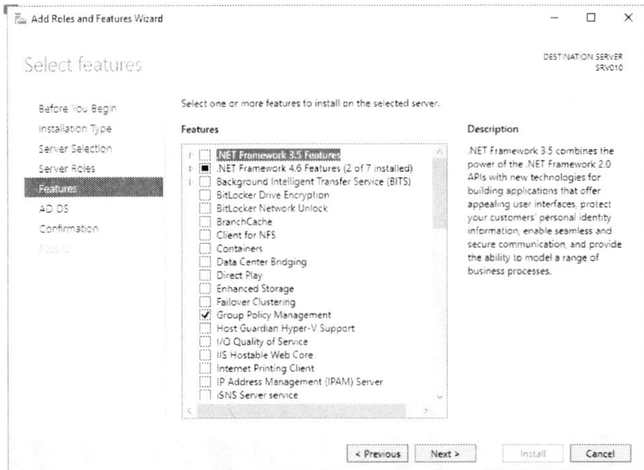

7. Na página **Select features** (Selecionar recursos), clique em Avançar.

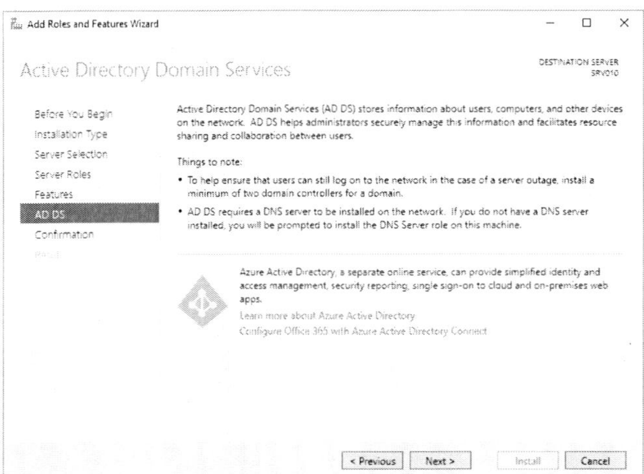

8. A janela seguinte do assistente apresenta observações e informações sobre o **Active Diretory Domain Services**, clique em **Install**, para inciar a instalação.

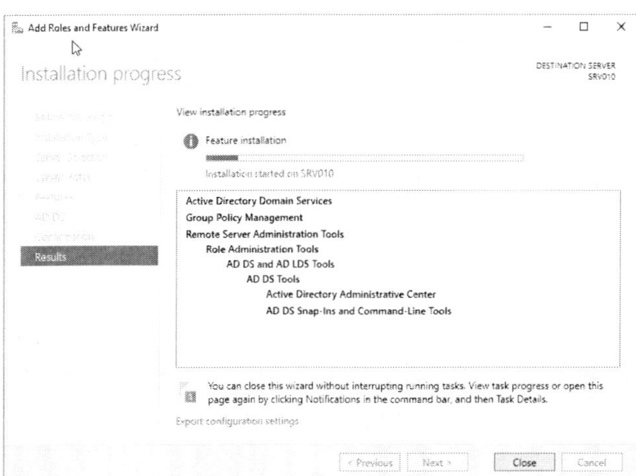

9. Na janela **Installation progress**, podemos acompanhar o andamento do processo de instalação:

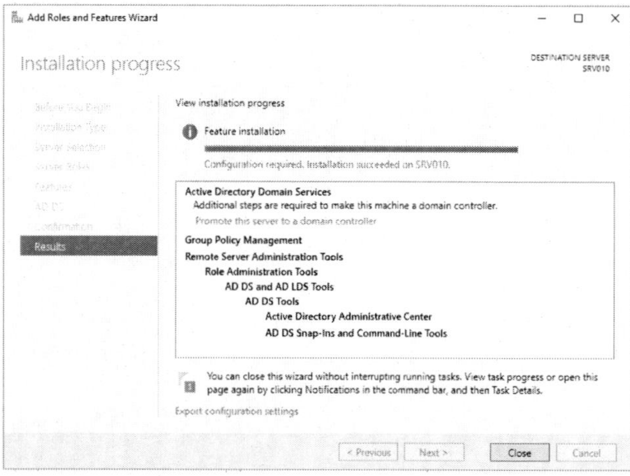

10. Com o fim da instalação do AD DS, com sucesso, podemos iniciar a segunda etapa de duas formas:

Clique no botão **Promote this server a to domain controller** (Promover este servidor para o controlador de domínio) na página Resultados do Assistente para Adicionar Funções e Recursos:

Ou, nas **Post-deployment Configuration** (configuração pós-implantação) no Gerenciador de Servidores:

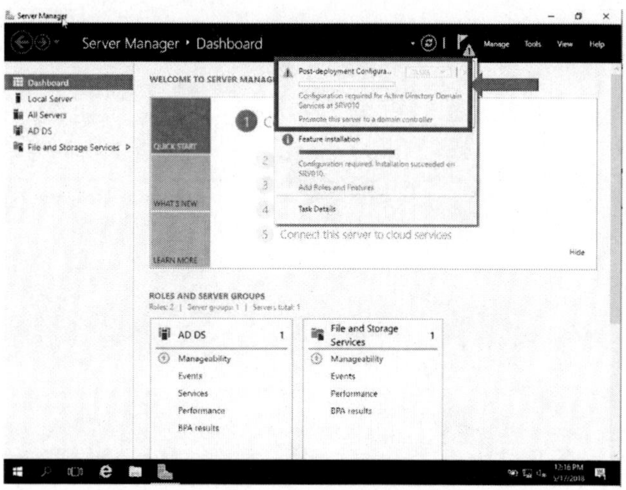

11. A partir desse momento, vamos definir qual a estrutura lógica do Active directory iremos criar: Um novo Controlador de domínio em um domínio existente, um novo domínio em uma floresta existente, mas em nova árvore ou em uma árvore já existente ou finalmente uma nova Floresta. Isso lhe traz lembranças do nosso "querido" DCPromo?

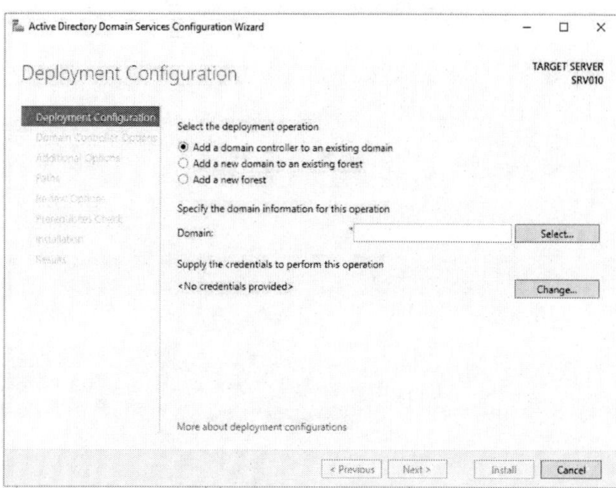

Vamos especificar cada uma das estruturas possíveis:

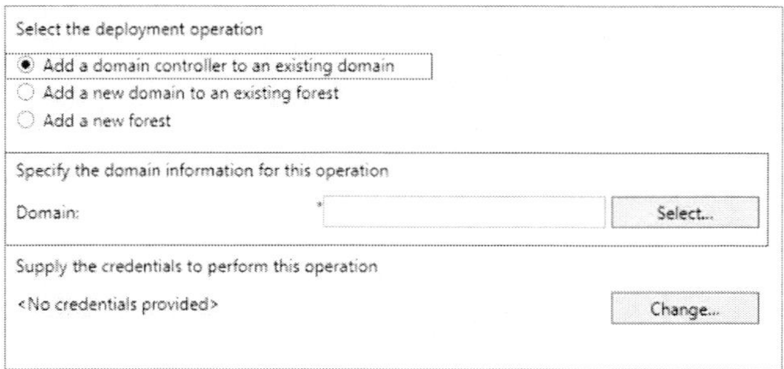

a. Adicionar um Controlador de Domínio a um domínio existente:

Ao marcarmos a opção **Add a domain controller to an existing domain**, será disponibilizado o campo **Domain**, para indicarmos o nome do domínio onde o novo controlador de domínio será criado.

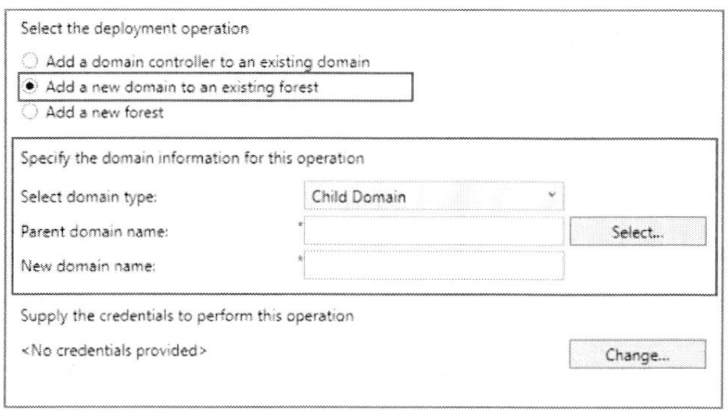

b. Adicionar um domínio filho a uma floresta existente, neste caso, estamos adicionando um novo domínio filho a uma árvore existente em uma floresta existente:

Ao marcarmos a opção **Add a new domain to an existing forest**, serão solicitados mais três dados: **Select domain type** (O tipo de domínio), que será **Child Domain** (Domínio filho), **Parent domain name** (nome do domínio pai), o nome do domínio pai da árvore existente e por último **New domain name** (o nome do novo domínio)

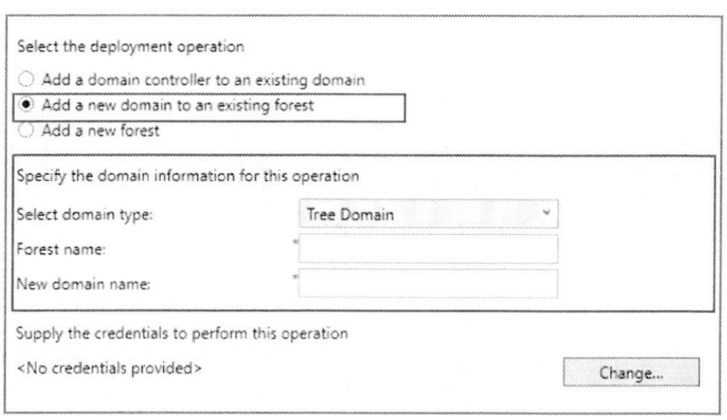

c. Criação de uma nova árvore em uma floresta existente, ou seja, criação de um domínio raiz de uma nova árvore em uma floresta existente:

Ao marcarmos a opção **Add a new domain to an existing forest**, serão solicitados mais três dados: **Select doamin type** (O tipo de domínio), que será **Tree Domain** (Árvore de domínio), **Forest name** (nome da floresta existente), o nome da floresta existente, para que seja contactado o DC root da floresta e por último **New domain name** (o nome do novo domínio).

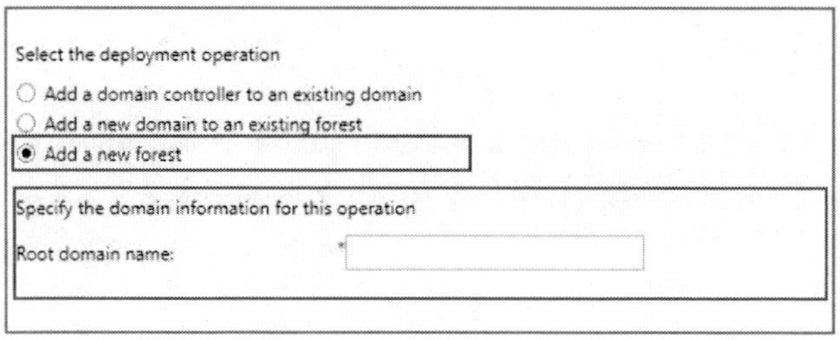

d. Criação de uma nova floresta, ou seja, uma nova estrutura está sendo criada, esse será o primeiro domínio de uma nova árvore de uma nova floresta:

Ao marcarmos a opção **Add a new forest**, será solicitado o **Root domain name** (Nome do domínio raiz), lembre-se que neste caso, este nome será o nome da floresta, da árvore e do domínio.

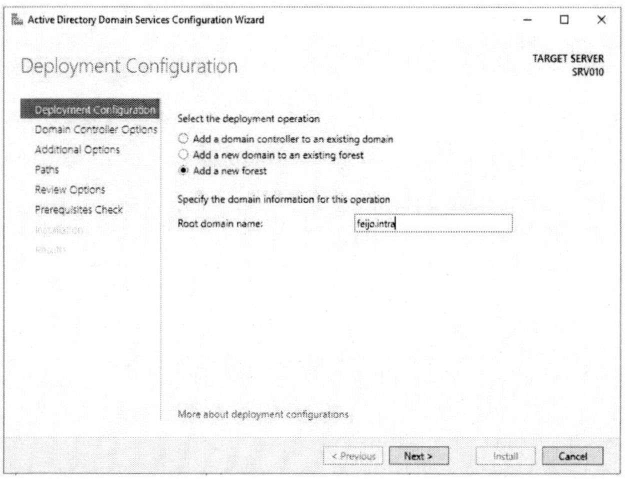

12. Seguiremos o processo de configuração de uma nova floresta. Marcando a opção **Add a new forest** e definindo o nome da floresta com: **feijo.intra**

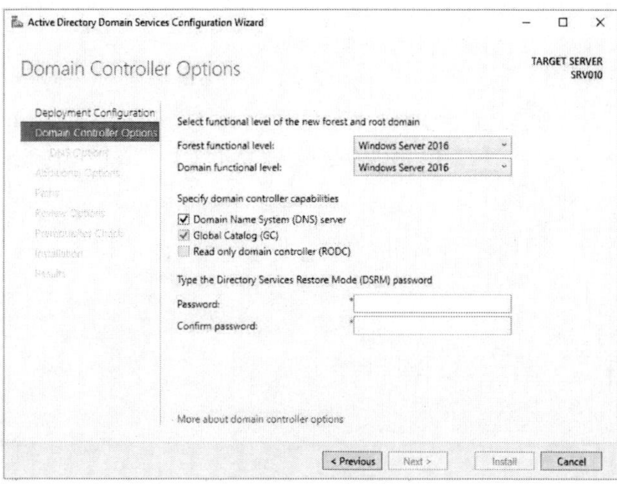

13. A janela seguinte é a **Domain Controller Options** (Opções do Controlador de domínio). Onde temos decisões importantes a tomar sobre as configurações da nova foresta:

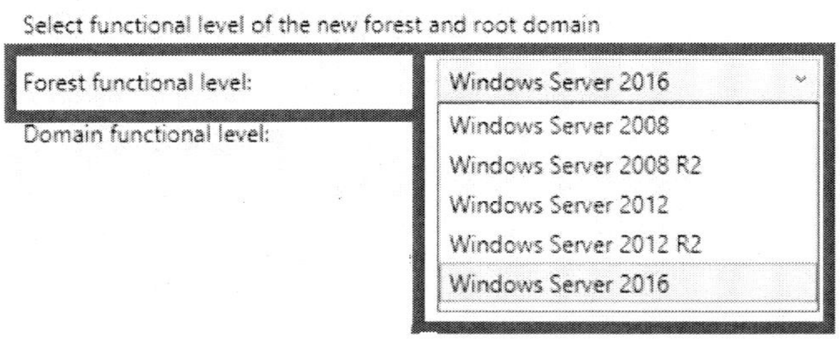

a. **Definir níveis funcionais**, é preciso definir os níveis funcionais da floresta e do domínio:

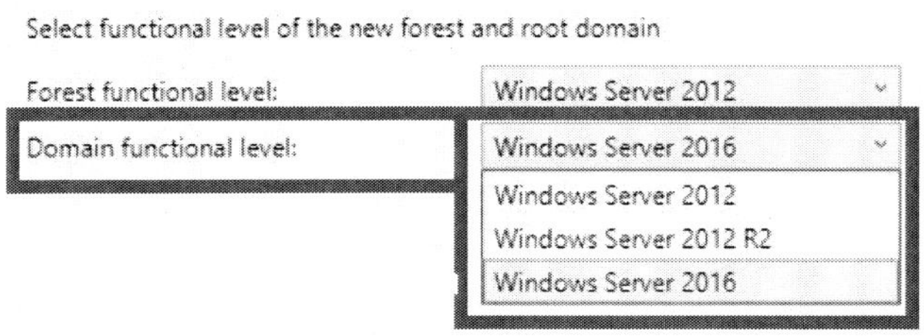

Estes são os níveis funcionais de floresta possíveis, para o Windows 2016.

Para um nível funcional da floresta definido como Windows Server 2012, estes citados anteriormente serão os níveis funcionais do domínio possíveis.

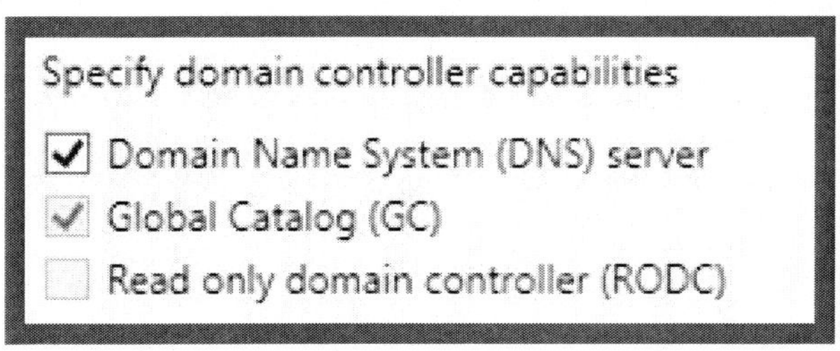

Defnir as funções, indique quais funções específicas, além de DC, o servidor possuirá:

Por ser o primeiro Controlador de domínio do ambiente, a função de **Global Catalog** já virá marcada por padrão, no caso da opção de **RODC** não está disponível, pois um dos requisitos para sua implementação é existir um DC completo no ambiente.

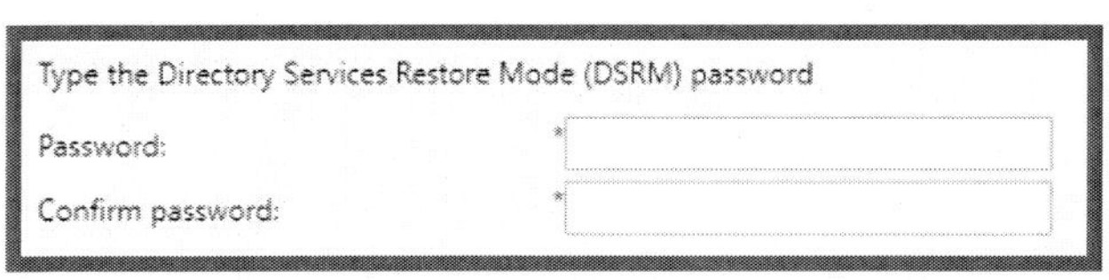

b. Defnir senha de restauração do Active diretory, indique a senha que será utilizada no modo de restauração do Acvtive directory:

A senha do DSRM é solicitada quando entramos no modo de restauração do Active directory, portanto, é importante que a senha definida aqui seja devidamente documentada.

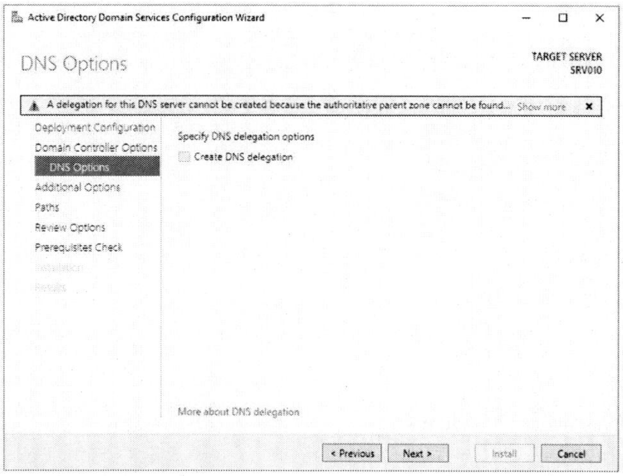

14. A janela seguinte é a de **DNS Options** (Opções DNS). O Controlador de domínio que está sendo criado nesse momento será também um servidor DNS, como definido na etapa anterior. Clique em avançar, para prosseguir:

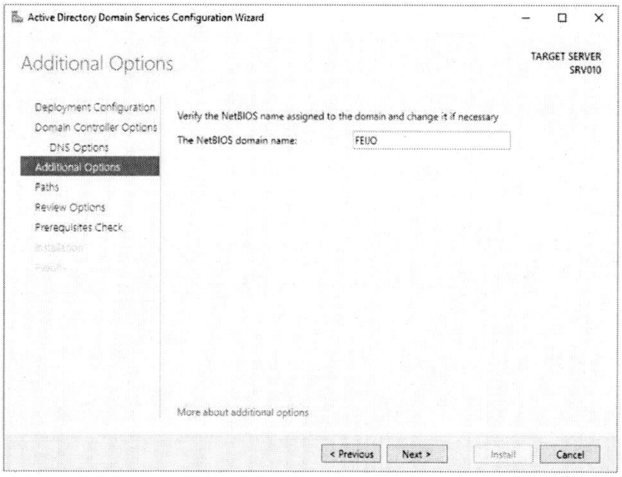

15. A janela seguinte é a de **Additional Options** (Opções adicionais). Será verificado se o nome NETBIOS fornecido pode ser utilizado, em seguida clique em avançar, para prosseguir:

O NetBIOS é semelhante ao DNS, porém mais limitado, pois não suporta hierarquia de nomes e os nomes são limitados a 15 caracteres. Usado pela Microsoft como meio de resolução de nomes ponto-a-ponto no domínio com o WINS para fornecer resolução de nomes nas redes da camada 3 (roteadas).

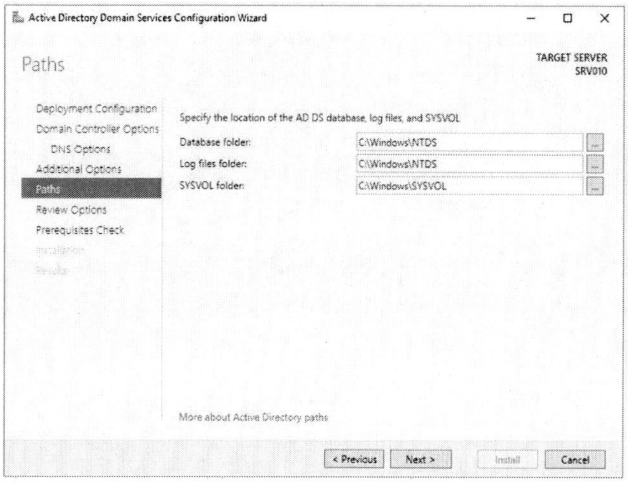

16. A janela seguinte é a de **Paths** (Caminhos de armazenamento). São apresentados os locais padrões de armazenamento do Banco de dados, arquivos de log e pasta SYSVOL, é indicado que sejam mantidos os locais padrões sugeridos, clique em avançar, para prosseguir:

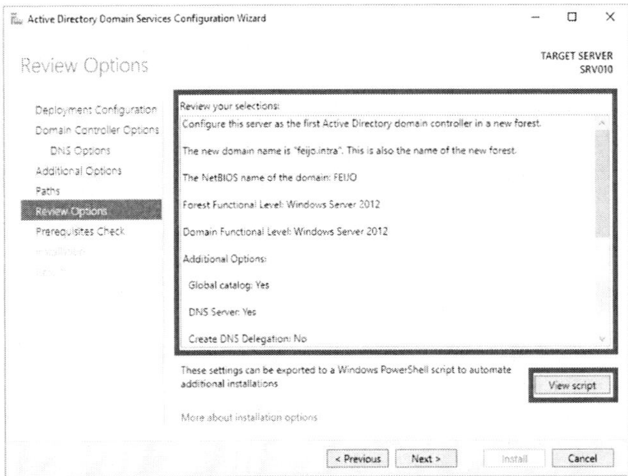

17. A janela seguinte é a de **Review Options** (Opções de Revisão). Temos aqui listadas as definições que foram feitas, nas etapas anteriores, no processo de instalação do AD DS e a possibilidade de gerarmos um script *PowerShell*, que poder ser usado para automatizar o processo.

Clique em **View script**, para visualizar o script *PowerShell*:

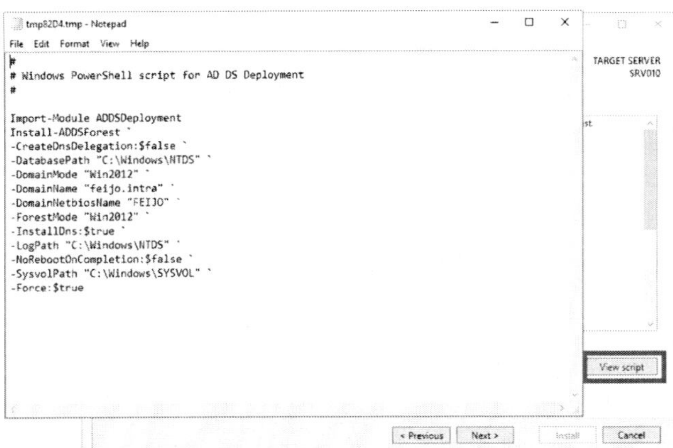

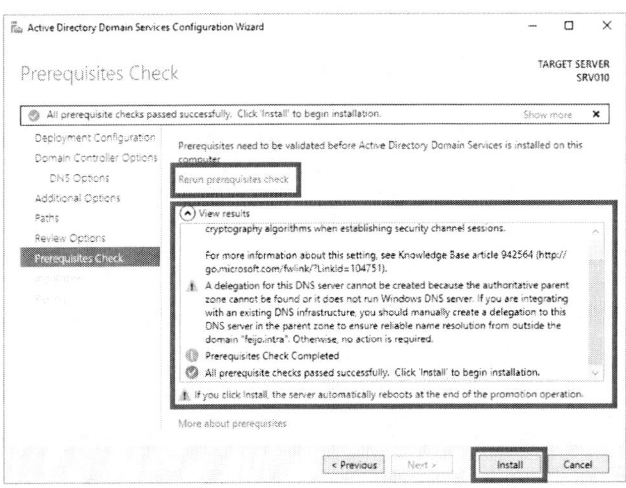

18. Chegamos à última etapa, antes de iniciarmos a instalação, e a de **Prerequisites Check** (Verificação de pré-requisitos), aqui o assistente executa uma série de teste, para garantir que a instalação do AD DS aconteça com sucesso.

Alguns dos avisos que aparecem nesta página incluem:

- Os controladores de domínio que executam o Windows Server 2008 ou posterior têm uma configuração padrão para "Permitir algoritmos de criptografia compatíveis com o Windows NT 4" que evitam algoritmos de criptografia mais fracos ao estabelecer sessões de canal seguras. Para obter mais informações sobre o impacto potencial e uma solução alternativa, consulte o artigo da base de conhecimento 942564.

- A delegação de DNS não pôde ser criada ou atualizada.

- A verificação de pré-requisito requer chamadas WMI. Eles podem falhar se bloquearem o bloqueio de regras de firewall e retornar um erro de indisponibilidade do servidor RPC.

Em alguns documentos técnicos a Microsoft informa as verificações de pré-requisitos específicas que são executadas para a instalação do AD DS, com os seus respectivos códigos de erro que seriam gerados, no caso da verificação encontrar problemas, é importante atentar para o fato de que estão incluídos teste tanto para instalação quanto remoção das estruturas lógicas do Active directory, segue abaixo testes referentes à instalação:

Código de Erro	Explicação	Resolução sugerida
11	Promoção de controlador de domínio já estiver em execução	Não execute mais de uma instância de promoção de controlador de domínio ao mesmo tempo para o mesmo computador de destino
12	Usuário deve ser administrador	Faça logon como um membro do grupo administradores
15	Alteração da função está em andamento ou precisa reinicializar	Você deve reiniciar o servidor (devido a alterações de configuração anterior) antes de promoção
18	Não há espaço suficiente em windir	Liberar espaço no volume % systemdrive %
19	Nome alterar pendente, precisa reinicializar	Reinicialize o servidor
20	Nome do computador é sintaxe inválida	Renomeie o computador com um nome válido
22	TCP/IP deve ser instalado ou não está funcionando	Verifique se o computador tiver TCP/IP configurado, vinculado e funcionando corretamente
23	Cliente DNS precisa ser configurado pela primeira vez	Configurar um servidor DNS primário ao adicionar um novo controlador de domínio em um domínio
24	Credenciais fornecidas são inválidas ou ausentes elementos necessários	Verifique se seu nome de usuário e senha estão corretos

25	Controlador de domínio para o domínio especificado não pôde ser localizado	Validar as configurações do cliente DNS, as regras de firewall
26	Lista de domínios não pôde ser lida da floresta	Validar as configurações do cliente DNS, funcionalidade LDAP, as regras de firewall
27	Nome de domínio ausente	Especificar um domínio quando elevar ou rebaixar
28	Nome de domínio ruim	Escolha um nome de domínio DNS diferente e válido ao promover
29	Domínio pai não existe	Verifique o domínio pai especificado ao criar um novo domínio filho ou o domínio de árvore
30	Domínio não na floresta	Verifique o nome de domínio fornecido
31	Já existe um domínio filho	Especifique um nome de domínio diferente
32	Nome de domínio NetBIOS ruim	Especifique um nome de domínio NetBIOS válido
33	Caminho para os arquivos IFM é inválido	Validar seu caminho para a pasta de instalação de mídia
34	O banco de dados IFM é ruim	Use a instalação da mídia correta para essa função (mesma versão do sistema operacional, mesmo tipo de controlador de domínio – RODC versus RWDC) e o sistema operacional
35	SYSKEY ausente	A instalação da mídia é criptografada e você deve fornecer um SYSKEY válido para usá-lo
37	Caminho para o banco de dados NTDS ou seus logs são inválidos	Alterar o caminho do banco de dados e Logs para um volume NTFS fixo, não uma unidade mapeada ou caminho UNC
38	Volume não tem espaço suficiente para o banco de dados NTDS ou logs	Liberar espaço usando cleanmgr.exe, adicionar mais espaço em disco, limpar manualmente o espaço, movendo dados desnecessários em outro lugar
39	Caminho para SYSVOL é inválido	Alterar o caminho da pasta SYSVOL para um volume NTFS fixo, não uma unidade mapeada ou caminho UNC
40	Nome do site inválido	Forneça um nome de site que exista
41	Para especificar uma senha para o modo de segurança	Fornecer uma senha para a conta DSRM, ela não pode ser em branco não importa como a política de senha é configurada
42	Senha do modo de segurança não atende aos critérios (promoção somente)	Fornecer uma senha para a conta DSRM que atenda às regras configuradas da política de senha
44	O nome da floresta especificado é inválido	Especifique um nome de domínio DNS válido floresta raiz
45	Uma floresta com o nome especificado já existir	Escolha um nome de domínio DNS diferente floresta raiz

46	O nome especificado para a árvore é inválido	Especifique um nome de domínio DNS árvore válido
47	Uma árvore com o nome especificado já existir	Escolha um nome de domínio DNS árvore diferente
48	O nome da árvore não se encaixa na estrutura de floresta	Escolha um nome de domínio DNS árvore diferente
49	Não existe no domínio especificado	Verifique o nome de domínio digitado
53	A promoção/rebaixamento falhou	O computador deve ser reinicializado para limpeza. Examinar os logs e erro estendido
54	A promoção/rebaixamento falhou	Examinar os logs e erro estendido
55	A promoção/rebaixamento foi cancelada pelo usuário	Examinar os logs e erro estendido
56	A promoção/rebaixamento foi cancelada pelo usuário	O computador deve ser reinicializado para limpar. Examinar os logs e erro estendido
58	Um nome de site deve ser especificado durante a promoção de RODC	Você deve especificar um site para um RODC, ele não detectará automaticamente como um RWDC
60	Um controlador de domínio que executa o Windows Server 2008 ou posterior deve estar presente no domínio para promover RODC	Promover pelo menos um controlador de domínio gravável de modelo posterior ou Windows Server 2008
64	Promo falhou porque a detecção de binários de componente falhou	Instale a função AD DS
66	Promo falhou porque houve falha na detecção de sistema operacional	Examinar os logs; e erro estendido o servidor está falhando retornar a versão do sistema operacional. É provável que o computador precise ser reinstalado, como sua integridade geral é altamente suspeita
68	Parceiros de replicação são inválidos	Use repadmin.exe ou o **obter-ADReplication\ *** do Windows *PowerShell* para validar a integridade do controlador de domínio de parceiro
69	Porta necessária já está em uso por algum outro aplicativo	Use netstat.exe – anob para localizar os processos que são atribuídos incorretamente a portas reservadas do AD DS
71	Servidor DNS já está instalado	Não especifique para instalar o DNS (- installDNS) se o serviço DNS já está instalado

72	Se o computador estiver executando os serviços de área de trabalho remota no modo de administrador	Você não pode promover neste controlador de domínio, como também é um servidor RDS configurado para mais de dois usuários de administrador. Não remova RDS antes de você inventariar cuidadosamente sua utilização – se ele está sendo usado por aplicativos ou os usuários se ele está sendo usado por aplicativos ou pelos usuários finais, a remoção da função RDS poderá causar interrupção das operações.
73	O nível funcional da floresta especificada é inválido	Especificar um nível funcional da floresta válido
74	O nível funcional do domínio especificado é inválido	Especificar um nível funcional do domínio válido
75	Não é possível determinar a política de replicação de senha padrão	Validar se a política de replicação de Senha RODC existe e está acessível
78	Falha ao examinar floresta do Active Directory	Examinar os logs e erro estendido
87	Existe uma conta de controlador de domínio do tipo conflitante	Renomeie o computador antes de promover.
88	O administrador de servidor especificado não é válido	Você especificou uma conta para delegação de administração do RODC inválida. Verifique se a conta especificada é um usuário ou grupo válido
89	Mestre RID para o domínio especificado está offline	Use netdom.exe consulta fsmo para detectar o mestre RID. Colocá-lo online e lexi-lo acessível para o controlador de domínio que você está promovendo
90	Mestre de nomeação de domínio está offline	Use netdom.exe consulta fsmo para detectar o mestre de nomeação de domínio. Colocá-lo online e lexi-lo acessível para o controlador de domínio que você está promovendo
97	Floresta funcional nível versão maior do que o sistema de operacional domínio filho	Fornecer um domínio filho funcional mesmo ou maior do que o nível funcional da floresta

Observe que na janela **Prerequisites Check**, a opção de executar novamente a Verificação de pré-requisitos, clicando em **Rerun Prerequisites Check.** Com o resultado dos testes, informando que foram todos concluídos com sucesso:

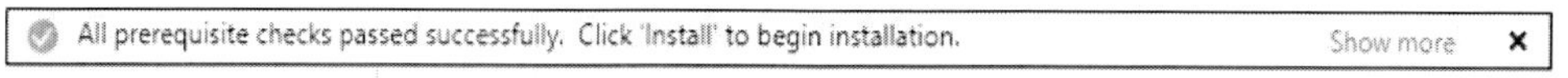

Clique em avançar, para iniciar a instalação.

E ao final do processo também receberemos a informação de conclusão:

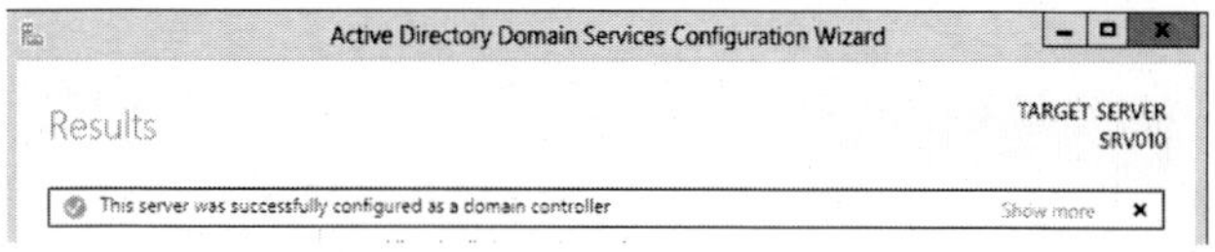

5.2.2.2 Via *PowerShell*

Um recurso importante para o processo de implementação do AD DS, disponibilizado a partir do Windows Server 2012, é a possibilidade de utilização do Windows *PowerShell*, para fazer a instalação.

Seguem descrições dos **cmdlets** do Windows *PowerShell* que devem ser usados na implantação dos Serviços de Domínio Active Directory (AD DS):

Cmdlet	Descrição
Add-ADDSReadOnlyDomainControllerAccount	Cria uma conta de controlador de domínio somente leitura (RODC) que pode ser usada para instalar um RODC no Active Directory.
Install-ADDSDomain	Instala uma nova configuração de domínio do Active Directory.
Install-ADDSDomainController	Instala um controlador de domínio no Active Directory.
Install-ADDSForest	Instala uma nova configuração de floresta do Active Directory.
Test-ADDSDomainControllerInstallation	Executa os pré-requisitos (apenas) para instalar um controlador de domínio no Active Directory.
Test-ADDSDomainControllerUninstallation	Executa os pré-requisitos (apenas) para desinstalar um controlador de domínio no Active Directory.
Test-ADDSDomainInstallation	Executa os pré-requisitos (apenas) para instalar uma nova configuração de domínio do Active Directory.
Test-ADDSForestInstallation	Executa os pré-requisitos (apenas) para instalar uma nova floresta no Active Directory.
Test-ADDSReadOnlyDomainControllerAccountCreation	Executa os pré-requisitos (apenas) para adicionar uma conta de controlador de domínio somente leitura (RODC).
Uninstall-ADDSDomainController	Desinstala um controlador de domínio no Active Directory.

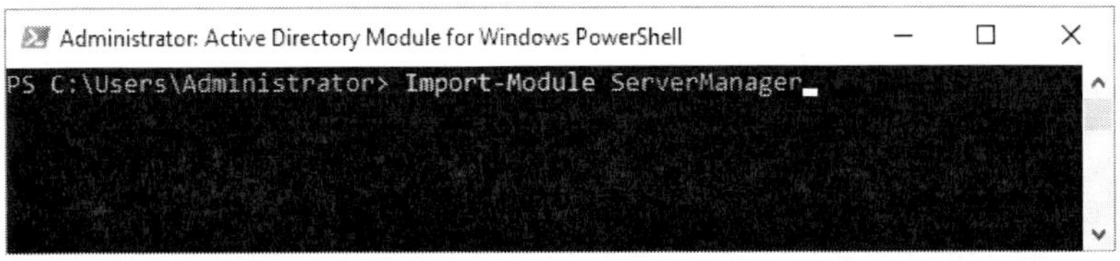

1. Importar o módulo Gerenciador de Servidores que fornece o **cmdlet Add-WindowsFeature**

2. Instalar a função de servidor AD DS e as ferramentas de administração do servidor AD DS:

O comando irá instalar a função de servidor AD DS e as respectivas ferramentas de administração, incluindo tanto as baseadas em GUI, como Usuários e Computadores do Active Directory, quanto ás de linha de comando, como dcdiag.exe. Ferramentas de administração do servidor não são instaladas por padrão quando usamos o Windows *PowerShell*. É necessário especificar "IncludeManagementTools".

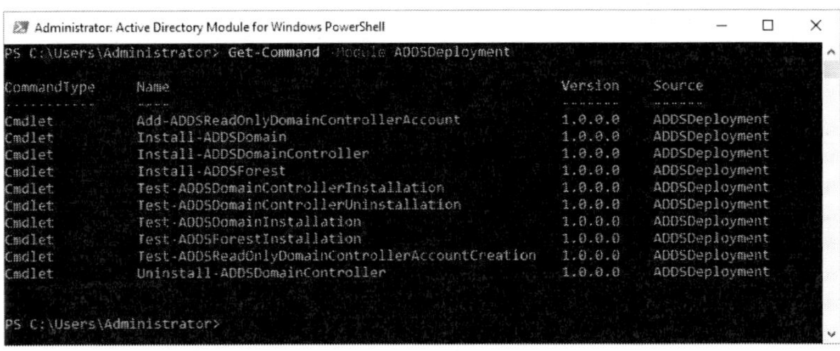

3. Verificando os cmdlets disponíveis no módulo ADDSDeployment.

4. Instalando uma nova floresta

A sintaxe de comando para instalar uma nova floresta é a seguinte:

Install-ADDSForest [-SkipPreChecks] –DomainName <string> -SafeModeAdministratorPassword <SecureString> [-CreateDNSDelegation] [-DatabasePath <string>] [-DNSDelegationCredential <NA Credential>] [-NoDNSOnNetwork] [-DomainMode <DomainMode> {Win2003 | Win2008 | Win2008R2 | Win2012}] [-DomainNetBIOSName <string>] [-ForestMode <ForestMode> {Win2003 | Win2008 | Win2008R2 | Win2012}] [-InstallDNS] [-LogPath <string>] [-NoRebootOnCompletion] [-SkipAutoConfigureDNS] [-SYSVOLPath] [-Force] [-WhatIf] [-Confirm] [<CommonParameters>]

Exemplos:

Install-ADDSForest –DomainName feijo.intra –CreateDNSDelegation –DomainMode Win2012 –ForestMode Win2012R2 –DatabasePath "c:\NTDS" –SYSVOLPath "c:\SYSVOL" –LogPath "c:\Logs"

5. Instalando um novo domínio filho ou árvore

A sintaxe do comando para instalar um novo domínio é a seguinte:

Install-ADDSDomain [-SkipPreChecks] –NewDomainName <string> -ParentDomainName <string> -SafeModeAdministratorPassword <SecureString> [-ADPrepCredential <NA Credential>] [-AllowDomainReinstall] [-CreateDNSDelegation] [-Credential <NA Credential>] [-DatabasePath <string>] [-DNSDelegationCredential <NA Credential>] [-NoDNSOnNetwork] [-DomainMode <DomainMode> {Win2003 | Win2008 | Win2008R2 | Win2012}] [DomainType <DomainType> {Child Domain | TreeDomain} [-InstallDNS] [-LogPath <string>] [-NoGlobalCatalog] [-NewDomainNetBIOSName <string>] [-NoRebootOnCompletion] [-ReplicationSourceDC <string>] [-SiteName <string>] [-SkipAutoConfigureDNS] [-Systemkey <SecureString>] [-SYSVOLPath] [-Force] [-WhatIf] [-Confirm] [<CommonParameters>]

Exemplo:

Criação de um domínio filho, chamado sudeste.feijo.intra, usando a credencial feijo\administrator, o DNS deverá ser instalado e uma delegação de DNS deve ser criada em feijo.intra, o nível funcional do domínio será 20012 R2, o controlador de domíno também será Global Catalog, em um site chamado st_sudeste, utilize o DC010.feijo.intra como controlador de domínio de origem de replicação, o banco de dados e o SYSVOL deverão ser armazenados na unidade E:\, e os arquivos de log na unidade F:\ deverão ser solicitados a fornecer a senha do Modo de Restauração dos Serviços de Diretório, mas não solicitados a confirmar o comando, digite:

Install-ADDSDomain –SafeModeAdministratorPassword –Credential (get-credential feijo\administrator**) –NewDomainName** sudeste **–ParentDomainName** feijo.intra **–InstallDNS –CreateDNSDelegation –DomainMode** Win2012R2 **-ReplicationSourceDC** DC01.feijo.intra **–SiteName** st_sudeste **–DatabasePath** "e:\NTDS" **–SysvolPath** "e:\SYSVOL" **–LogPath** "f:\Logs" **–Confirm:$False**

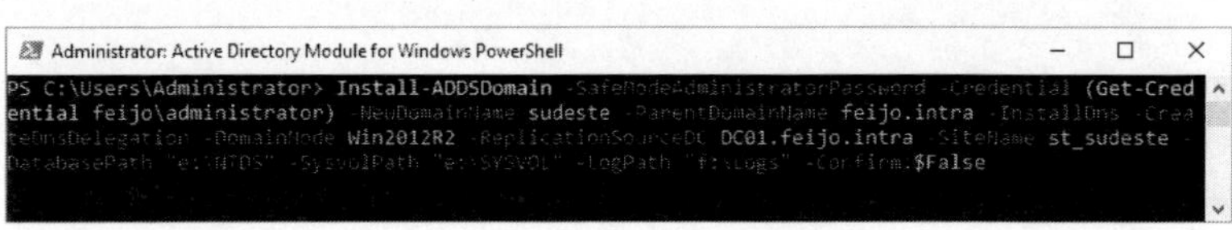

6. Instalando um controlador de domínio adicional

A sintaxe de comando para instalar um controlador de domínio adicional é a seguinte:

Install-ADDSDomainController –DomainName <string> [-SkipPreChecks] –SafeModeAdministrator-Password <SecureString> [-ADPrepCredential <NA Credential>] [-AllowDomainControllerReinstall] [-ApplicationPartitionsToReplicate <string[]>] [-CreateDNSDelegation] [-Credential <NA Credential>] [-CriticalReplicationOnly] [-DatabasePath <string>] [-DNSDelegationCredential <NA Credential>] [-NoDNSOnNetwork] [-NoGlobalCatalog] [-InstallationMediaPath <string>] [-InstallDNS] [-LogPath <string>] [-MoveInfrastructureOperationMasterRoleIfNecessary] [-NoRebootOnCompletion] [-ReplicationSourceDC <string>] [-SiteName <string>] [-SkipAutoConfigureDNS] [-SystemKey <SecureString>] [-SYSVOLPath <string>] [-Force] [-WhatIf] [-Confirm] [<CommonParameters>]

Exemplo:

Criar um controlador de domínio adicional completo no domínio feijo.intra, usando a credencial feijo\administrator e ser solicitado a inserir e confirmar uma senha mascarada:

Install-ADDSDomainController –DomainName feijo.intra –Credential (get-credential feijo\administrator)

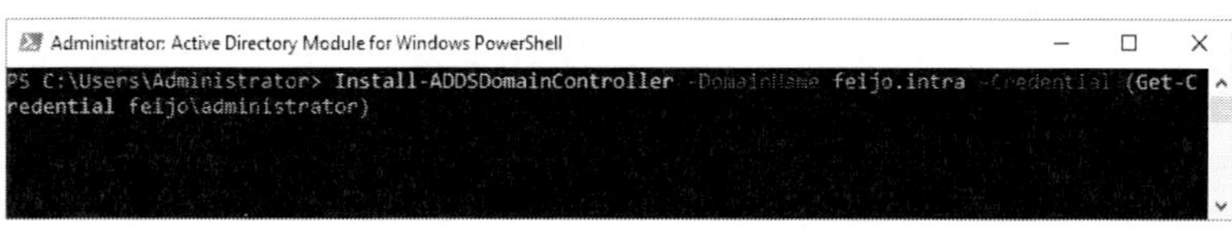

Para configurar um controlador de domínio **remotamente** usando o Windows *PowerShell*, coloque o cmdlet **install-adddomaincontroller** dentro do cmdlet **Invoke-command:**

Invoke-command {install-addsdomaincontroller “domainname <domain> -credential (get-credential)} –computername <dc name>

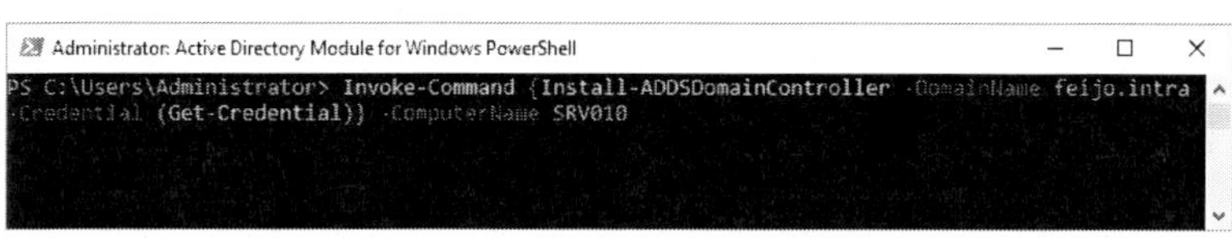

Realizando uma instalação do RODC em etapas

A sintaxe do comando para **criar uma conta RODC** é a seguinte:

Add-ADDSReadOnlyDomainControllerAccount [-SkipPreChecks] –DomainControllerAccuntName <string> -DomainName <string> -SiteName <string> [-AllowPasswordReplicationAccountName <string []>] [-NoGlobalCatalog] [-Credential <NA Credential>] [-DelegatedAdministratorAccountName <string>] [-DenyPasswordReplicationAccountName <string []>] [-InstallDNS] [-ReplicationSourceDC <string>] [-Force] [-WhatIf] [-Confirm] [<Common Parameters>]

A sintaxe do comando para **anexar um servidor a uma conta do RODC** é a seguinte:

Install-ADDSDomainController –DomainName <string> [-SkipPreChecks] –SafeModeAdministratorPassword <SecureString> [-ADPrepCredential <NA Credential>] [-ApplicationPartitionsToReplicate <string[]>] [-Credential <NA Credential>] [-CriticalReplicationOnly] [-DatabasePath <string>] [-NoDNSOnNetwork] [-InstallationMediaPath <string>] [-InstallDNS] [-LogPath <string>] [-MoveInfrastructureOperationMasterRoleIfNecessary] [-NoRebootOnCompletion] [-ReplicationSourceDC <string>] [-SkipAutoConfigureDNS] [-SystemKey <SecureString>] [-SYSVOLPath <string>] [-UseExistingAccount] [-Force] [-WhatIf] [-Confirm] [<CommonParameters>]

Exemplo:

Para criar uma conta RODC, chamada RODC-01:

Add-ADDSReadOnlyDomainControllerAccount –DomainControllerAccountName RODC-01 **–DomainName** feijo.intra **–SiteName** Regiao01 **DelegatedAdministratoraccountName** Aderbal

Na sequência teremos de anexar o servidor à conta RODC-01. O servidor não pode ser associado ao domínio. Primeiro, instale a função de servidor e as ferramentas de gerenciamento do AD DS:

Install-WindowsFeature –Name AD-Domain-Services –IncludeManagementTools

Em seguinda, execute o seguinte comando para criar o RODC:

Install-ADDSDomainController –DomainName feijo.intra **–SafeModeAdministratorPassword (Read-Host –Prompt "DSRM Password:" –AsSecureString) –Credential (Get-Credential** feijo\aderbal**) –UseExistingAccount**

5.3 Excluindo um Controlador de domínio

O nível de complexidade da operação de exclusão de um Controlador de domínio, do ambiente, vai depender do cenário em que esta operação ocorrerá. Precisamos ter em mente que a operação será dividida em duas partes e que a ordem de execução deve ser obedecida:

- **Primeiro será preciso rebaixar o Contralador de domínio;**

Na conclusão desta operação o servidor deixará de ser um Controlador de domínio, voltando a ser apenas um servidor membro do domínio.

- **Segundo remover o papel Serviço de domínio Active directory.**

Quando a operação de rebaixamento for concluída, o servidor não será mais um Controlador de domínio, mas terá ainda o papel de AD DS instalado, com todos os repectivos binários. Por isso a necessidade desta operação de remover o papel AD DS, para completar a exclusão do Controlador de Domínio.

5.3.1 Rebaixando o Controlador de domínio

No rebaixamento do controlador de domínio, temos que levar em consideração o cenário em que será feito o rebaixamento e as outras funções que o DC a ser excluído possui, tais como Mestre FSMO, Catálogo global e DNS. O cenário e as funções adicionais têm influência direta na complexidade da operação. Vejamos os cenários que vamos detalhar:

5.3.1.1 <u>Cenário 1</u>: O controlador de domínio a ser rebaixado, está online, funcional e se comunica pelo menos com um outro DC da infraestrutura;

Neste cenário, ao realizarmos a operação de rebaixamento em um determinado controlador de domínio da infraestrutura existente, os demais controladores de domínio receberão a informação de que o referente DC não faz mais parte da infraestrutura. Além disso, as referências do DC rebaixado serão devidamente retiradas do banco de dados do Active directory, sites e dns.

Um aspecto muito importante, que devemos estar muito atentos é antes de remover um controlador de domínio que hospeda qualquer função de mestre de operações, realizar as devidas transferências, sob risco de causar danos ao ambiente. No volume 2, detalhamos as formas de realizar as **transferências das FSMO**.

5.3.1.1.1 Via Ambiente gráfico

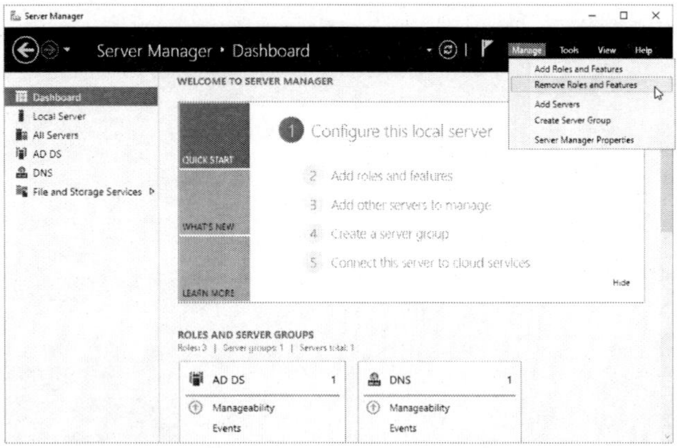

1. Abra o **Server Manager**, clique em **Manage** e, então, em **Remove Roles and Features** (remover papéis e recursos).

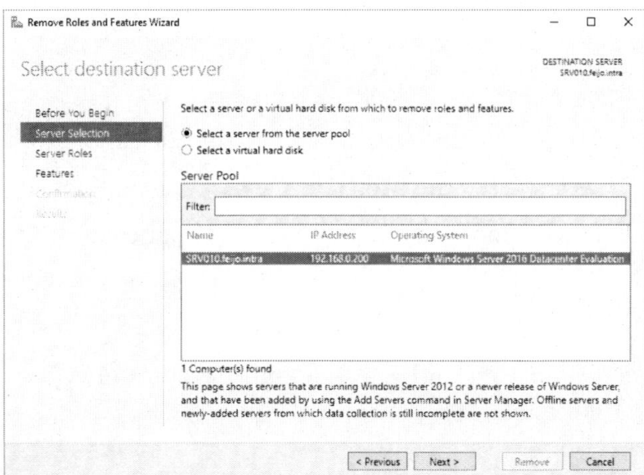

2. Na sessão **Server Selection**, selelecione o DC e clique em **Next para continuar.**

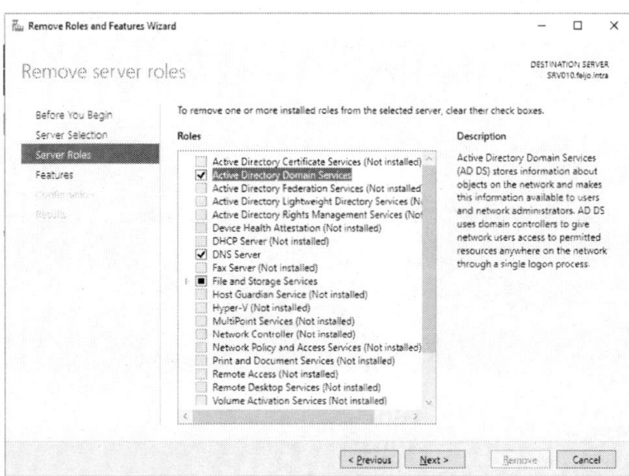

3. Na janela **Remove server roles** (Remover papéis do Servidor), desmarque a função dos **Active Directory Domain Services** (Serviços de Domínio do Active Directory)

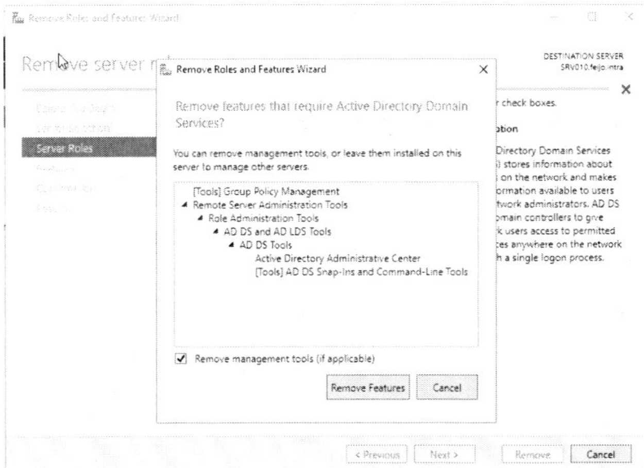

4. Na sequência será mostrada a janela apresentando os recursos relacionados com o papel AD DS, clique no botão Remove features (Remover recursos).

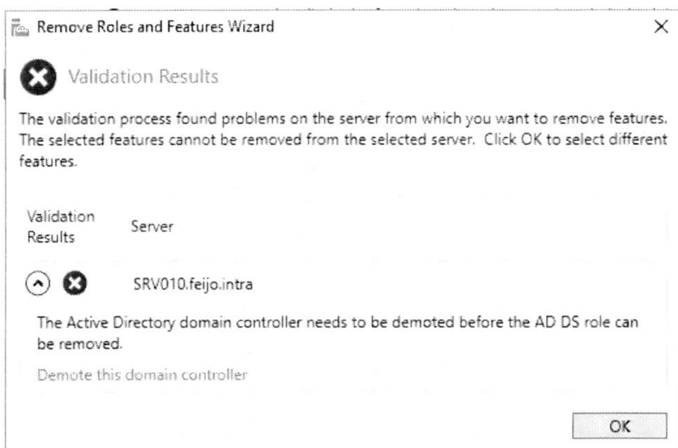

5. Na sequência, receberemos a informação do assistente, de que o controlador de domínio precisa ser rebaixado antes que o papel AD DS possa ser removido. E na mesma janela o assistente já traz o botão **Demover this domain controller**, para iniciarmos a operação de rebaixamento. Clique nela para avançarmos.

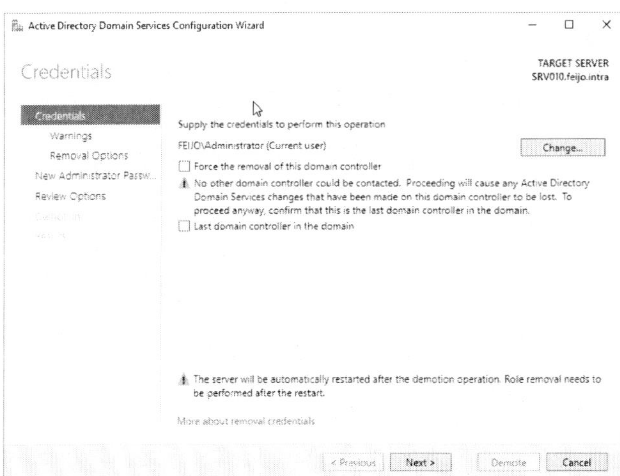

6. A seção seguinte é a de **Credentials** (credenciais), selecione uma conta de usuário que tenha o direito de remover o DC e clique em **Next** para continuar. Como o servidor em questão consegue se comunicar com os demais do ambiente, não utilizaremos a opção **Force the removal of this domain controller** (Forçar a remoção deste controlador de domínio). Além disso, este também não é o último controlador de domínio do ambiente, por isso não utilizaremos a opção **Last domain controller in the domain**

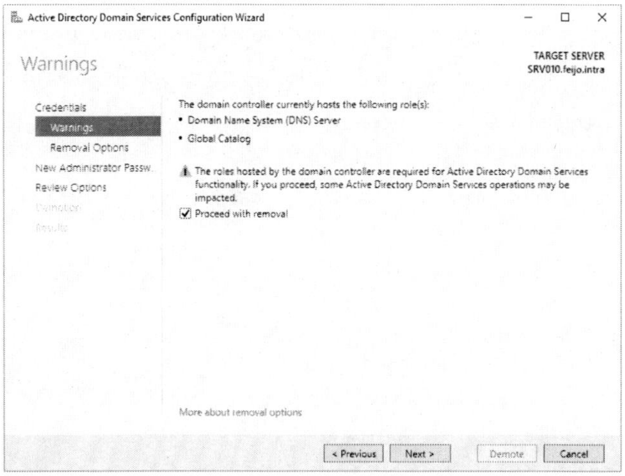

7. Na próxima seção **Warnings** (Avisos), que irá aparecer apenas se o controlador de domínio tiver as funções de servidor DNS e Catálogo Global instaladas, selecione **Proceed with removal** (Prosseguir com remoção) e clique em **Next** para continuar.

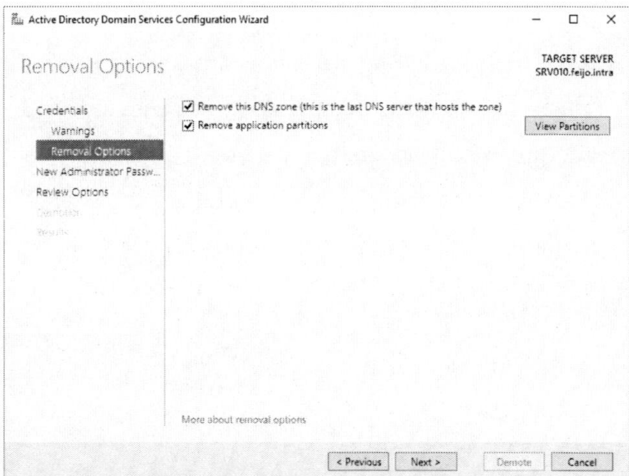

8. Na seção **Removal Options** (Opções de remoção), iremos definir se iremos remover a zona DNS e partições de aplicações presentes, é possível visualizar as partições, clicando em **View Partitions.** Clique em **Next** para continuar.

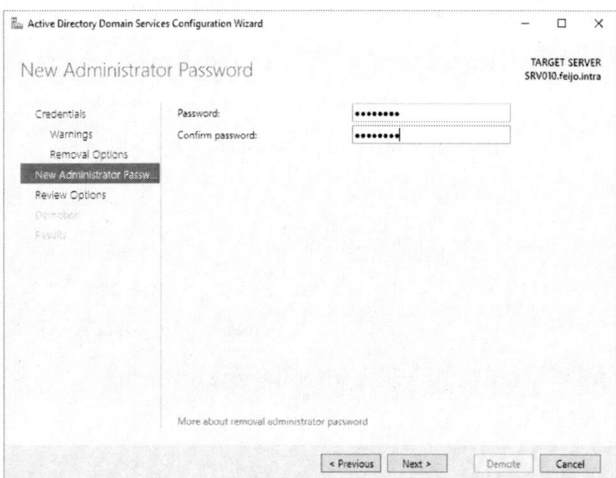

9. Na seção **New Administrator Password** (Nova senha do administrador), insira a senha da nova conta do administrador e clique em **Next** para continuar.

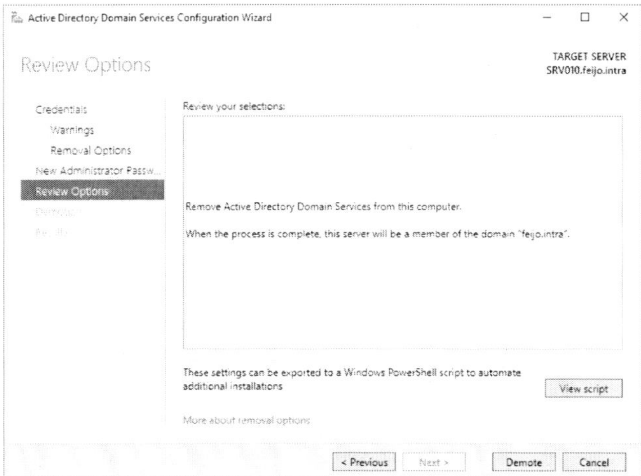

10. Na seção **Review Options** (Opções de revisão), clique no botão **Demote** (Rebaixar) para continuar. Observe que o assistente informa que após a conclusão do processo o servidor voltará a ser um servidor membro.

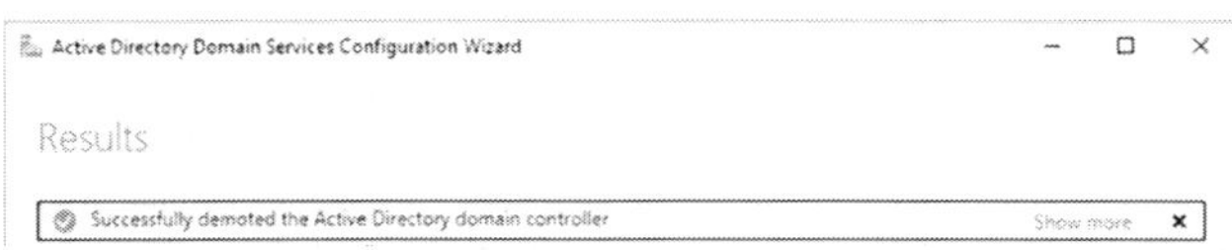

11. E finalmente, o assistente informa a conclusão da operação com sucesso.

5.3.1.1.2 Via *PowerShell*

Uma ação pré-remoção, que não é obrigatória, mas pode ser considerada uma boa prática, é a execução do cmdlet Test-**ADDSDomainControllerUninstallation**, que executa as verificações de pré-requisitos que s**ão e**xecutadas ao usarmos o cmdlet **Uninstall-ADDSDomainController** para desinstalar um controlador de domínio no Active Directory.

A sintaxe do cmdlet **Test-ADDSDomainControllerUninstallation** é:

Test-ADDSDomainControllerUninstallation [-Credential <PSCredential>] [-DemoteOperationMasterRole] [-DnsDelegationRemovalCredential <PSCredential>] [-Force] [-IgnoreLastDCInDomainMismatch] [-IgnoreLastDnsServerForZone] [-LastDomainControllerInDomain] [-LocalAdministratorPassword <SecureString>] [-NoRebootOnCompletion] [-RemoveApplicationPartitions] [-RemoveDnsDelegation] [-RetainDCMetadata] [<CommonParameters>]

Já para realizar a remoção do AD DS, utilizaremos o cmdlet **Uninstall-ADDSDomainController**, a sua sintaxe é a seguinte:

Uninstall-ADDSDomainController [-skipprechecks] –LocalAdministratorPassword <SecureString> [-Credential <NA Credential>] [-DemoteOperationsMasterRole] [-DNSDelegationRemovalCredential <NA Credential>] [-ForceRemoval] [-IgnoreLastDCInDomainMismatch] [-IgnoreLastDNSServerForZone] [-LastDomainControllerInDomain] [-NoRebootOnCompletion] [-RemoveApplicationPartitions] [-RemoveDNSDelegation] [-RetainDCMetadata] [-Force] [-WhatIf] [-Confirm] [<common parameters>]

Exemplo:

Para remover o AD DS de um controlador de domínio adicional em um domínio a ser solicitado a definir a senha do Administrador local, digite o seguinte comando:

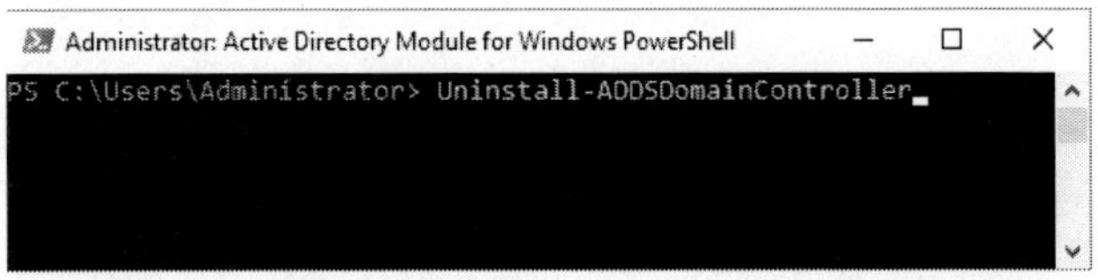

5.3.1.2 <u>Cenário 2:</u> O controlador de domínio a ser rebaixado, está online, funcional, mas não consegue se comunicar com mais nenhum outro DC da infraestrutura;

Neste cenário, ainda temos acesso ao controlador de domínio que deve ser rebaixado, entretanto não existe comunicação entre ele e os demais controladores de domínio do ambiente. Com isso, vamos precisar executar o rebaixamento no controlador de domínio, usando a opção de forçar a remoção e depois executar uma ação de limpeza das referências do controlador de domínio que não existem mais, nos demais controladores de domínio restantes na infraestrutura.

5.3.1.2.1 Via Ambiente Gráfico

As etapas de 1 a 5, são as mesmas realizadas no cenário 1.

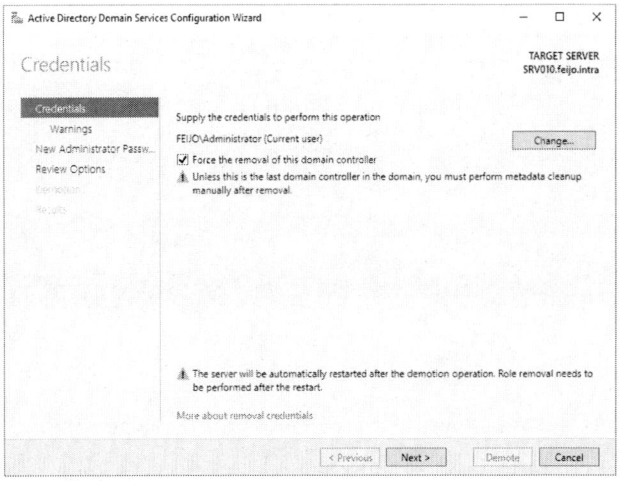

6. A seção seguinte é a de Credentials (credenciais), selecione uma conta de usuário que tenha o direito de remover o DC e selecione a opção **Force the removal of this domain controller** (Forçar a remoção deste controlador de domínio). Clique em Next para continuar.

É importante destacar, que esta opção só deve ser usada no caso em que o controlador de domínio não possa contatar outros controladores de domínio e não haja outra maneira de resolver esse problema de rede. O rebaixamento forçado deixa metadados órfãos no Active Directory nos controladores de domínio restantes na floresta, que deverão ser limpos manualmente. Além disso, todas as alterações não replicadas nesse controlador de domínio, como senhas ou novas contas de usuário, são perdidas para sempre.

Um outro aspecto crítico, é que o uso da opção **Force the removal of this domain controller**, evidencia, caso o controlador de domínio seja **mestre de operação FSMO**, que o processo de transferência não é mais possível e o procedimento de tomar posse (**seize**), descrito no capítulo 4, deve ser executado, a partir de um controlador de domínio operacional.

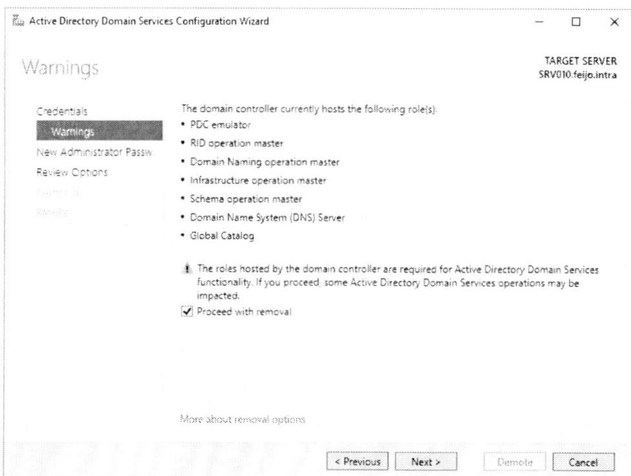

7. Na próxima seção **Warnings** (Avisos), são listadas as regras FSMO que o controlador de domínio hospeda, além das funções servidor DNS e Catálogo Global, selecione **Proceed with removal** (Prosseguir com remoção) e clique em **Next** para continuar.

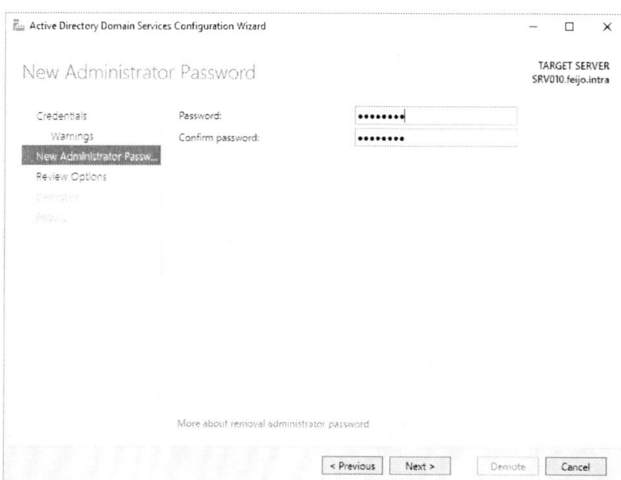

8. Na seção **New Administrator Password** (Nova senha do administrador), insira a senha da nova conta do administrador e clique em **Next** para continuar.

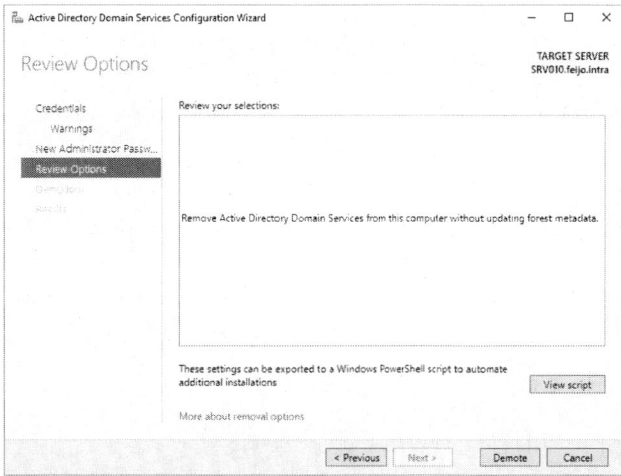

9. Na seção **Review Options** (Opções de revisão), clique no botão **Demote** (Rebaixar) para continuar. Observe que o assistente informa que o AD DS será removido, mas os metadados no restante da floresta, deste controlador, não serão limpos.

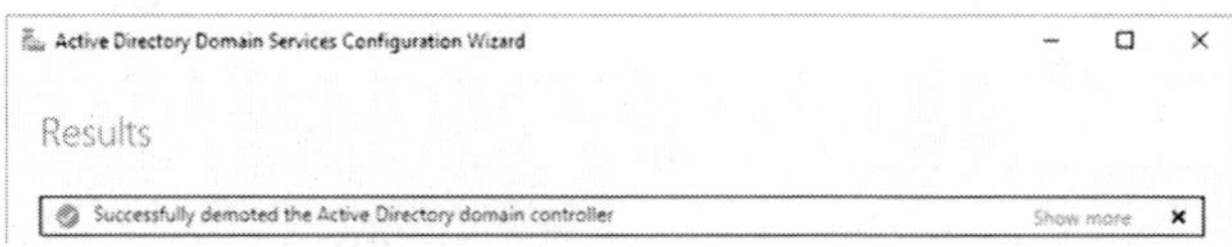

10. E finalmente, o assistente informa a conclusão da operação com sucesso.

5.3.1.2.2 Via *PowerShell*

Neste cenário, também utilizaremos o cmdlet **Uninstall-ADDSDomainController**, para fazer a remoção forçada, com o argumento **–ForceRemoval**, sendo exigido. Veja como fica, a sua sintaxe é a seguinte:

```
Uninstall-ADDSDomainController -ForceRemoval [-skipprechecks] -LocalAdministratorPassword <SecureString> [-Credential <NA Credential>] [-DemoteOperationsMasterRole] [-NoRebootOnCompletion] [-Force] [-WhatIf] [-Confirm] [<common parameters>]
```

Exemplo:

Aqui está um exemplo de rebaixamento à força com seus argumentos mínimos requeridos de execução forçada **–forceremoval** e **–demoteoperationmasterrole**. O argumento **–credential** não é necessário porque o usuário efetuou logon como membro do grupo Enterprise Admins:

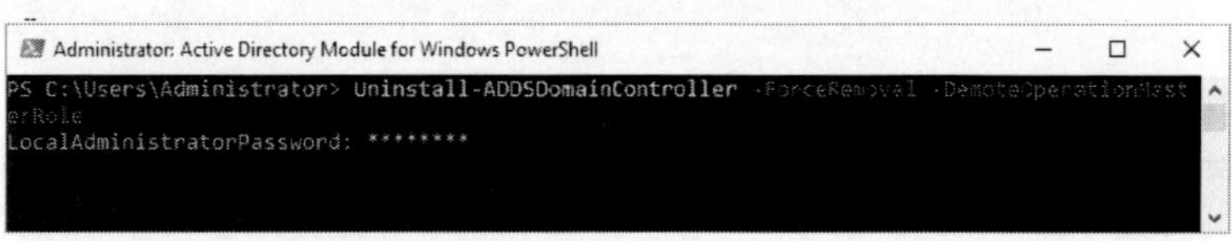

5.3.1.3 Cenário 3: O controlador de domínio não está mais online.

Neste cenário, faremos a limpeza das referências do controlador de domínio que não existem mais, nos demais controladores de domínio restantes na infraestrutura.

Essa operação é denominada de **metadata cleanup** (limpeza de metadados) e como se trata de uma operação de exclusão de dados, é necessária muita atenção, para não causar nenhum dano ao ambiente.

Como neste caso o controlador de domínio não está mais online, caso ele abrigasse alguns dos mestres de operação FSMO, assim como no cenário anterior, será necessário executar o procedimento de tomar posse (seize), descrito no capítulo 4, a partir de um controlador de domínio operacional.

5.3.1.4 Metadata cleanup via NTDSUTIL

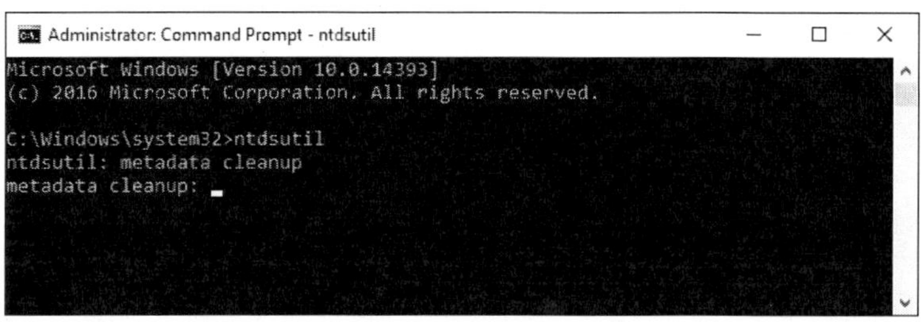

1. Para começar a **metadata cleanup**, a partir do prompt de comando digite: **ntdsutil.** Já no console do **ntdsutil,** digite **metadata cleanup**

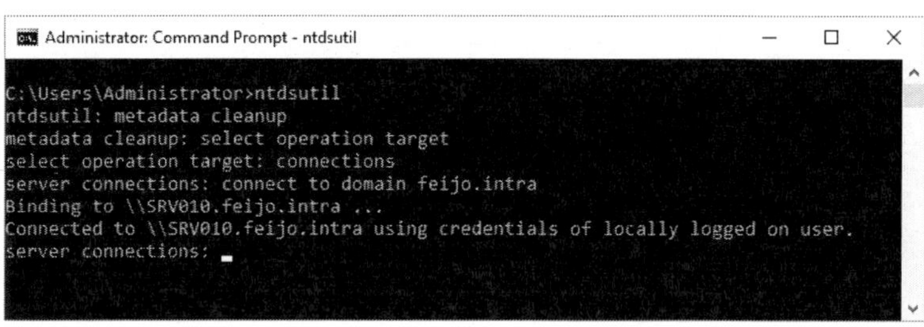

2. Precisamos nos autenticar no domínio, através de um controlador de domínio completo disponível.

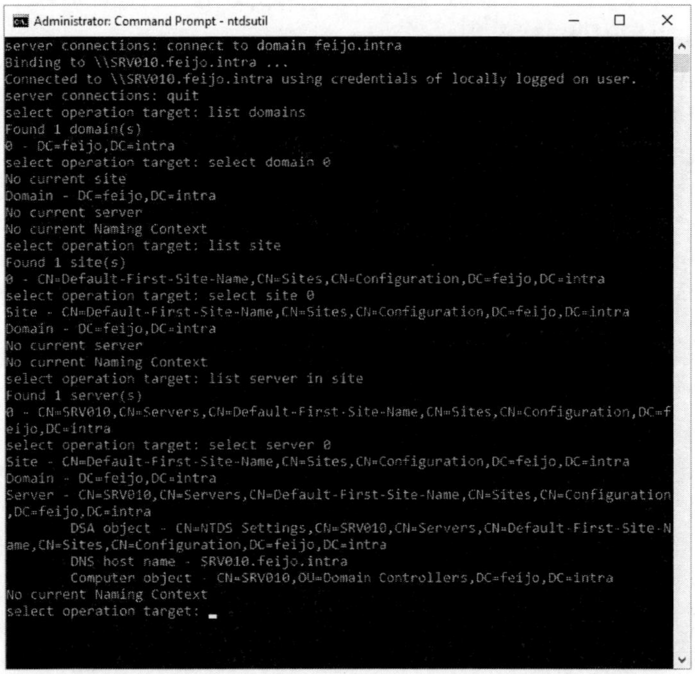

3. Precisamos selecionar, na sequência, o **Domínio** e **Site**, onde se encontra a referência do **controlador de domínio** que precisamos remover o metadado e, em seguida, o próprio Controlador de Domínio. Veja a sequência:

4. Agora já temos todos os dados necessários coletados para realizar a operação de limpeza. É preciso voltar ao contexto **metadata cleanup**.

Select operation target: quit
metadata cleanup: remove selected server

Uma janela de confirmação será apresentada para que a limpeza seja iniciada.

5.3.2 Removendo o papel Serviço de domínio Active directory

Após a conclusão do rebaixamento do Controlador de Domínio, o servidor será reiniciado automaticamente. Depois de fazer login novamente, é o momento de remover o papel do AD DS e todos os respectivos binários.

5.3.2.1 Via Ambiente Gráfico

Abra o **Server manager**, e faça a remoção, utilizando o **Remove Roles and Features Wizard** (Assistente para remover papéis e recursos):

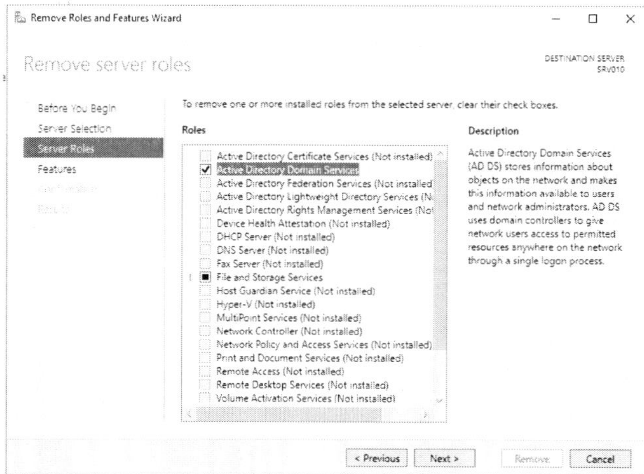

5.3.2.2 Via *PowerShell*

Para desinstalá-lo, use o seguinte comando no *PowerShell.*

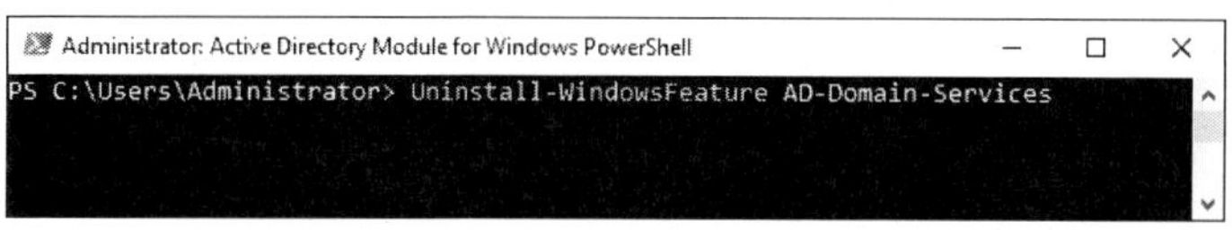

Capítulo 6

Administrando e Gerenciando o Active Directory

O Active directory está equipado com um vasto número de ferramentas, cujo propósito é permitir o gerenciamento dos vários componentes do serviço de diretório.

Algumas destas ferramentas nos acompanham desde a versão inicial do Active directory no Windows 2000, e sofreram importantes aprimoramentos ao longo das versões do Windows Server que sugiram, como é o caso dos snap-ins **Active Directory Users and Computer** (Usuários e computadores do Active directory), **Active Directory Domains and Trusts** (Domínios e Relação de confiança do Active Directory), **Active Directory Sites and Services** (Serviços e Sites do Active directory). Outras ferramentas que sugiram com o objetivo de dar aos administradores do Active directory mais poder, flexibilidade e rapidez nas tarefas de gerencimanto do grande número de recursos que hoje estão relacionados com o serviço de diretório, e assim como as ferramentas originais, também sofreram importantes aprimoramentos, destacamos duas: Windows Server 2008 R2 introduziu a primeira versão do **Active Directory Administrative Center - ADAC** (Centro Administrativo do Active Directory) e **Módulo do *PowerShell* do Active Directory.**

Neste capítulo vamos nos debruçar sobre estas ferramentas, com o firme propósito de demonstrar como utilizá-las para executar as tarefas de administração do Active directory, os recursos avançados que elas possuem e práticas recomendadas para ter uma administração segura e eficiente. A exceção ficará por conta das ferramentas **Active Directory Domains and Trusts** (Domínios e Relação de confiança do Active Directory) e **Active Directory Sites and Services** (Serviços e Sites do Active directory), que serão devidamente detalhadas no capítulo 9.

6.1 As Ferramentas Administrativas

6.1.1 Active Directory Users and Computer (Usuários e computadores do Active directory)

6.1.1.1 Conhecendo a ferramenta Usuários e Computadores do Active directory – ADUC

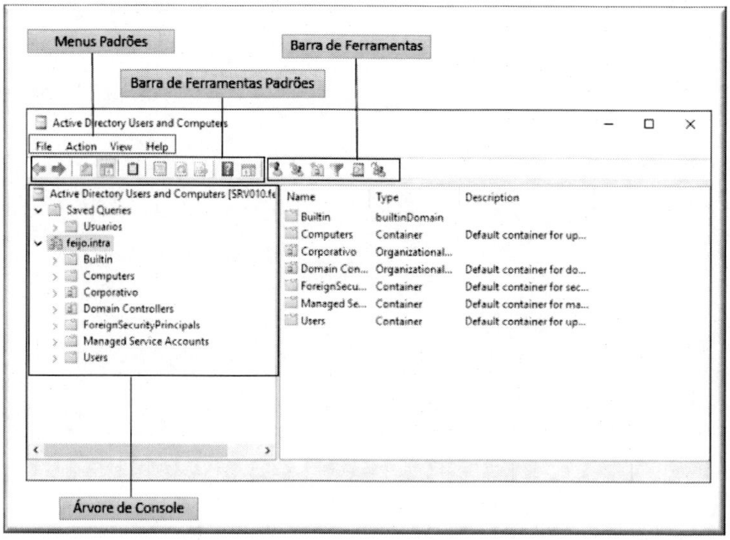

Vamos detalhar as partes destacadas na tela inicial da ferramenta Usuarios e Computados do Active directory (na.msc)

Barra de Ferramentas	
	Criar conta de usuário no container destacado
	Criar conta de grupo no container destacado
	Cria uma Unidade Organizacional no container destacado
	Definir opções de filtro
	Encontrar objetos no serviço de diretório Active directory
	Adicionar objetos selecionados a um grupo especifico

Barra de Ferramentas Padrões	
	Voltar \ Avançar
	Subir um nível
	Mostra \ Ocultar árvore de console
	Recortar
	Deletar
	Propriedade
	Exportar lista
	Help
	Mostra \ Ocultar painel de ação

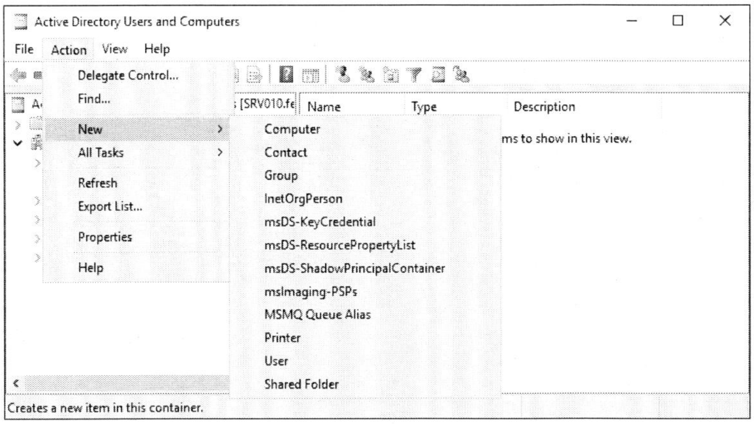

No menu padrão, destacamos **Action** e **View**

No menu **Action**, temos as opções:

Delegate Control, opção que já estudamos no capítulo 3, quando descrevemos o processo de delegação de controle nas Unidades Organizacionais, ainda temos **Find**, para realizarmos pesquisa, **export List**, para fazermos a exportação de lista de dados e a opção **New**, que está em destaque na tela acima, onde é apresentada uma lista de objetos que podem ser criados.

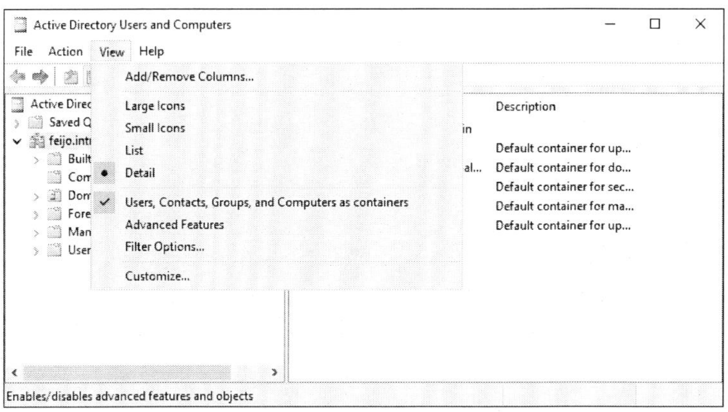

No caso do menu **View**, temos as seguintes opções:

Dentre as opções de configuração de visualizações dentro da ferramenta, temos duas que se destacam pelo impacto que têm, por permitirem a visualização de dados que são ocultos por padrão. São elas:

6.1.1.2 Users, Contacts, Groups, and Computers as containers

Permite especificar se desejamos ver usuários, computadores, grupos e contatos (a partir do Windows Server 2008) como contêineres ou não. Essa configuração é local para este Controlador de domínio.

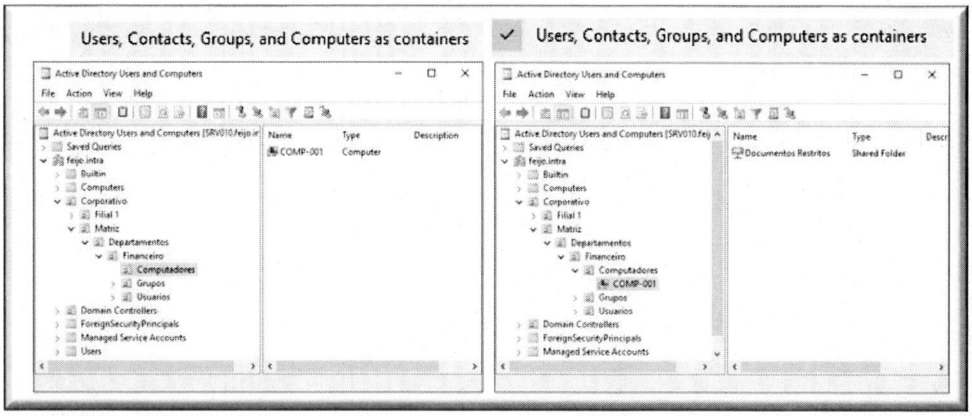

Podemos ver na imagem acima, que compara o uso da opção **Usuários, Contatos, grupos e computadores como containers**, que o objeto computador está se comportando como um container e podemos visualizar objetos dentro dele, como é o caso de uma pasta compartilhada, devidamente publicada no Active directory.

6.1.1.3 Advanced Features

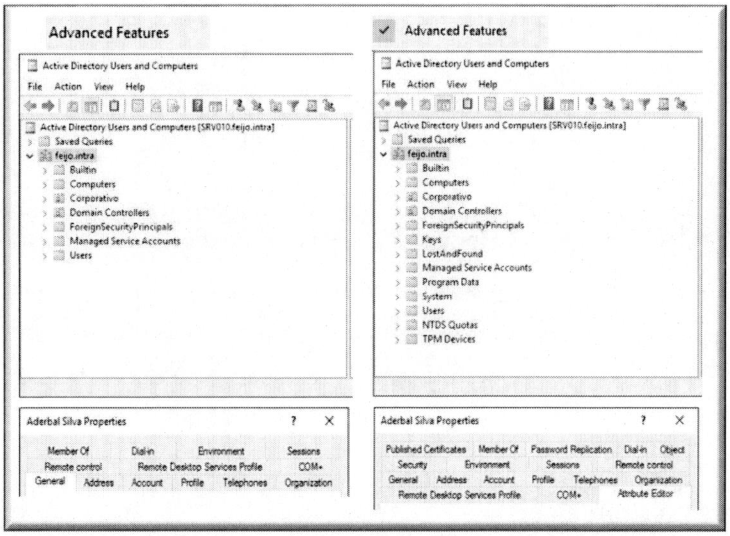

Quando **Advanced Features** (recursos avançados) são habilitados, será disponibilizado acesso a funcionalidades adicionais no snap-in. As guias **Attribute Editor** (Editor de Atributo) e **Object** (Objeto), só estão disponíveis no modo avançado. Além disso, no modo básico, a estrutura do AD está oculta.

Podemos ver na imagem acima, que compara o uso da opção **Recursos avançados**, as mudanças na árvore do console, com aparecimento dos contêineres ocultos e a diferença de guias disponíveis nas propriedades de um usuário.

Estas opções de visualização também estão disponíveis ao clicar com o botão direito do mouse, em outras estruturas dentro da árvore de console.

6.1.2 Trabalhando com Querys no ADUC

Um importante recurso, introduzido no Windows Server 2003, mas que ainda pode contribuir muito na administração dos objetos do Active Directory, as Saved Queries (Consultas salvas) podem ser utilizadas para criar vários tipos de consultas, cujas respostas podem servir de parâmetros para tomada de decisão.

Usando as consultas salvas, podemos ter rapidamente dados atualizados importantes, tais como quantos e quais usuários estão bloqueados, quantos usuários ativos no momento, quem já fez login no ambiente, de quais usuários a senha expirou e muitas outras informações que irão nos permitir gerenciar grandes volumes de objetos dentro do domínio do Active Directory.

Podemos salvar as consultas LDAP em formato XML, para serem usadas posteriormente ou em outros controladores de domínio, já que as consultas salvas no próprio snap-in DAS.MSC são locais e não são replicadas para outros controladores de domínio.

Podemos criar pastas, para organizar as querys criadas, por objeto ou função, ainda é importante destacar que sempre que formos acessar uma consulta salva, precisaremos atualizar a consulta, que podemos fazer pressionando a tecla F5 ou clicando com o botão direito do mouse na consulta salva e escolhendo atualizar.

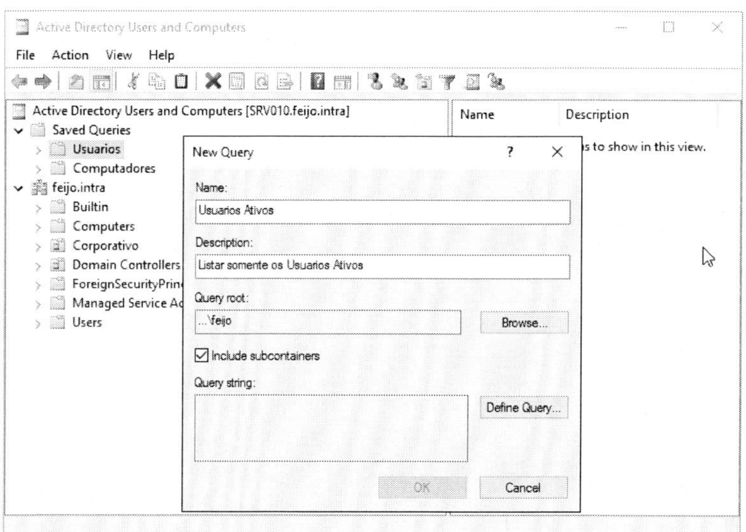

Para criar uma nova consulta, clique com o botão direito do mouse em **Saved Query**, no menu suspenso que aparecerá clique na opção **New** e depois **Query**.

A janela **New Query** será apresentada para que informemos nome, descrição e possamos iniciar a definição da **Query**, clicando no botão **Define Query**.

Veja na imagem ao lado.

Após clicar em **Define Query**, nos é apresentada, por padrão, a janela **Find Common Queries**, onde estão os parâmetros de pesquisa mais comuns (**Common Query**), divididos por objetos (**users, computers e grupos**). Para usuários, por exemplo, basta marcar o checkbox **Disabled accounts**, para pesquisar todos os usuários com conta desabilitada no ambiente, ou com uma quantidade de dias em **Days since last logon**, para listar os usuários que não fazem login nos últimos 15 dias no ambiente, por exemplo.

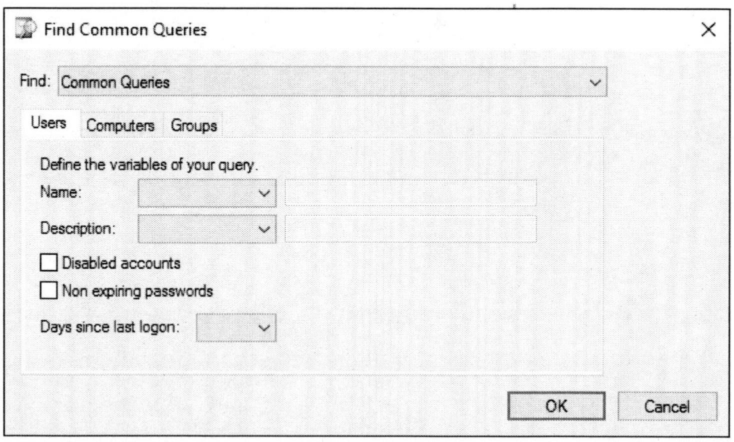

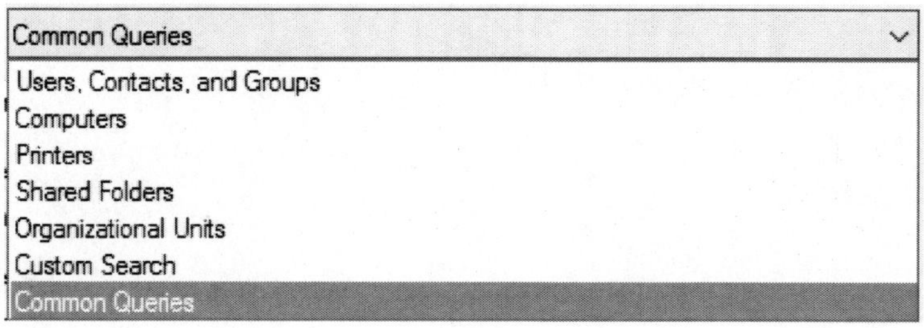

Além de Common Queries, estão disponíveis no campo Find, as seguintes opções:

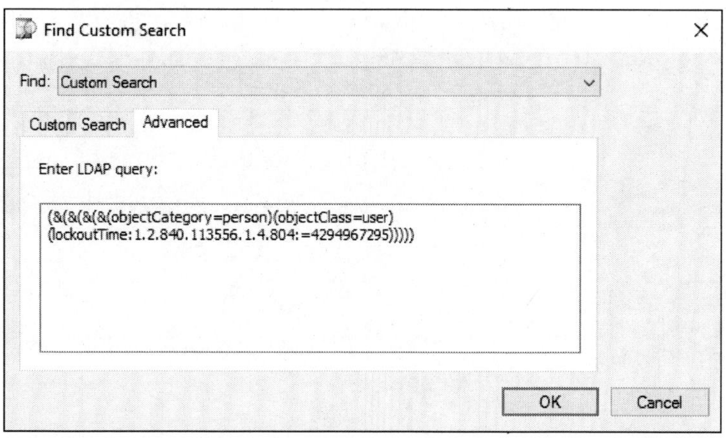

Cada uma dessas opções, trarão parâmetros relacionados ao objeto específico, a única que não está relacionada a um objeto específico é a opção **Custom Search**, justamente pela possibilidade que nos apresenta de criarmos consultas LDAP personalizadas que podem estar direcionadas a qualquer um dos objetos. Segue tela **Find Custom Search**, na opção **Advanced**, com o espaço reservado para digitarmos a query LDAP:

Segue relação de algumas consultas LDAP personalizadas que podem ser muito úteis na administração do Active directory:

1. Listar apenas os usuários que estiverem bloqueados no diretório

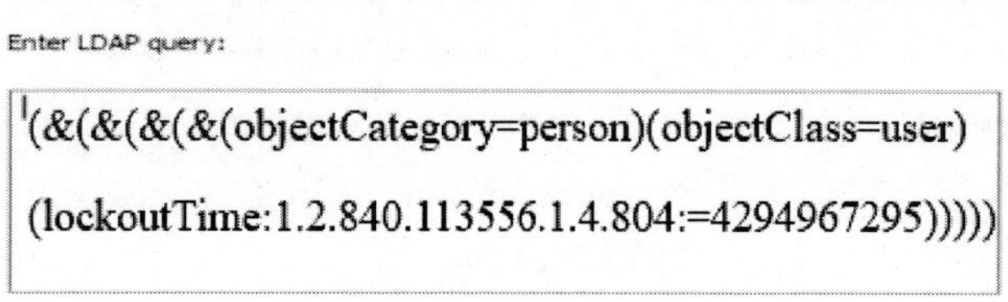

2. Listar apenas os usuários Ativos no diretório

Enter LDAP query:

```
(&(&(objectCategory=person)(objectClass=user)
(!userAccountControl:1.2.840.113556.1.4.803:=2)))
```

3. Listar os usuários do domínio que não são membros de nenhum grupo

Enter LDAP query:

```
(&(objectCategory=user)(objectClass=user)
(!memberOf=*))
```

4. Listar todos os usuários sem o campo e-mail preenchido

Enter LDAP query:

```
(objectcategory=person)(!mail=*)
```

5. Listar usuários que nunca fizeram logon no ambiente

Enter LDAP query:

```
(&(&(objectCategory=person)(objectClass=
user))(!lastLogon=0)(!lastLogon=*))))
```

6. Listar usuários que não são membros do grupo especificado

Enter LDAP query:

```
(&(objectCategory=Person)(sAMAccountN
ame=*)(|(memberOf=cn=G_Analista,ou=us
ers,dc=feijo,dc=intra))
```

7. Listar todos os grupos sem membros

Enter LDAP query:

```
(&(objectClass=group)(!member=*))
```

8. Listar todos os grupos do tipo global existente

Enter LDAP query:

```
(groupType:1.2.840.113556.1.4.803:=2)
```

9. Listar todos os computadores que estejam utilizando Windows 7

Enter LDAP query:

```
(&(objectCategory=computer)(operatingSystemVersion=6.1*)(&(objectCategory=computer)(operatingSystem=Windows 7*)))
```

6.1.3 Gerenciando Objetos pelo ADUC

6.1.3.1 Usuários

A criação de contas de usuários pelo ADUC é muito simples. É importante, porém, ficar atento a alguns parâmetros mais críticos que podem impactar no uso da conta pelo usuário. Vamos passar pelas etapas de criação, destacando estes parâmetros:

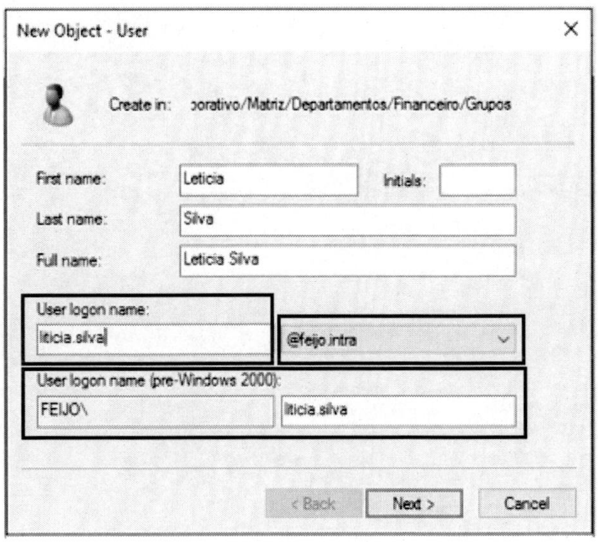

6.1.3.1.1 Etapa 1 – Iniciando a criação de uma nova conta de usuário

Destaque aqui para definição do **User Logon name**, do usuário:

• Considerações sobre Convenções de nomenclatura do usuário

No Active Directory, cada conta de usuário tem um nome de logon de usuário, um nome de logon de usuário anterior ao Windows 2000 e um sufixo UPN.

Há inúmeros tipos de convenções adotadas pelas empresas, para definir que nome de logon será utilizado por seus usuários. Vamos descrevre algumas mais comuns:

- **Nome e sobrenome**: Muito usada, é simplemente a junção de nome e sobrenome completos, um ponto ou hífen pode ser usado para separá-los.

Exemplo: Para Mariana Silva, teríamos como nome de logon mariana.silva

- **Inicial do primeiro nome e sobrenome**: Composto pela primeira letra do nome inicial combinada com o sobrenome completo.

Exemplo: Para Mariana Silva, teríamos como nome de logon msilva

- **Utilizar um outro dado de identificação funcional:** Neste caso há uma opção por utilizar um dado funcional, que identifique unicamente o usuário, como o número de matrícula ou registro na empresa.

Exemplo: Para Mariana Silva, cujo registro na empresa é 465852, teríamos como nome de logon 465852.

É importante ter definido para o ambiente uma política de exceções, que deverá ser utilizada em casos como:

- Nomes duplicados
- Mudança de sobrenome
- Nomes de logon estranhos ou horríveis

Dependendo da regra de nomenclatura adotada, a possibilidade de nos depararmos com poblemas, como duplicação por exemplo, é enorme, daí a importância de termos uma política de exceções definida.

- Sufixo UPN

O chamado **User Principal Name – UPN**, é composto por duas partes, a primeira, o nome de logon e a segunda, o sufixo UPN. O sufixo UPN vai identificar o domínio no qual a conta do usuário está localizada. O sufixo UPN nos permite flexibilidade para nos adaptarmos a algumas necessidades específicas da empresa, tanto que ele pode ser o nome de domínio DNS, o nome DNS de qualquer domínio na floresta ou pode ser um nome alternativo usado apenas para fins de logon. Esse sufixo UPN alternativo não precisa ser um nome DNS válido.

Podemos adicionar ou remover sufixos UPN usando a ferramenta domínios e relações de confiança do Active Directory.

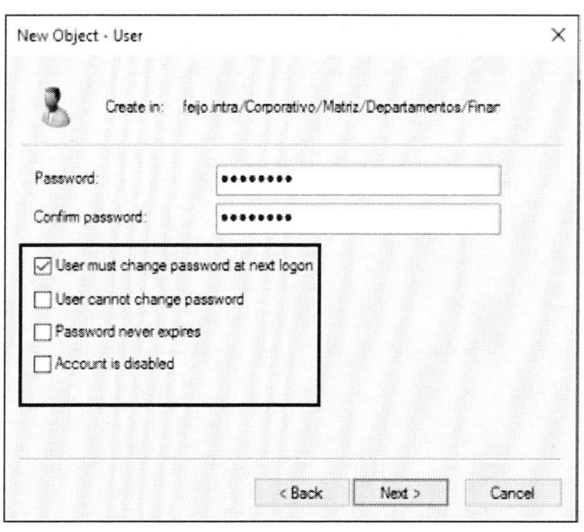

6.1.3.1.2 Etapa 2 – Definindo a senha e outros parâmetros de segurança

Nesta etapa em que deve ser definida a senha inicial do usuário, vamas destacar os quatro parâmetros relacionados à senha e status da conta:

6.1.3.1.2.1 User must change password at next logon

Habilitada por padrão, na criação de uma nova conta, exige que o usuário altere a senha no próximo logon, é uma questão de conformidade com as práticas recomendadas de segurança.

6.1.3.1.2.2 User cannot change password

Podemos definir, para atender algum cenário específico, em que o usuário não possa alterar a sua senha. Caso a opção **User must change password at next logon**, seja marcada, não é possível utilizar a opção **User cannot change password.**

6.1.3.1.2.3 Password never expires

Conforme estabelecido pela política de senha ativada no domínio, os usuários precisam alterar sua senha regularmente. Entretanto, algumas contas, em função de uma situação específica, é conveniente que a senha nunca expire. Contas de serviço, normalmente, são alvos dessa configuração.

6.1.3.1.2.4 Account is disabled

Ao desabilitarmos a conta, ativando o parâmetro **Account is disabled**, estamos impedindo que ela possa ser usada no ambiente, essa situação pode ser útil seja para uma conta nova, que acabou de ser criada, mas só vai ser utilizada pelo usuário algum tempo depois, seja como um procedimento adotado pela empresa, de não excluir as contas de colaboradores que foram demitidos.

O valor do atributo **UserAccountControl** representa as definições que foram tomadas nestas opções de conta:

Valor	Representa
512	habilitado
514	desativado
66048	Ativada, a senha nunca expira
66050	Desativado, a senha nunca expira

6.1.3.1.3 Destacando propriedades importantes

6.1.3.1.3.1 Guia Object

Vamos encontrar nesta guia as informações de data de criação e modificação deste objeto dentro do Active directory, dados que são importantes em auditorias de segurança.

Outra informação importante são os valores original e atual do **Update Sequence Number (USNs)**. Um número de sequência de atualização (USN) é um número de 64 bits no Active Directory que aumenta à medida que o objeto sofre alterações. Cada controlador de domínio mantém um contador USN local que é incrementado por cada gravação na réplica do banco de dados do DC. A diferença entre os valores dos contadores atual e original, caracteriza que o objeto sofreu alteração, desde que foi criado.

6.1.3.1.3.2 Guia Account

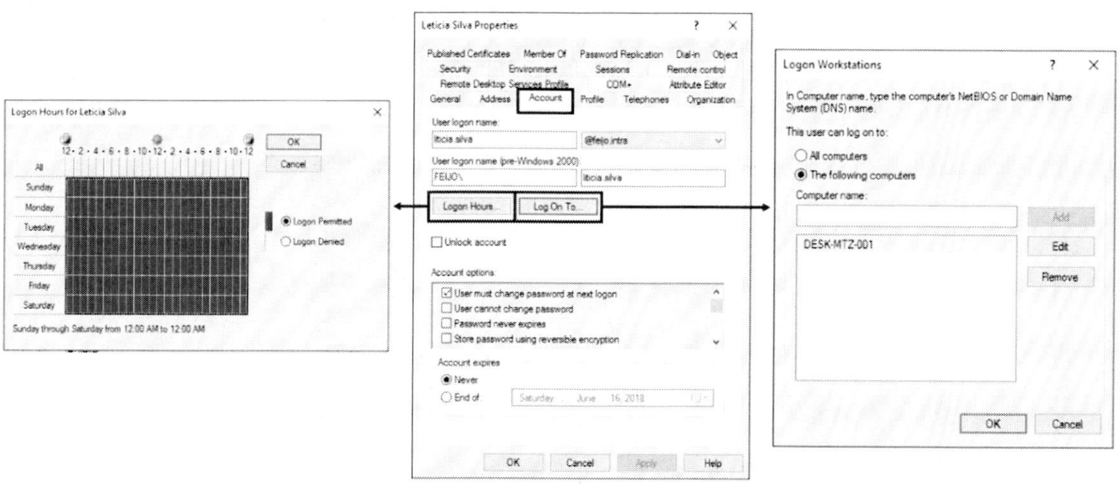

Nesta guia vamos destacar dois recursos interessantes: **Logon Hours**, onde podemos definir qual o horário permitido de logon na rede para este usuário e **LogOn To**, podemos estabeler em qual ou quais computadores da rede este usuário pode fazer logon.

6.1.3.1.3.3 Guia MemberOf

Relação dos grupos, dos quais este usuário é membro.

6.1.3.1.3.4 Atribute Editor

A guia do editor de atributos foi incorporada ao ADUC no Windows 2008, e nos possibilita visualizar os nomes e valores dos atributos LDAP. O editor de atributos é mostrado apenas quando o ADUC está na visualização avançada.

6.1.3.1.3.5 Modificando vários objetos de usuário simultaneamente

Um recurso muito útil disponível no ADUC, é a possibilidade de modificar as propriedades de vários objetos de usuário simultaneamente. Para isso, é necessário selecionar vários objetos de usuário, a partir do resultado de uma consulta, por exemplo, mantendo pressionada a tecla Ctrl enquanto clica em cada usuário. Depois de ter selecionado os objetos, clique com o botão direito do mouse em qualquer um deles e escolha Propriedades. Um subconjunto de propriedades está disponível para modificação:

- **Geral**: Descrição, Escritório, Número de Telefone, Fax, Página da Web, e-mail.
- **Conta**: Sufixo UPN, Horário de Logon, Restrições de Computador, todas as Opções de Conta, Conta Expira.
- **Endereço**: Street, P.O. Caixa, Cidade, Estado, Código Postal, País / Região
- **Perfil**: caminho de perfil, script de logon e pasta base
- **Organização**: Cargo, Departamento, Empresa, Gerente

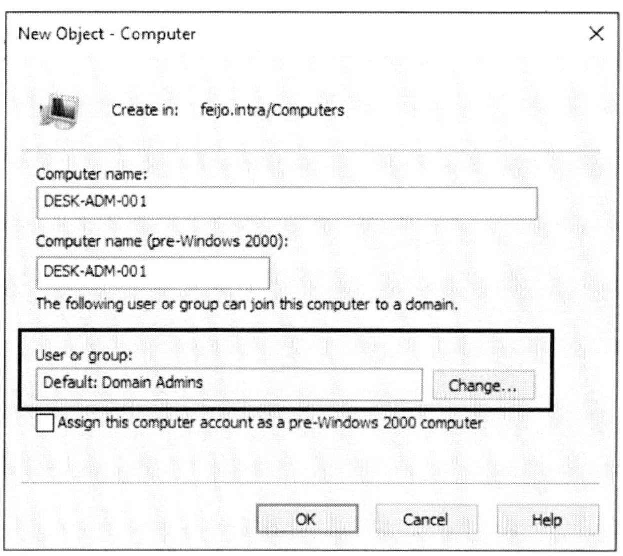

6.1.3.2 Computadores

Com relação à criação de uma nova conta de computador no Active directory, através do ADUC, em função da informação solicitada, **use or group**, destacada na janela **New Object – Computer**, apresentada acima, temos que ter em mente que estamos realizando "apenas" a criação da conta no AD, ainda é necessário associar um computador físico a esta conta. Veja que temos a seguinte afirmação, acima do campo: **The following use or group can join this computer to a domain** (O seguinte usuário ou grupo pode ingressar este computador em um domínio). Quando estamos executando o procedimento de adicionar um computador cliente, a partir do computador cliente, as ações de criar a conta no Active directory (por padrão a conta é criada no container **Computer**) e associar o computador cliente a esta conta são executadas juntas.

É importante destacar que existe um limite padrão para o número de estações de trabalho que um usuário pode ingressar no domínio, esse valor é de 10 estações, definido na Política de Domínio Padrão, mas que pode ser redefinido para outros valores, conforme a necessidade do ambiente.

6.1.3.3 Grupos

Um grupo é formado por um conjunto de contas de usuários, computadores, contatos e outros grupos que passam a ser gerenciados como uma única unidade. Então, os grupos terão membros e também serão membros de outros grupos, a este último cenário damos o nome de aninhamento de grupos.

A estrutura de segurança de um grupo, fornece um mecanismo eficiente para gerenciar a segurança em um grande número de usuários. Na verdade, sem a estrutura de grupos dentro do active directory, seria impraticável gerenciar permissões e direitos, a recursos dentro do ambiente de rede, a cada conta de usuário, de forma individual.

Existem alguns questionamentos em relação aos grupos e às unidades organizacionais, se as duas estruturas teriam a mesma função, mas é fácil percebermos, ao analisar as caracterísicas das duas, que possuem objetivos diferentes, vejamos:

- Um grupo é formado por um conjunto de objetos (usuários, computadores, contatos e outros grupos).

- Os grupos são usados para fins de segurança, como conceder permissões em um recurso ou conceder direitos.

- As unidades organizacionais são usadas para organizar a estrutura organizacional no Active directory, aplicar diretivas de grupo aos objetos que fazem parte dela e delegar controle.

- Uma OU é considerada uma espécie de limite lógico. Pode conter grupos, usuários, computadores e outras Uos. Com o limite de que uma OU só pode fazer parte de outras OU, ao contrário dos grupos que podem ser membros de vários outros grupos diferentes.

Os grupos podem ser baseados em locais, quando armazenados em um computador específico, ou em um diretório, quando residem em um domínio do active directory. O Active Directory fornece um conjunto de grupos de segurança padrão durante a instalação e também permite a opção de criar grupos.

Os grupos padrões podem ser utilizados para controlar o acesso a recursos compartilhados e delegar funções administrativas específicas em todo o domínio, já que a maioria deles recebe automaticamente um conjunto de direitos de usuário que autorizam os seus membros a executar ações específicas em um domínio, como fazer logon em um sistema local ou fazer backup de arquivos e pastas.

Grupos padrões estão localizados nos contêineres **Builtin** e **Users.**

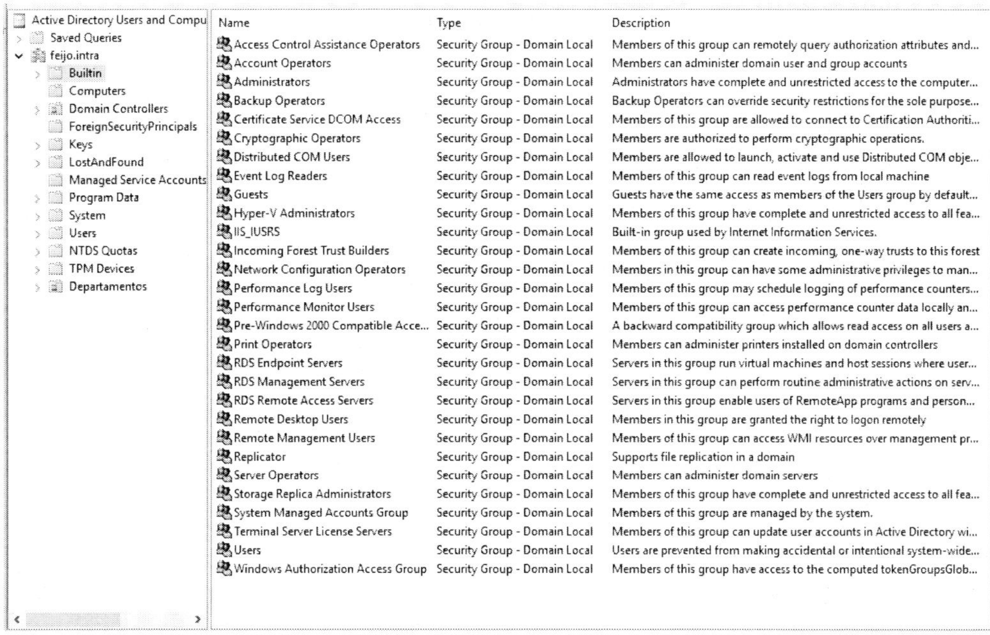

Fig. 28 – Listagem de Grupos criados por padrão no contêiner Builtin – Windows Server 2016

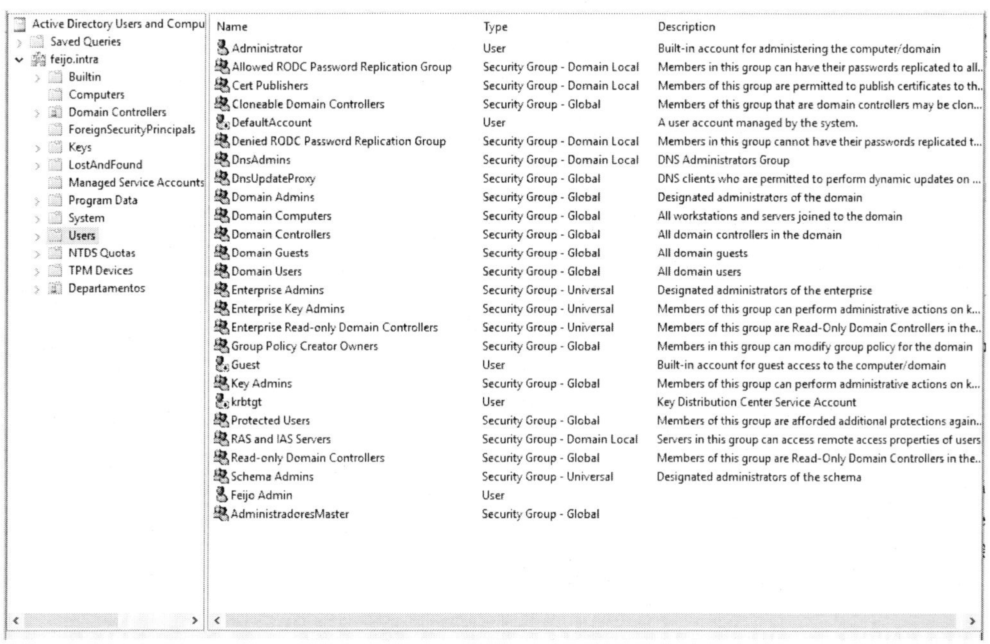

Fig. 29 – Listagem de Usuários e Grupos criados por padrão no contêiner Users – Windows Server 2019

Grupos são caracterizados por seu **Scope** (escopo) e **Type** (tipo). O escopo de um grupo determina o seu alcançe, ou seja, até onde ele é aplicado em um domínio ou floresta. O escopo também determina quem pode ser um membro de um grupo. Já a característica do tipo determina se um grupo pode ser usado para atribuir permissões de um recurso compartilhado (para grupos de segurança) ou se um grupo pode ser usado apenas para listas de distribuição de e-mail (para grupos de distribuição).

6.1.3.3.1 Escopo

Existem três escopos de grupo definidos pelos Serviços de Domínio do Active Directory, **Universal, Global** e **Domínio Local.**

Escopo	Podem ter como Membro	Pode receber permissões em	Mudando o Escopo
Universal	Contas de usuários de qualquer domínio dentro da floresta em que este Grupo Universal reside; Grupos globais de qualquer domínio dentro da floresta em que este Grupo Universal reside; Grupos universais de qualquer domínio dentro da floresta em que este Grupo Universal reside;	Qualquer domínio da floresta	Domínio local Global (contanto que nenhum outro grupo universal exista como membro)
Global	Contas de usuários do mesmo domínio que o grupo global Grupos globais do mesmo domínio que o grupo global	Permissões de membros podem ser atribuídas em qualquer domínio	Universal (desde que não existam outros grupos locais de domínio como membros)
Domínio Local	Contas de qualquer domínio Grupos globais de qualquer domínio Grupos universais de qualquer domínio Grupos locais de domínio, mas apenas do mesmo domínio que o grupo local do domínio pai	As permissões de membro podem ser atribuídas somente no mesmo domínio que o grupo domínio local	Universal (desde que não existam outros grupos locais de domínio como membros)

6.1.3.3.2 Tipo

Segurança: São usados como uma entidade de segurança em uma lista de controle de acesso, conhecida como ACL. Quando um grupo de segurança recebe acesso a um objeto, todos os membros do grupo de segurança recebem automaticamente o mesmo acesso ao objeto. Com os grupos de segurança podemos gerenciar o acesso de usuários e computadores a recursos compartilhados e controlar quem recebe as configurações da política de grupo. Mudanças na associação ao grupo entram em vigor automaticamente em todos os lugares. Os grupos de segurança também podem ser usados como listas de distribuição de e-mail.

Distribuição: Grupos de distribuição não são habilitados para segurança, ou seja, não podem ser usados como uma entidade de segurança, devem ser usados apenas como listas de distribuição de e-mail. Portanto, as listas de distribuição **são para uso com aplicativos de e-mail, como** o Microsoft Exchange ou o Outlook.

Como destacado abaixo na janela **New Object – Group**, no momento da criação do grupo é necessário que seja definido tanto o **escopo** quanto o **tipo**.

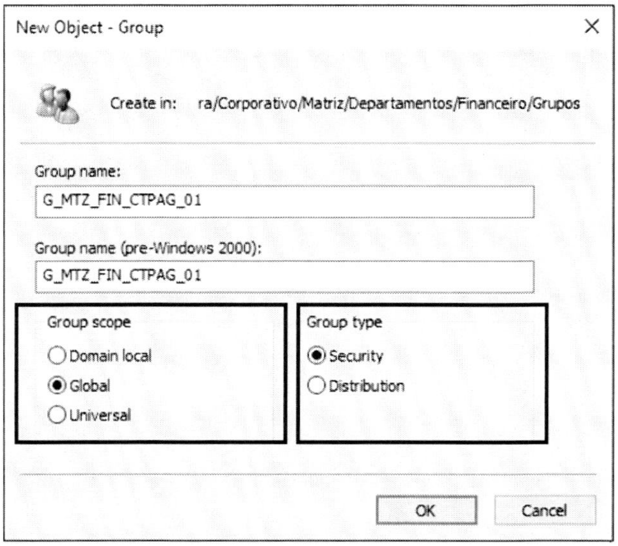

6.1.3.3.3 Aninhando grupos

Adicionar um grupo como membro de outro grupo é chamado de aninhamento. Como vimos na tabela de escopos, na coluna "Pode ter como membro", a capacidade de aninhamento de um grupo vai depender do escopo. Nas propriedades de um grupo, temos a guia **Members** (quem são os objetos membros deste grupo) e **Members of** (de quem este grupo é membro – aninhamento), veja na figura a seguir:

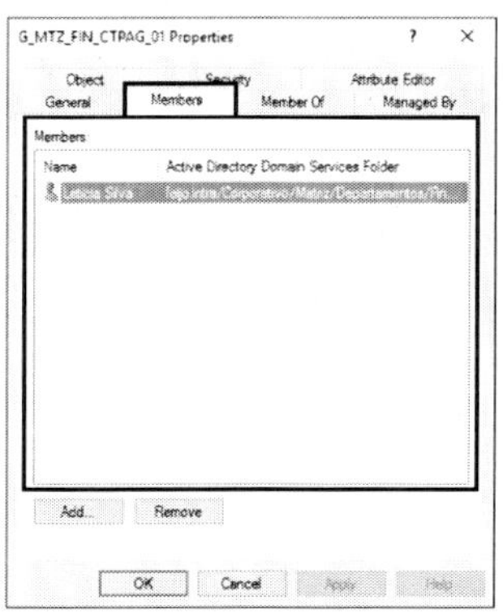
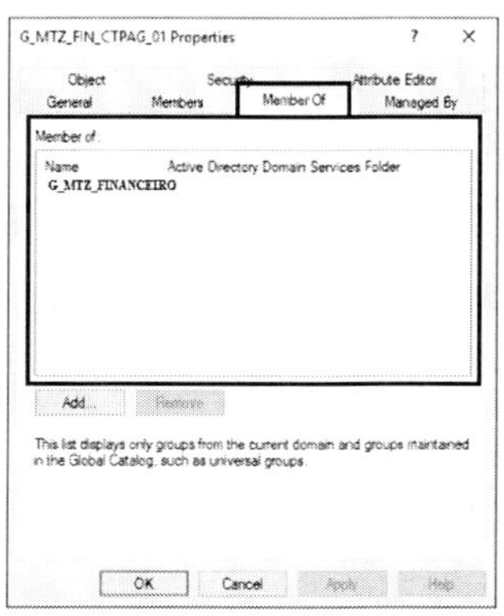

Um entendimento correto do escopo do grupo e de como lexib-lo é fundamental para a utilização de modelos estruturais de práticas recomendadas pela Microsoft, para a arquitetura do Active directory, no caso específico dos grupos, e do uso do recurso de aninhamento, temos o modelo AGDLP.

6.1.3.3.3.1 AGDLP

O modelo AGDLP fornece um guia sobre como aninhar grupos uns nos outros sem comprometer a segurança com eficiência operacional. O modelo sugere o seguinte:

*As contas (**A**ccount) de usuário e computador devem ser membros de grupos globais (**G**), que por sua vez são membros de grupos de domínio local (**DL**) que descrevem permissões (**P**) de recursos.*

Considerando o modelo, que leva em consideração as restrições de cada escopo, temos bem claro as funções dos grupos Globais e Domínio local, dentro da estratégia:

Grupos globais abrigaram as contas de usuário e computador e podem incluir *outros grupos globais de dentro do mesmo domínio*. Vamos considerar os grupos globais como "grupos de contas". Vamos utilizá--los para agrupar usuários que possuam necessidades em comum de permissão de acesso a determinados recursos do ambiente, como um grupo para agrupar todos os usuários de um departamento, como por exemplo G_Contabil, para os usuários do departamento de contabilidade ou um grupo para agrupar alguns usuários do próprio departamento mais específico, como G_Contabil_lideres.

Grupos domínio local, vamos considerá-los os "grupos de recursos", pois estarão sempre relacionados a recursos que precisam ser acessados, por usuários devidamente autorizados. Uma característica importante, relacionada ao seu escopo, é a possibilidade de ter como membros grupos do domínio pai, de outros domínios e de florestas confiáveis. Isso permite que os administradores concedam acesso a um recurso para qualquer pessoa no ambiente, caso seja necessário. Como exemplo, vamos imaginar um cenário em que os usuários do departamento de contabilidade, que são membros do grupo global G_Contabil, precisam acessar a pasta compartilhada na rede de documentos fiscais, chamada doc_fisc, podemos criar o grupo DL_DOC-FISCAL, incluir como membro o grupo goblal G_Contabil e na pasta doc_fisc, na sua propriedade dar permissão para o grupo DL_DOC-FISCAL.

Veja abaixo uma representação gráfica deste cenário **AGDLP**:

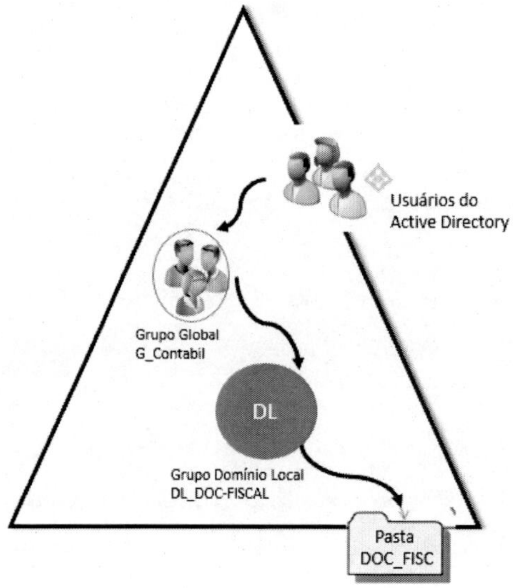

6.1.3.3.4 Special identities (Identidades especiais)

Além dos grupos de segurança padrões disponíveis nos contêineres **Users** e **Builtin**, os servidores que executam o Windows Server, incluem várias identidades especiais, também chamados de grupos especiais. Esses grupos especiais podem representar usuários diferentes em momentos diferentes, dependendo das circunstâncias.

Embora as identidades especiais possam receber direitos e permissões para recursos, as associações não podem ser modificadas ou exibidas. Os escopos de grupo não se aplicam a identidades especiais. Os usuários são automaticamente atribuídos a essas identidades especiais sempre que fazem logon ou acessam um recurso específico.

Vejamos a descrição de alguns destes grupos especiais:

- **Anonymous Logon** (Logon Anônimo)

Representa usuários e serviços que acessam um computador e seus recursos através da rede sem usar um nome de conta, senha ou nome de domínio. Portanto, qualquer usuário que acessa o sistema por meio de um logon anônimo possui a identidade de logon anônimo. O grupo de logon anônimo não é um membro do grupo Todos por padrão (desde o Windows Server 2003).

- **Everyone** (Todos)

Representa todos os usuários atuais da rede, incluindo convidados e usuários de outros domínios. Esse grupo de identidade especial fornece amplo acesso aos recursos do sistema. Sempre que um usuário faz logon na rede, o usuário é automaticamente adicionado ao grupo Todos. A associação é controlada pelo sistema operacional.

- **Network** (Rede)

Representa os usuários que atualmente acessam um determinado recurso pela rede (em oposição aos usuários que acessam um recurso fazendo logon localmente no computador em que o recurso está localizado). Qualquer usuário que acessa o sistema por meio de uma rede possui a identidade da rede. Essa identidade permite que apenas usuários remotos acessem um recurso. Sempre que um usuário acessa um determinado recurso pela rede, o usuário é automaticamente adicionado ao grupo Rede. A associação é controlada pelo sistema operacional.

- **Interactive** (Interativo)

Sempre que um usuário acessa um determinado recurso no computador em que está conectado, o usuário é automaticamente adicionado ao grupo Interativo.

Qualquer usuário que esteja conectado ao sistema local tem a identidade interativa. Essa identidade permite que apenas usuários locais acessem um recurso. Sempre que um usuário acessa um determinado recurso no computador em que está conectado, o usuário é automaticamente adicionado ao grupo Interativo. A associação é controlada pelo sistema operacional.

- **Enterprise Domain Controllers** (Controladores de domínio corporativos)

Este grupo inclui todos os controladores de domínio em uma floresta do Active Directory. Os controladores de domínio com funções e responsabilidades em toda a empresa têm a identidade dos Enterprise Domain Controllers. Essa identidade permite que eles executem determinadas tarefas na empresa usando relações de confiança transitivas. A associação é controlada pelo sistema operacional.

- **Creator Owner** (Criador proprietário)

Um usuário que criou um arquivo ou um diretório passa a ser membro desse grupo de identidade especial. Os sistemas operacionais Windows Server usam essa identidade para conceder automaticamente permissões de acesso ao criador de um arquivo ou diretório.

6.1.4 Active Directory Administrative Center – ADAC

Lançado com o Windows Server 2008 R2, o Centro Administrativo do Active directory é a grande aposta da Microsoft, em termos de ferramenta GUI, de conseguir entregar aos administradores do AD, uma ferramenta poderosa, eficiente e intuitiva que pode ser utilizada para realizar tanto as tarefas de administração do dia a dia, como outras tarefas mais complexas.

E muito do seu poder de ação e eficiência vem do fato que o ADAC usa o Windows *PowerShell* para executar as tarefas de administração, ou seja, quando executamos uma ação no ADAC, ele chama um cmdlet do *PowerShell* o módulo do Active Directory para o Windows *PowerShell*.

Além disso, o Centro Administrativo do Active Directory faz uso dos serviços Web fornecidos pelo Active Directory Web Services – ADWS (Serviços da Web do Active Directory). Pelo menos um controlador de domínio em cada domínio do Active Directory que estamos gerenciando deve ter o ADWS instalado e ter os serviços relacionados em execução. As conexões são feitas pela porta TCP 9389 por padrão e as diretivas de firewall devem habilitar uma exceção nessa porta para o ADWS.

Após o seu lançamento no Windows Server 2008 R2, a Microsoft identificou vários pontos de melhorias e correção, que foram devidamente corrigidos no Windows Server 2012, são destaques os seguintes recursos de gerenciamento:

- Lixeira do Active Directory
- Política de senha refinada
- Visualizador de Histórico do Windows *PowerShell*

O Centro Administrativo do Active Directory do Windows Server 2016 / 2019 continua com os mesmos recursos e funcionalidades no gerenciamento do Active directory.

Para iniciar o Centro Administrativo do Active Directory, você pode digitar o comando **dsac.exe**.

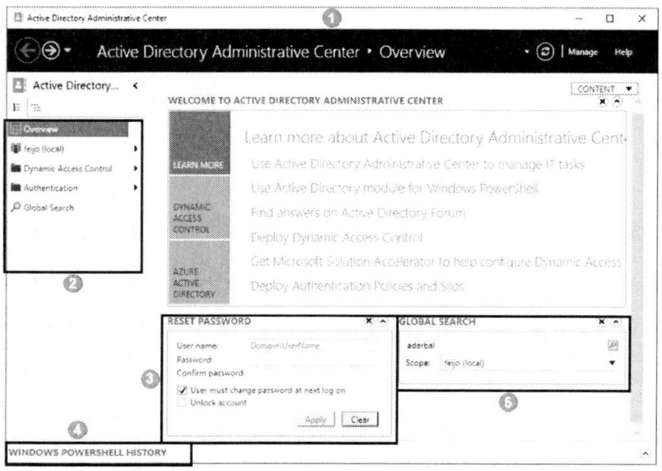

1. Tela de inicial do Active Directory Administrative Center
2. Painel de Navegação
3. Painel para execução da tarefa de reset de senha
4. Painel do recurso de histórico do PowerShell
5. Painel de consulta global, é possível definir o escopo da pesquisa

6.1.4.1 Criando usuário pelo ADAC

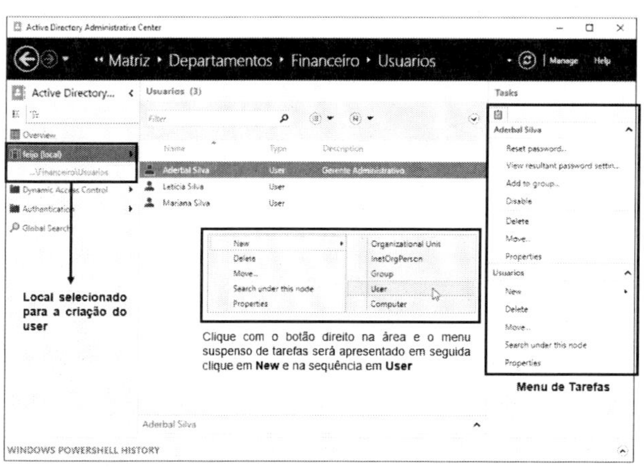

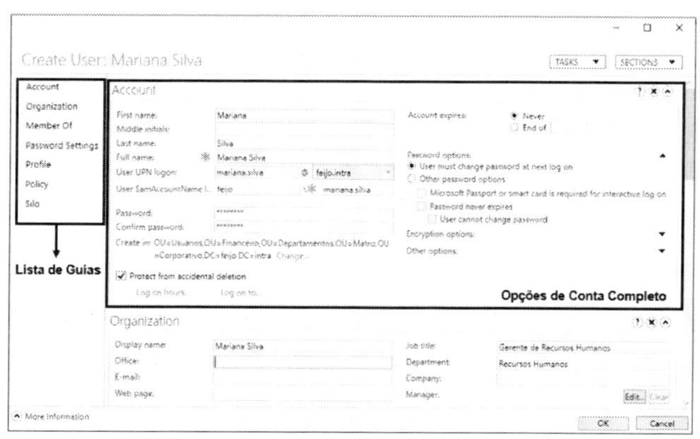

6.1.4.2 Criando grupo pelo ADAC

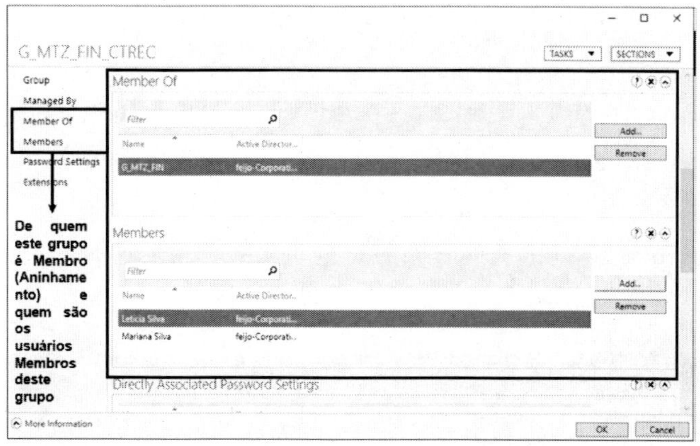

6.1.4.3 Directory Recycle Bin (Lixeira do Active Directory)

A exclusão acidental de objetos do Active Directory é um problema que muitos administradores já tiveram de enfrentar em seus ambientes. O número de ocorrência destes eventos chamou a atenção da Microsoft que aprimorou mecanismos para evitar que estes tipos de exclusões acontecessem, é o caso do parâmetro **protect Object from accidental deletion** (proteger o objeto da exclusão acidental), adicionado no Windows Server 2008, às propriedades dos objetos. Já a paritr do Windows Server 2008 R2, com o **Active Directory Lixeira**, complementa a infraestrutura de reanimação existente e aprimora sua capacidade de preservar e recuperar objetos do Active Directory acidentalmente excluídos.

No Windows Server 2012, o recurso Lixeira do Active Directory foi aprimorado com uma nova interface gráfica para os administradores gerenciarem e restaurarem objetos excluídos. Podemos visualizar uma lista de objetos excluídos e restaurá-los aos seus locais originais ou desejados.

6.1.4.3.1 Considerações importantes sobre a lixeira do Active Directory:

- A Lixeira do Active Directory requer um nível funcional de floresta do Windows Server 2008 R2, além disso, é necessário ser membro do grupo Enterprise Admins.
- O processo de habilitar a Lixeira do Active Directory é irreversível, ou seja, uma vez ativada, não podemos desativá-la.
- A Lixeira do Active Directory aumenta o tamanho do NTDS.DIT em todos os controladores de domínio da floresta.
- Por padrão, a Lixeira do Active Directory está desabilitada

Quando o Active Directory Lixeira é habilitado, todos os valores de link com valor link atributos de objetos do Active Directory excluídos são preservados e os objetos são restaurados em sua totalidade no mesmo estado lógico consistente que estavam imediatamente antes da exclusão. Isso significa que numa operação de restauração de um usuário, automaticamente são restaurados os direitos de acesso que possuía, além de voltar a ser membro de todos os grupos que participava.

6.1.4.3.2 Ciclo de vida de um novo objeto do Active Directory

A Lixeira do Active Directory preserva todos os objetos excluídos na floresta. Ele salva esses objetos de acordo com o **msDS-deletedObjectLifetimeattribute**, que por padrão é configurado para corresponder ao atributo **tombstoneLifetime** da floresta. Esses valores são configuráveis.

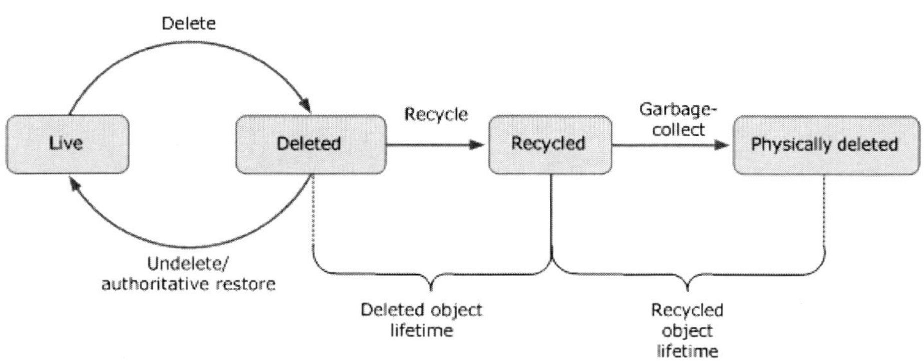

Fig. 30 – Ciclo de Vida do objeto Active Directory com a Lixeira do Active Directory Ativada

Quando um objeto é excluído, o atributo **IsDeleted** é definido como **TRUE**. Dentro da duração de **msDS-deletedObjectLifetime**, um objeto pode ser recuperado e se tornar um objeto ativo novamente. Depois que esse valor expira, a maioria dos atributos do objeto excluído é removida, semelhante a uma exclusão anterior à Lixeira do AD, e também neste momento o atributo **IsRecycled** é definido como **TRUE** também.

Um objeto excluído é movido para o contêiner Objetos Excluídos e seu **distinguished name** (nome distinto) é desconfigurado.

```
Deleted           : True
DistinguishedName : CN=Mariana Silva\0ADEL:5ac8d389-a92e-494b-8cb6-ca3231eaf602,CN=Deleted
                    Objects,DC=feijo,DC=intra
```

Um objeto excluído permanece no contêiner objetos **Excluídos** em um estado excluído logicamente, durante a duração do tempo de vida do objeto excluído, que por padrão é de 180 dias, a partir do Windows sever 2008 R2. Dentro do tempo de "vida" do objeto excluído, você pode recuperar um objeto excluído com a Lixeira do Active Directory, tornando-o um objeto do Active Directory ativo novamente.

Quando passa para o estado de objeto **reciclado** a maioria dos seus atributos é removida, mas ele ainda permanece no contêiner objetos **Excluídos** durante a **Tombstone Lifetime** (Duração da Exclusão da Lápide), 180 dias por padrão e quando essa duração expira, um processo chamado **Garbage Collection** (Coleta de Lixo), executado a cada 12 horas por padrão, o exclui fisicamente do banco de dados do AD.

O Centro Administrativo do Active Directory não mostra objetos reciclados nem é possível recuperá-los pela Lixeira do Active Directory. Este comportamento passou a acontecer no Windows Server 2008 R2.

6.1.4.3.3 Ativando a Lixeira do Active Directory usando o Centro Administrativo do Active Directory

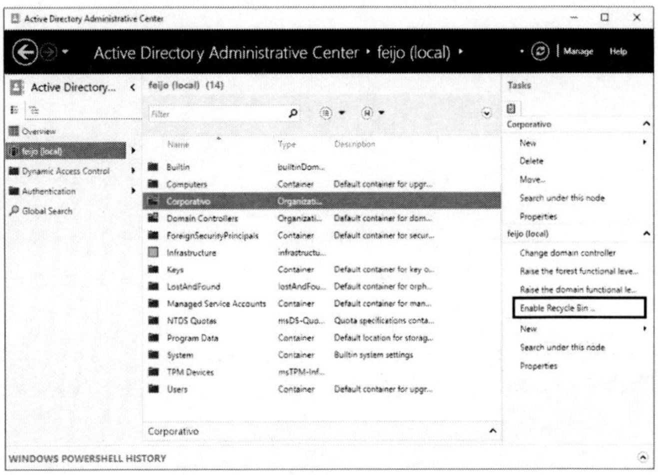

Para habilitar a Lixeira do Active Directory, abra o Centro Administrativo do Active Directory e clique no nome da sua floresta no painel de navegação. No painel **Task** (Tarefas), clique em **Enable Recycle Bin** (Ativar Lixeira).

Para ativar a Lixeira do AD no Centro Administrativo do Active Directory (ADAC), via *PowerShell*, digite o seguinte comando:

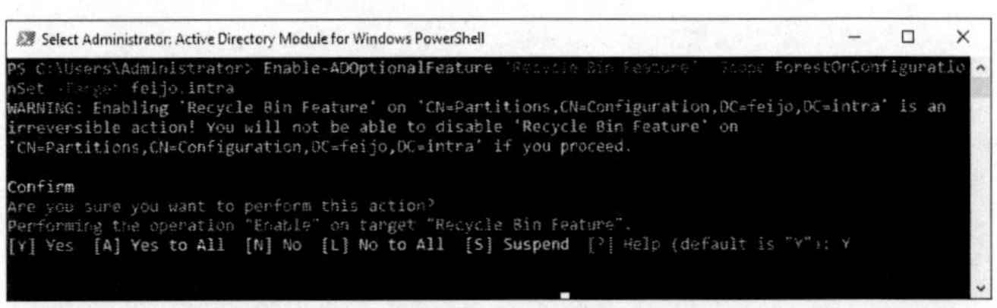

Enable-ADOptionalFeature 'Recycle Bin Feature' –Scope ForestOrConfigurationSet –Target <your forest root domain name>

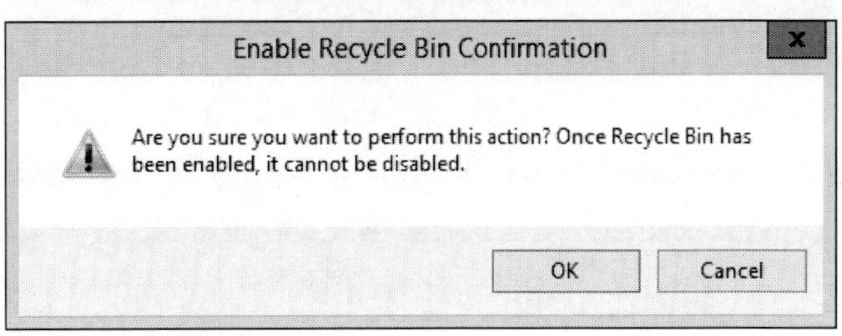

O Centro Administrativo do Active Directory mostra a caixa de diálogo **Enable Recycle Bin Confirmation** (Ativar confirmação da lixeira). Este diálogo avisa que ativar a lixeira é irreversível. Clique em **OK** para ativar a Lixeira do Active Directory:

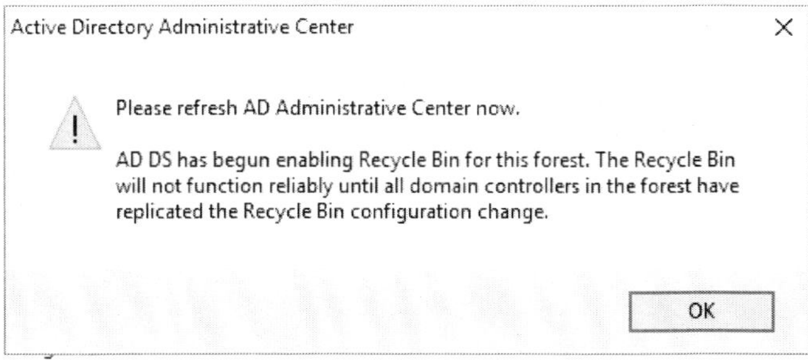

A Central Administrativa do Active Directory mostra outra caixa de diálogo para informar que a Lixeira do Active Directory não está totalmente funcional até que todos os controladores de domínio repliquem a alteração da configuração.

6.1.4.3.4 Restaurando um objeto

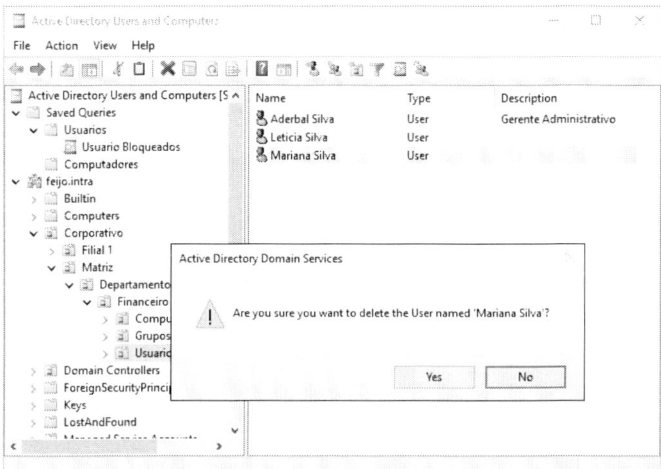

1. Deletando um objeto usuário no ADUC

Verificando o status de exclusão do usuário, no PowerShell:

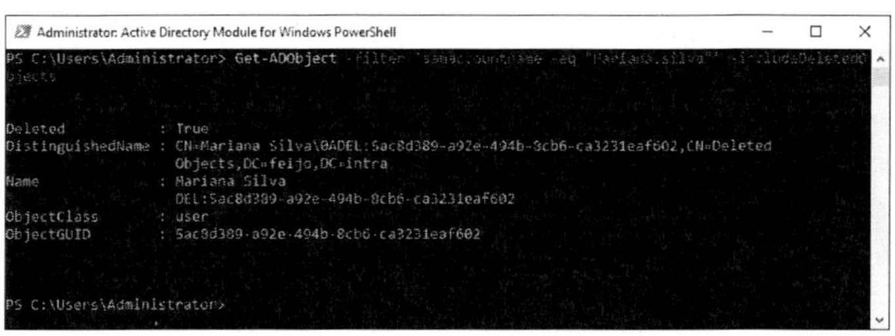

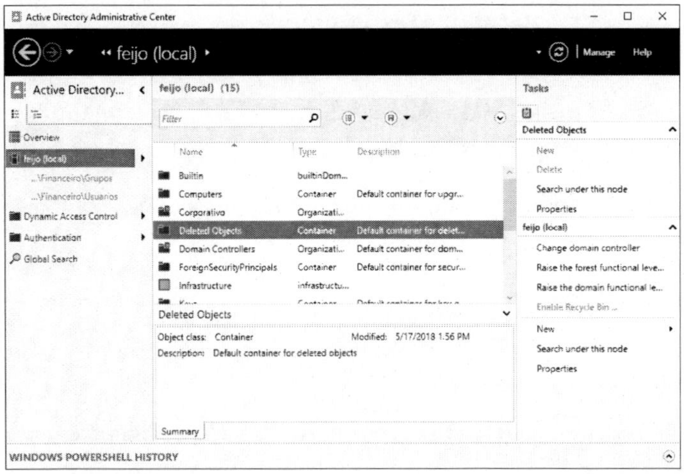

No Centro de administração do Active Directory, vamos identificar o container **Deleted Objects**:

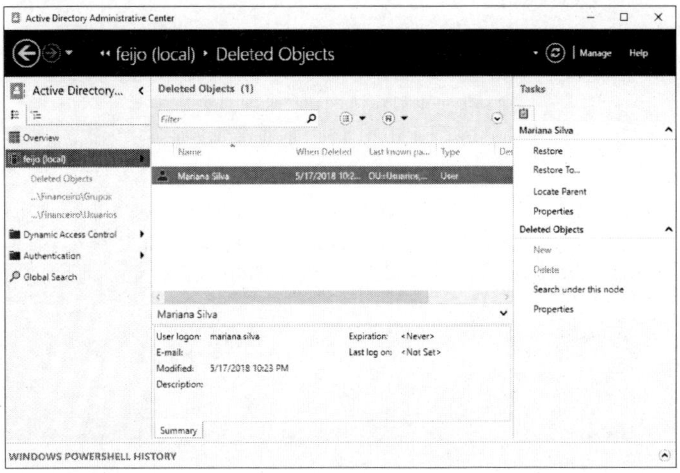

Já dentro do container **Deleted objects**, podemos visualizar os usuários que estão na lixeira do Active directory:

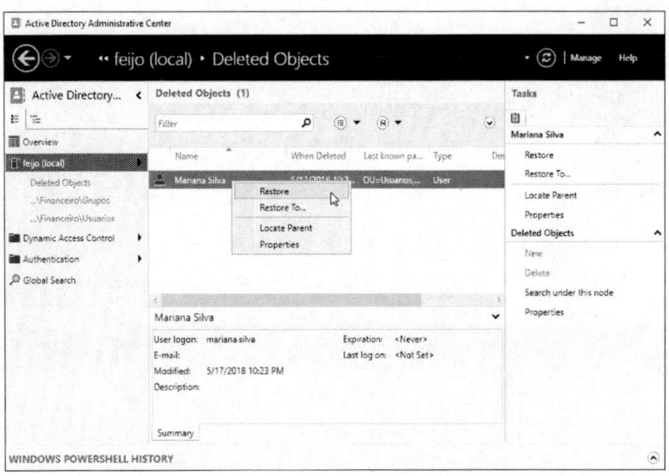

Ao clicar com o botão direito no objeto excluído, há quatro opções para selecionar, como podemos visualizar na janela abaixo:

- **Restaurar** – restaure o objeto ao seu local original;
- **Restaurar para** – Restaurar para um novo local;

- **Localizar pai** – mostra onde o objeto existia antes da exclusão;
- **Propriedades** – propriedades do objeto, nome, classe de objeto e USN.

Capítulo 7

Active Directory e DNS

O Domain Name System – DNS (Sistema de Nomes de Domínio) é um sistema para nomear computadores e serviços de rede que é organizado em uma hierarquia de domínios. A nomeação de DNS é usada em redes TCP / IP, para localizar serviços e computadores com nomes amigáveis. Quando um usuário digita um nome DNS em um aplicativo, os serviços DNS podem resolver o nome para outras informações associadas ao nome, como um endereço IP.

O DNS é o serviço de resolução de nomes padrão usado em uma rede Microsoft. Ele fornece serviços de nomes de domínio e o banco de dados DNS pode ser integrado ao Active Directory ou armazenado em um banco de dados externo.

A seguir estão os três principais componentes do DNS:

- **Espaço de nome de domínio** e **registros de recursos associados** (RRs). Um banco de dados distribuído de informações relacionadas ao nome.

- **Servidores de nomes DNS.** Servidores que mantêm o espaço de nome de domínio e os RRs que respondem às consultas de clientes DNS.

- **Resolvedores de DNS.** O recurso dentro de um cliente DNS que entra em contato com servidores de nomes DNS e emite consultas de nomes para obter informações de registros de recursos.

7.1 Fundamentos do DNS

O DNS, por ser um padrão de resolução de nome, inclusive desde o início da internet, é vastamente documentado e possui inúmeros conceitos importantes que estabelecem a forma de funcionamento do serviço. Destes conceitos, vamos detalhar aqueles considerados fundamentais para o Active Directory:

7.1.1 Zonas DNS

Cada servidor DNS tem pelo menos uma zona DNS. Uma zona DNS é uma parte contígua do espaço de nome de domínio DNS, o que significa que é uma parte de um espaço para nome e não um domínio.

7.1.2 Registros de Recursos – RR

Registros de recursos DNS são o conteúdo do arquivo de zona DNS. O arquivo de zona contém mapeamentos entre nomes de domínio e endereços IP na forma de registros de texto.

Os tipos comuns de registros de recursos DNS são listados na tabela a seguir.

Tipo de Registro	Nome	Descrição
A	Registro de endereço	O registro A significa o registro de endereço. Ele mapeia um nome de um host para um endereço IP para que o resolvedor possa solicitar o endereço IP correspondente.
CNAME	Registro Alias	O CNAME representa o nome canônico, um "apelido", uma referência a outro registro.
MX	Registro E-mail	O registro MX representa o registro de troca de mensagens. O registro de recurso de troca de mensagens (MX) especifica um servidor de troca de mensagens para um nome de domínio DNS. Um servidor de troca de mensagens é um host que processará ou encaminhará mensagens para o nome de domínio DNS. Somente servidores de troca de mensagens usam registros MX.
NS	Registro de Servidor de Nome	O registro NS significa registro de servidor de nomes. Isso mostra os servidores oficiais da zona. Eles indicam servidores primários e secundários para a zona especificada no registro SOA. As zonas podem conter muitos registros NS, mas devem conter pelo menos um registro NS para uma zona DNS.
PTR	Registro Reverso	O registro PTR representa o registro do ponteiro. Funciona reversamente como o registro A. Ele mapeia um endereço IP para um nome de host.

SOA	Start of Authority	Cada arquivo de zona terá um registro SOA. Ele estará presente no início da zona. O SOA significa Start of Authority. Normalmente, esse tipo de registro contém informações sobre a própria zona e sobre outros registros. Cada zona terá apenas um registro SOA.
SRV	Registro de Serviço	Os registros de recursos de serviço (SRV) permitem que você especifique o local dos servidores para um serviço, protocolo e domínio DNS específicos.

7.1.3 DNS dinâmico

Endereços IP internos normalmente não são estáticos, pois geralmente são atribuídos por um servidor DHCP.

Em grandes redes corporativas que usam seus próprios servidores DNS e DHCP internos, era necessário manter os servidores DNS atualizados. O DNS dinânimo foi introduzido para resolver este problema.

O procedimento básico é:

1. A máquina obtém o endereço IP do DHCP
2. A máquina ou o servidor DHCP contata o servidor DNS e atualiza o registro DNS com o endereço IP e o nome DNS.

É importante destacar que o DNS suporta atualizações dinâmicas seguras, o que estabelece um nível a mais de segurança, permitindo que os administradores impeçam que computadores não autorizados substituam nomes existentes no DNS.

Os Serviços de Domínio Active Directory (AD DS) usam o DNS como mecanismo de localização do controlador de domínio. Quando qualquer uma das operações principais do Active Directory é executada, como autenticação, atualização ou pesquisa, os computadores usam o DNS para localizar os controladores de domínio do Active Directory. Além disso, os controladores de domínio usam o DNS para se localizar.

O Active Directory usa convenções de nomenclatura de domínio DNS na arquitetura de domínios do Active Directory.

Existem três componentes na dependência do Active Directory no DNS:

- **Domain controller locator – Locator** (Localizador do controlador de domínio)
- **Active Directory domain names in DNS** (Nomes de domínio do Active Directory no DNS)
- **Active Directory DNS objects** (Objetos DNS do Active Directory)

7.1.4 Localizador do controlador de domínio

Usar um processo de localização de controlador de domínio eficiente e confiável é importante para sistemas e aplicativos integrados ao Active directory, a fim de evitar lentidão ao processar operações relacionadas ao serviço de diretório e manter a alta disponibilidade.

Ter um processo eficiente de localização do Controlador de Domínio é importante porque:

- Os sites geralmente são vinculados por conexões de rede lentas, o que pode causar lentidão na comunicação entre sites com o Active Directory;

- Minimiza os impactos quando um controlador de domínio não está disponível;

- Reduz o tráfego de rede desnecessário entre sites, localizando o Controlador de Domínio mais próximo.

7.1.4.1 Como funciona o processo DC Locator

O processo do **DC Locator** é utilizado para localizar o Controlador de Domínio mais próximo disponível em um Domínio do Active Directory. É importante destacar que o **DC Locator** depende da configuração do DNS e da configuração de **sites** e **sub-redes** do Active Directory para fazer a identificação. Quando um computador Windows integrado ao Active Directory é iniciado, o processo para localizar o Controlador de Domínio mais próximo tem as seguintes etapas:

- O computador Windows envia uma consulta DNS para solicitar a resolução de DNS dos registros SRV **_ldap._tcp.dc._msdcs.domain.com** (_ldap._tcp.dc._msdcs.feijo.intra)

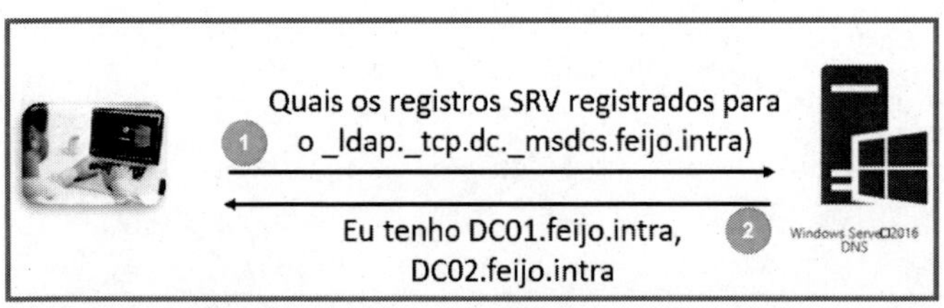

- Ao receber a lista de registros SRV, o computador Windows seleciona um de acordo com a prioridade e o peso atribuídos aos registros. Em seguida, ele consultará o servidor DNS para obter o endereço IP do controlador de domínio selecionado.

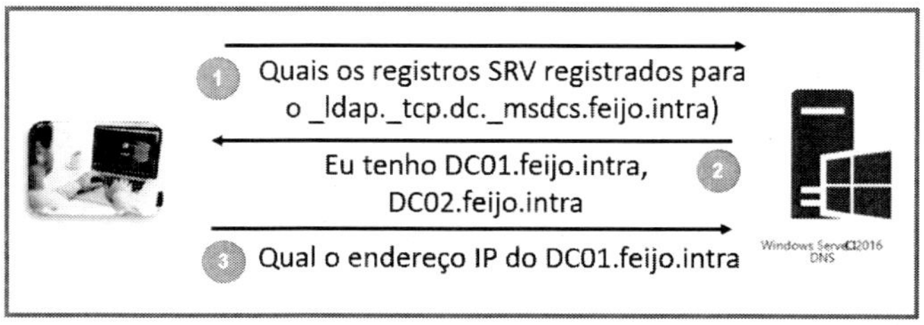

- Na sequência, o servidor DNS verifica o registro A do controlador de domínio e responde com o endereço IP

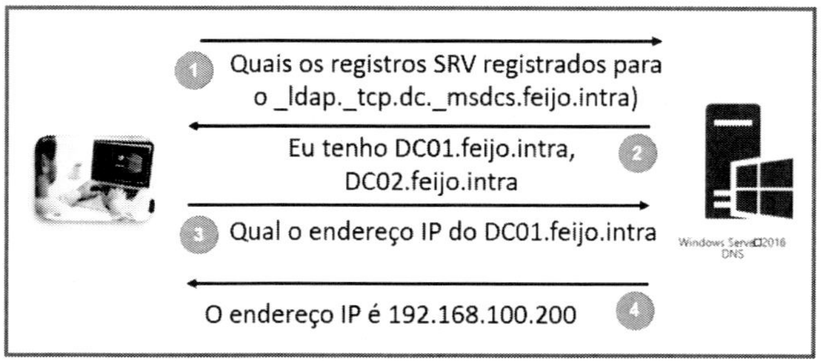

- O computador Windows entra em contato com o controlador de domínio selecionado e inicia a comunicação com ele:

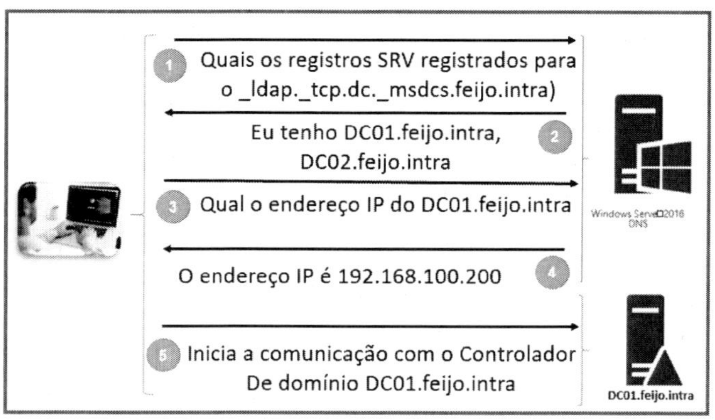

Após a etapa 5, descrita na ilustração anterior, quando o cliente estabelece a comunicação para obter acesso ao Active Directory, o controlador de domínio contactado compara o endereço IP do computador cliente com os sites e sub-redes configurados pelo Active Directory, se o cliente estiver se comunicando com um controlador de domínio que não esteja no seu site, considerado o site ideal, o Controlador do Domínio retornará o nome do site do cliente. O cliente, então, executa novamente uma pesquisa de DNS específica do site com o novo nome de site ideal. Uma outra ação que acontece dentro desse processo é o armazenamento em cache do controlador de domínio conectado, por parte do cliente. Se o controlador de domínio não estiver no site ideal, o cliente libera o **cache** após **15 (quinze) minutos** e descarta a entrada do cache.

Outra informação importante sobre o serviço de localizador de DC, é que ele foi redesenhado no Windows Server 2008 para incluir um novo mecanismo. O objetivo das mudanças foi resolver um problema relacionado com um evento conhecido como **Domain Controller Stickiness** (Aderência do Controlador de domínio), que impedia que os clientes do Active Directory estivessem conectados ao melhor controlador de domínio possível.

Para entender a causa desse problema, precisamos entender uma característica importante do processo, que é quando um computador cliente encontra um controlador de domínio preferencial, nesse momento, o nome desse controlador de domínio é armazenado no cache do **DC Locator** e fica com esse controlador de domínio, a menos que o controlador de domínio pare de responder em função de uma interrupção de energia ou aconteça uma falha de rede, por exemplo. Nessa situação, os clientes que estavam conectados a ele buscarão outro controlador de domínio para transferir suas conexões. O problema ocorre quando o controlador de domínio preferencial fica on-line novamente, as conexões dos clientes que foram para outro controlador, em função da parada, não retorna para o controlador preferencial recuperado, isso ocorre porque os computadores clientes não se atualizam para verificar se o controlador de domínio está de volta. Isso pode causar problemas de balanceamento de carga.

Com o redesenho ocorrido, através de diretiva de grupo para computadores clientes, foi implementado um tipo de timer, que ao zerar o tempo definido, força o cliente a realizar uma nova descoberta do Controlador de Domínio via DNS. A Política de Grupo é denominada **Forçar Intervalo de Rediscovery** e não está configurada por padrão. Ao ativá-la, o valor padrão será alterado para 43200 segundos (12 horas).

7.1.4.2 Nomes de domínio do Active Directory e DNS

Os dois tipos de nomes: **DNS** e **NetBIOS**, são os dois tipos de nomes que os domínios do Active Directory possuem. Os nomes DNS incluem duas partes, um prefixo e um sufixo. É comum que o prefixo DNS seja o mesmo nome dado ao nome NetBIOS do domínio.

O domínio raiz da floresta do Active Directory também é o nome da floresta do Active Directory. O nome da raiz da floresta é um nome DNS que consiste em um prefixo e um sufixo na forma **prefix.suffix**.

A partir do Windows Server 2008 R2, o Assistente de Instalação do Active Directory não permite a criação de novos domínios com nomes de rótulo único, a exigência é pelo uso do nome de domínio totalmente qualificado.

7.2 Estrutura física de DNS para o Active Directory

As zonas DNS e os registros de recursos são componentes do DNS que dão suporte ao Active Directory. Apesar das zonas padrões do DNS, que são armazenadas em arquivos, as **zonas DNS integradas ao Active directory** são as estruturas mais utilizadas para armazenar as informações do serviço de diretório. Outro componente fundamental para o Active directory é o protocolo de atualização dinâmica do DNS, que torna o registro DNS do controlador de domínio automático.

Estrutura física de DNS no suporte de componentes do Active Directory:

Active Directory/DNS Physical Structure Component	**Descrição**
Servidor DNS	O servidor DNS usado para oferecer suporte ao Active Directory deve oferecer suporte ao registro de recurso SRV e, idealmente, ao protocolo de atualização dinâmica do DNS.
Subdomínio DNS (_**msdcs**)	O subdomínio específico da Microsoft permite a localização de controladores de domínio com funções específicas no domínio ou na floresta do Active Directory. Registros de recursos para o domínio raiz do DNS de uma nova floresta do Active Directory são armazenados em uma zona _**msdcs** em vez de um subdomínio e essa zona é armazenada na partição de diretório de aplicativos de toda a floresta.
Registros de recurso SRV do controlador de domínio registrados no DNS	Existem vários registros de recursos de DNS SRV registrados em nome dos controladores de domínio.
Partições de diretório de aplicativos DNS	Desde o Windows Server 2003, as zonas DNS integradas ao Active Directory podem ser armazenadas nas partições de diretório de aplicativos do Active Directory. Por padrão, o domínio raiz do DNS de uma nova floresta do Active Directory é armazenado na partição de diretório de aplicativos do domínio para o domínio raiz da floresta.

Como vimos nos tópicos anteriores, os computadores na rede conseguem os endereços IP de Controladores de domínio, através de um mecanismo de localização que usa o DNS. Os registros envolvidos nesse processo, os registros de recursos de serviço (SRV) e endereço (A) são dinamicamente registrados no DNS, e criados durante a instalação do Active directory. Ambos os tipos de registros são necessários para a funcionalidade do mecanismo do localizador do controlador de domínio (DC Locator).

A estrutura mínima, que um servidor DNS, deve possuir, para suportar o Active directory, são os registros de recursos SRV, visto que as inclusões destes registros podem ser realizadas de forma manual.

Após a instalação do Active Directory, esses registros podem ser encontrados no controlador de domínio no seguinte local: **systemroot\System32\Config\Netlogon.dns.**

7.2.1 Subdomínio _msdcs

O nome **_msdcs** é reservado para localizar controladores de domínio e servidores Kerberos.

Esse subdomínio específico da Microsoft permite a localização de controladores de domínio. Para acomodar a localização de controladores de domínio por tipo de servidor ou por GUID (DcType), os controladores de domínio baseados no Windows Server 2003 e posteriores registram registros SRV no seguinte formato:

_Service._Protocol.DcType. ** _ msdcs. ** DnsDomainName

Para facilitar a localização de controladores de domínio, o serviço **Net Logon** registra registros SRV que identificam as siglas usadas para identificar o tipo de servidor:

- dc (Controlador de domínio),
- gc (Catálogo global),
- pdc (Controlador de domínio primário) e
- domínios (Globally unique identifier, ou GUID)

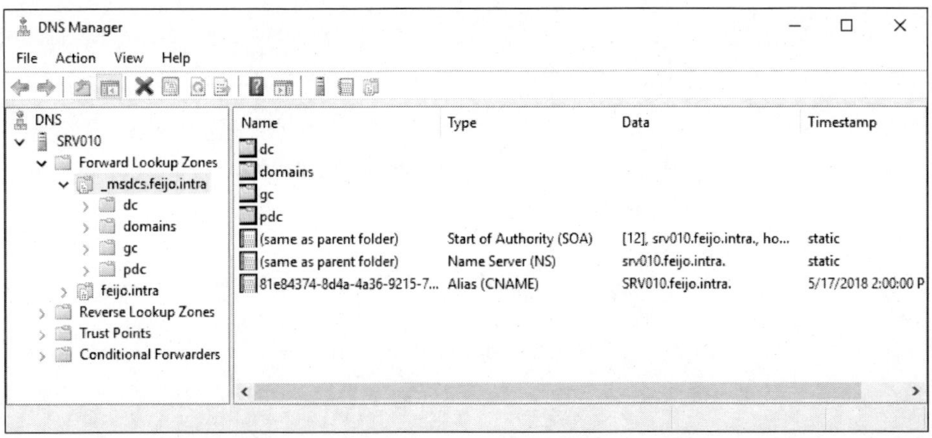

Fig. 31 – Visualização do subdomínio _msdcs

7.2.2 Registros SRV registrados pelo Net Logon

A tabela a seguir traz a relação dos registros SRV registrados e suas respectivas descrições. As descrições contêm as verificações executadas pelo Net Logon no momento dos registros.

Na tabela o prefixo **DnsDomainName** refere-se ao nome de domínio DNS. Já **DnsForestName** refere-se ao nome de domínio DNS do domínio raiz da floresta.

Registros de Recursos SRV	Descrição
_ldap._tcp.DnsDomainName.	É através desse registro que um cliente localiza um servidor que esteja executando o serviço LDAP no domínio chamado **DnsDomainName**. O servidor não é necessariamente um controlador de domínio – ou seja, a única suposição que pode ser feita sobre o servidor é que ele suporta a interface de programação de aplicativos (API) do LDAP. Os controladores de domínio registram esse registro SRV.
_ldap._tcp.SiteName. _sites.DnsDomainName.	Permite que um cliente localize um servidor que esteja executando o serviço LDAP no domínio chamado **DnsDomainName** no site chamado **SiteName**. Os controladores de domínio registram esse registro SRV.
_ldap._tcp.dc._msdcs.DnsDomainName.	Através desse registro um cliente pode localizar um controlador de domínio (DC) do domínio chamado **DnsDomainName**. Os controladores de domínio registram esse registro SRV.
_ldap._tcp.SiteName. _sites.dc._msdcs.DnsDomainName.	Permite que um cliente localize um controlador de domínio para o domínio chamado **DnsDomainName** e no site chamado **SiteName.** Os controladores de domínio registram esse registro SRV.
_ldap._tcp.pdc._msdcs.DnsDomainName.	Permite a um cliente localizar o servidor que está atuando como o controlador de domínio primário (PDC) no domínio chamado **DnsDomainName**. Apenas o controlador de domínio que possui a função de mestre emulador de PDC do domínio registra esse registro SRV.
_ldap._tcp.gc._msdcs.DnsForestName.	Através desse registro DNS, clientes conseguem localizar um servidor de catálogo global (gc) para essa floresta. Somente os controladores de domínio que estão funcionando como servidores gc para a floresta denominada em **DnsForestName** registram esse registro SRV.
_ldap._tcp.SiteName. _sites.gc._msdcs.DnsForestName.	Através desse registro DNS, clientes conseguem localizar um servidor de catálogo global (gc) para essa floresta, no site chamado em **SiteName.** Somente os controladores de domínio que estão servindo como servidores **gc** para a floresta denominada em **DnsForestName** registram esse registro SRV.

_ldap._tcp.DomainGuid. domains._msdcs.DnsForestName.	Permite que um cliente localize um controlador de domínio em um domínio com base em seu **GUID.** Os controladores de domínio registram esse registro SRV.
_kerberos._tcp.DnsDomainName.	Permite que um cliente localize um servidor que esteja executando o serviço Kerberos KDC para o domínio denominado em **DnsDomainName**.
_kerberos._udp.DnsDomainName.	O mesmo que _kerberos._tcp.DnsDomainName, exceto que o UDP está implícito.
_kerberos._tcp.SiteName. _sites.DnsDomainName.	Permite que um cliente localize um servidor que esteja executando o serviço Kerberos KDC para o domínio chamado DnsDomainName e também esteja no site chamado SiteName.
_kerberos._tcp.dc._msdcs.DnsDomainName.	Permite que um cliente localize um controlador de domínio que esteja executando a implementação do serviço Kerberos KDC para o domínio denominado em DnsDomainName.
_kerberos.tcp.SiteName. _sites.dc._msdcs.DnsDomainName.	Permite que um cliente localize um controlador de domínio que esteja executando a implementação do serviço Kerberos KDC para o domínio chamado DnsDomainName e que também esteja no site chamado SiteName.
_kpasswd._tcp.DnsDomainName.	Permite que um cliente localize um servidor de alteração de senha do Kerberos para o domínio. Todos os servidores que fornecem o serviço Kerberos Password Change registram esse nome.
_kpasswd._udp.DnsDomainName.	O mesmo que _kpasswd._tcp.DnsDomainName, exceto que o UDP está implícito.

As informações a seguir também estão incluídas em um registro SRV:

- **Prioridade**

A prioridade do servidor. Os clientes tentam entrar em contato com o servidor com a prioridade mais baixa.

- **Peso**

Um mecanismo de balanceamento de carga que é usado ao selecionar um host de destino daqueles que têm a mesma prioridade. Os clientes escolhem aleatoriamente registros SRV que especificam os hosts alvos a serem contatados, com probabilidade proporcional ao peso.

- **Número da Porta**

A porta em que o servidor está escutando este serviço.

- **Host**

O nome de domínio totalmente qualificado do computador host.

Exemplo de registro SRV, com a informações:

ldap._tcp.dc._msdcs.feijo.intra SRV 0 0 389 dc01.feijo.intra

7.3 Zonas do DNS

7.3.1 Start of Authority – SOA

Antes de detalharmos as zonas DNS, é importante destarcarmos o registro **Start of Authority – SOA** (Início de autoridade), ele possui informações autoritativas sobre uma zona DNS. Há apenas um registro SOA na zona DNS do domínio. Registros SOA são definidos no IETF RFC 1035, Nomes de Domínio – Implementação e Especificação.

O objetivo do registro SOA é:

- Estabelecer o controle de por quanto tempo os servidores secundários mantêm o arquivo de zona ativo quando o servidor principal não pode ser contatado;
- Identificar o servidor DNS autoritativo para todas as informações no domínio;
- Estabelecer o controle sobre a frequência com que servidores secundários verificam se há alterações no arquivo de zona;
- Estabelecer o controle de por quanto tempo uma resposta negativa é armazenada em cache por um resolvedor de DNS (mas para alguns servidores DNS, também é por quanto tempo um resolvedor de DNS deve armazenar em cache qualquer resposta).

O registro **SOA** armazena as seguintes informações:

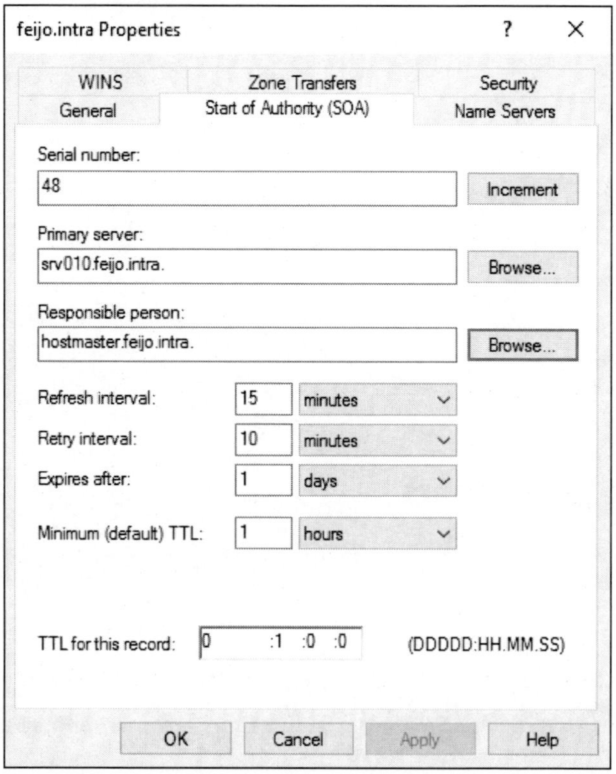

Fig. 32 – Imagem da janela do registro SOA de uma zona DNS

- **Serial number**

O número de série **SOA** é usado como um número de versão para a zona DNS. Para que todos os servidores de nomes estejam atualizados com a versão atual da zona, eles devem ter o mesmo número de série **SOA**.

- **Primary server**

O nome do servidor que forneceu os dados para a zona.

- **Responsible person**

O administrador da zona.

- **Refresh interval**

Define o tempo que um servidor de nomes secundário deve aguardar para verificar uma nova cópia de uma zona DNS do servidor de nomes principal do domínio. Se um arquivo de zona foi alterado, o servidor DNS secundário atualizará sua cópia da zona para corresponder à zona do servidor DNS primário.

- **Retry interval**

Define o tempo, que o servidor de nomes principal de um domínio deve aguardar para fazer uma nova tentativa de atualização de um servidor de nomes secundário, após a última tentativa ter falhado.

- **Expires after**

O tempo máximo que um servidor de nomes secundário pode usar dados, sem se comunicar com o servidor de nomes principal. Se nesse tempo, estabelecido nesse item, não houver comunicação com o servidor de nomes principal os registros armazenados no servidor secundário expiram, e não podem ser mais utilizados.

- **Minimum (default) TTL**

Esse é o valor que determina por quanto tempo os registros dessa zona podem ser colocados em cache por outros servidores DNS recursivos.

- **TTL fo this record**

O intervalo no qual o próprio registro SOA é atualizado.

7.3.2 Zona Primária

A **zona primária** é a única zona que pode ser editada, ou seja, é uma cópia de leitura/ gravação do banco de dados do DNS. Isso significa que sempre que um novo registro DNS é adicionado ao banco de dados DNS, seja automaticamente pelos clientes DNS ou manualmente pelos administradores, ele é realmente gravado na zona primária do servidor DNS. Um servidor DNS pode ter apenas uma zona DNS primária.

A zona primária é hospedada no servidor DNS primário que é responsável pela leitura de dados relacionados à zona do domínio. Além disso, também é responsável pela comunicação com o servidor secundário. O processo de um servidor DNS principal se comunicar com o servidor DNS secundário é denominado **transferência de zona.**

Um servidor DNS é autoritativo para os registros que estão armazenados em sua zona primária. Isso significa que, se o servidor DNS receber uma consulta de resolução de nomes que inclua o nome de domínio na zona primária, o servidor DNS não encaminhará essa consulta de resolução de nomes a nenhum outro servidor DNS, ele mesmo responderá a consulta com uma resposta definitiva (sim ou não).

No caso das Zonas primárias, o servidor DNS armazena a cópia mestra dos dados da zona em um arquivo de texto ou no banco de dados do Active Directory, se o DNS estiver instalado em um controlador de domínio. Se um arquivo local é usado, o arquivo é nomeado com o mesmo nome da zona usando uma extensão .dns com o formato **zone_name.dns**. O arquivo de zona é salvo, por padrão, na pasta **% windir% \ system32 \ dns.**

Quando um arquivo é usado, o servidor DNS primário é o único que tem uma cópia gravável do banco de dados.

7.3.3 Zona Secundária

Uma zona secundária é somente leitura e não pode ser editada. Ela contém uma cópia dos dados do DNS copiados da zona primária do servidor DNS mestre. Além disso, ela atua como um servidor de backup para o servidor principal, fornecendo tolerância a falhas e balanceamento de carga.

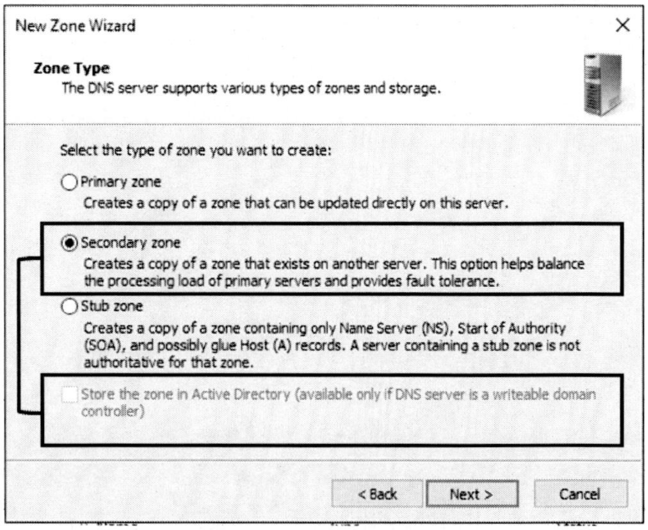

Outro aspecto a destacar é que as zonas secundárias não podem ser integradas ao Active directory. Podemos verificar na janela **New Zone Wizard**, apresentada a seguir, que ao selecionar **Secondary zone** (Zona secundária), não fica disponível a opção de integrar ao Active directory:

Uma zona secundária é uma cópia de uma zona primária que outro servidor DNS hospeda. As informações na zona secundária são obtidas e atualizadas por meio de transferências de zona de outro servidor.

Um servidor DNS é autoritativo para os registros que ele mantém em uma zona secundária. Um arquivo de texto somente leitura é usado para armazenar as informações localmente.

Fig. 33 – Propriedade da Zona Secundária, destacando o arquivo de armazenamento

7.3.4 Zona Integrada ao *Active Directory*

Uma zona integrada ao *Active Directory* é uma zona DNS primária que é armazenada no *Active Directory* e, em função disso, consegue desfrutar de uma série de benefícios, tais como: usar **replicação multimestre** e **recursos**

de segurança. Assim como a zona primária, também é uma zona autoritativa na qual todos os dados da zona são armazenados no *Active Directory*.

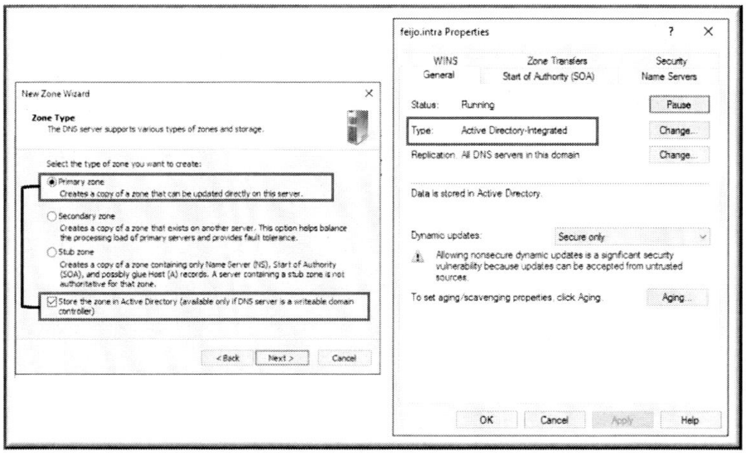

Fig. 51 – Opções de criação e propriedades das zonas integradas ao AD

As zonas integradas ao *Active Directory* podem ser configuradas somente em controladores de domínio que também são servidores DNS.

A integração do DNS com o *Active Directory* produz os seguintes benefícios adicionais:

- **Topologia de replicação**. Não há necessidade de utilização da topologia de replicação do DNS, como acontece nas zonas primárias e secundárias. Com as zonas integradas do *Active Directory*, os dados do DNS são transferidos automaticamente como parte da replicação do *Active Directory*. Em função disso, a replicação é mais segura, toda a replicação do *Active Directory*, e muito mais rápida, já que na replicação do *Active Directory* apenas as alterações que se aplicam a determinadas zonas são replicadas. Como apenas as informações relevantes devem ser replicadas, o tempo necessário para transferir dados entre as zonas é bastante reduzido.

- **Redundância.** Com vários controladores de domínio que estejam utilizando a zona integrada do DNS, o ambiente passa a não ter um único ponto de falha. Cada controlador de domínio possui uma cópia de leitura e gravação da zona DNS, que permite que quaisquer alterações ou atualização automática realizada em qualquer controlador de domínio sejam replicadas.

- **Sincronização automática.** As zonas integradas ao *Active Directory* são replicadas, sincronizadas e armazenadas, de forma automática, nos novos controladores de domínio, mesmo que este DC não seja usado para hospedar o serviço DNS.

- **Atualizações dinâmicas seguras**. Apenas nas zonas DNS integradas ao *Active Directory* podem ser configuradas para atualizações dinâmicas seguras. Com isso podemos definir permissões na zona para permitir que somente computadores autorizados se registrem no banco de dados do DNS.

Uma característica interessante, associada ao uso das zonas integradas ao *Active Directory*, é que como cada controlador de domínio pode escrever na zona DNS, aquele Controlador de Domínio que faz a mudança torna-se o SOA naquele momento, até que outro Controlador faça uma alteração na zona, e se torne o SOA, e assim sucessivamente.

Uma zona integrada do *Active directory* pode ser configurada para permitir uma zona do tipo: integrada do *Active Directory*, pode ser configurada para permitir *transferências de zonas* para zonas do DNS do tipo secundário.

7.3.4.1 Mecanismo de replicação

Existem dados que são replicados apenas dentro do domínio, enquanto outros na floresta inteira, para isso o mecanismo de replicação cria duas partições de aplicação automaticamente quando a zona integrada ao *Active Directory* é configurada: **DomainDNSZones** e **ForestDNSZones**. Os dados de zona armazenados em **DomainDNSZones** são replicados para todos os servidores DNS no domínio. Enquanto que os dados da zona DNS armazenados no **ForestDNSZone** são replicados para cada servidor DNS na floresta do *Active Directory*.

Para verificar o que contém **DomainDNSZones** e **ForestDNSZones**, podemos utilizar a ferramenta **ADIEdit**, as etapas executadas no Windows Server 2016, estão listadas a seguir:

1. Clique em **ADSIEDIT** no menu de ferramentas no Gerenciador de Servidores.
2. Clique com o botão direito do mouse em **ADSIEDIT** e clique em conectar-se a.
3. No menu de conexão, clique em selecionar ou digite um nome distinto ou um contexto de nomenclatura.
4. Digite DC = **DomainDNSZones**, DC = <nome_do_domínio>, DC = com (para verificar o tipo de **ForestDNSZones** no lugar de DomainDNSZones)

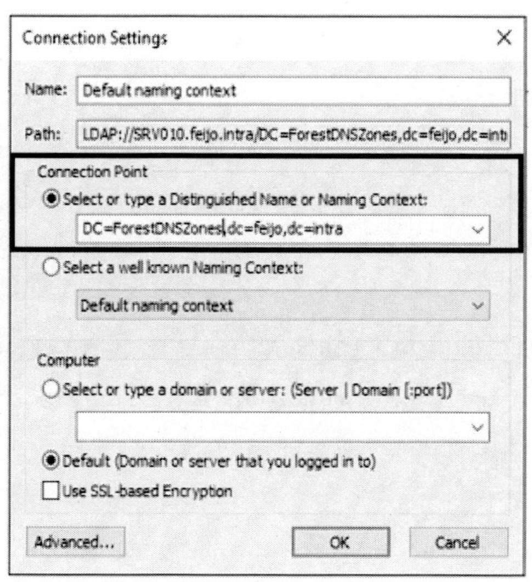

5. Expanda CN = MicrosoftDNS e navegue.

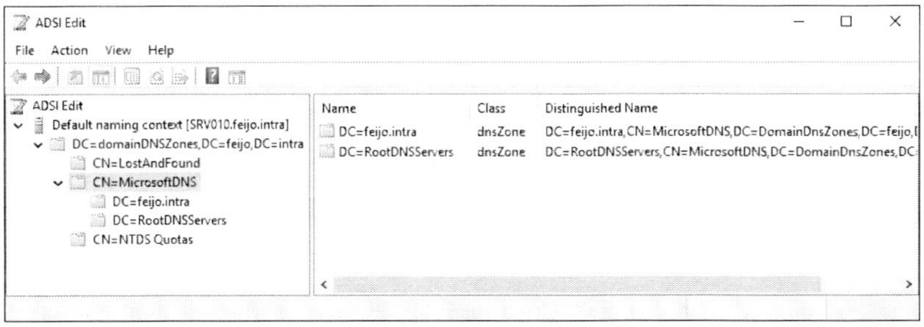

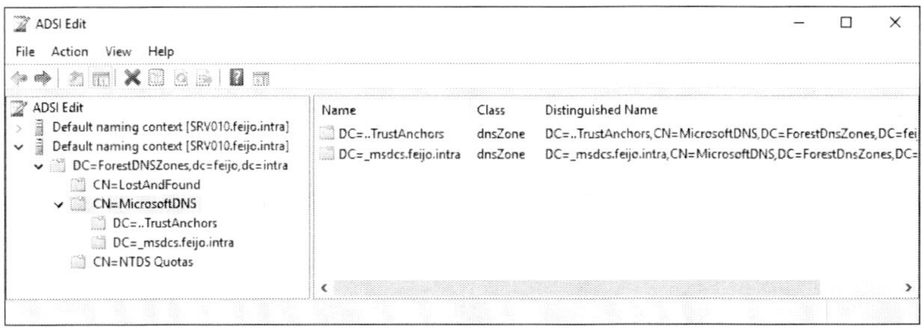

7.3.4.2 Zona de Stub

Stub Zones são um recurso de DNS introduzido no Windows Server 2003. Um **Stub Zones** permite que uma organização resolva nomes para um namespace privado sem o uso de encaminhadores condicionais ou zonas secundárias. As zonas de stub contêm apenas os registros de recursos: **SOA**, **NS** e **A**, necessários para identificar os servidores DNS autoritativos da zona mestre.

Quando uma **zona de stub** é configurada, o servidor DNS que hospeda a **zona Stub** encaminhará a solicitação a uma autoridade de DNS para o namespace de domínio da consulta. É importante destacar a diferença entre as **zonas Stub** e outro recurso do DNS, o **Forward Conditional** (Encaminhamento condicional), que consiste no fato de quando um encaminhamento condicional é configurado, um único servidor DNS é usado para resolver nomes no domínio remoto. Enquanto que uma zona Stub é configurada com uma lista com vários registros NS.

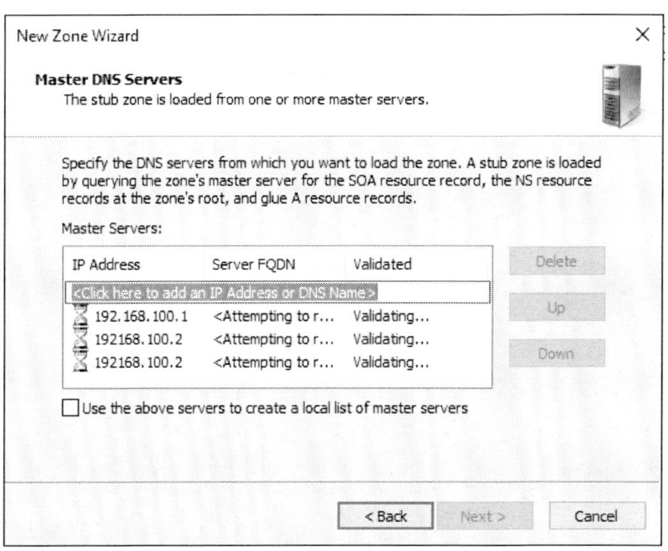

Veja na figura ao lado, quando são especificados os NS da zona Stub:

Vejamos em detalhes o processo utilizado pelo DNS, para preencher a zona Stub:

O servidor da **zona de stub** envia uma consulta DNS baseada em UDP padrão para cada um dos servidores NS presentes na lista da zona de stub. A consulta pede o registro **SOA** da zona. Essa consulta inicial, tem como função verificar a funcionalidade.

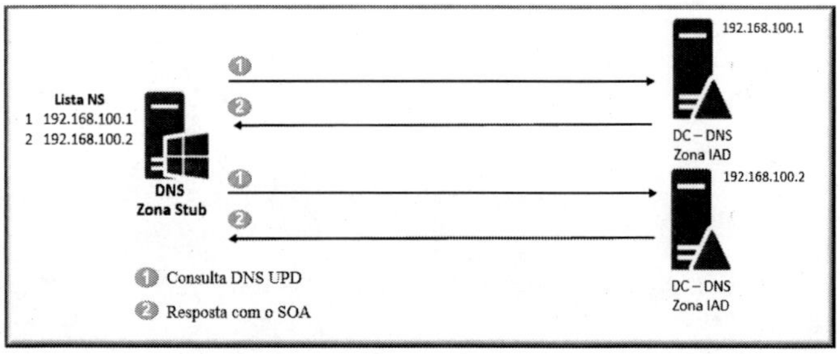

Os servidores que não responderem, não receberam mais nenhuma consulta do servidor da zona de stub.

1. Num cenário em que todos os servidores respondam à solicitação de registro **SOA**. Na sequência, o servidor da zona de stub estabelece uma conexão TCP na porta **53** do servidor DNS, preferencial da zona de stub. Se o servidor da zona de stub for capaz de estabelecer uma conexão DNS baseada em TCP, ele repetirá sua consulta para o registro SOA da região. O servidor responde com outra cópia do registro SOA.

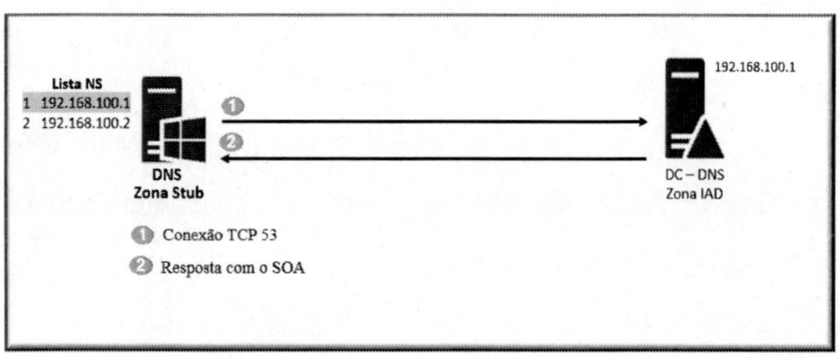

Fique atento para uma situação que pode acontecer, causando problemas no preenchimento da zona stub, é a situação do servidor de origem aceitar consultas DNS baseadas em TCP, já que alguns firewalls esperam que as consultas DNS usem apenas o UDP e não permitirão uma conexão **TCP** pela porta **53**.

2. Na sequência, o servidor da zona de stub, consulta o servidor de origem preferido para quaisquer registros do NS na zona. O servidor responde com todos os registros NS junto com **registros A** para cada servidor.

Um recurso importante relacionado às zonas Stub, é que elas, assim como as zonas primárias podem ser do tipo integradas ao *Active Directory*, e com isso ter os benefícios já relatados dessa integração.

Uma zona de stub não contém registros que possam ser atualizados dinamicamente.

7.3.5 Forward Conditional (Encaminhamento condicional)

Os encaminhadores condicionais são servidores DNS que direcionam as consultas para determinados domínios específicos, conforme o nome do domínio apresentado na consulta. Dessa forma, ao invés de encaminhar todas as consultas recebidas para um determinado Servidor DNS, indiscriminadamente, as consultas serão encaminhadas para determinados servidores DNS, com base no domínio, de quem são autoritativos.

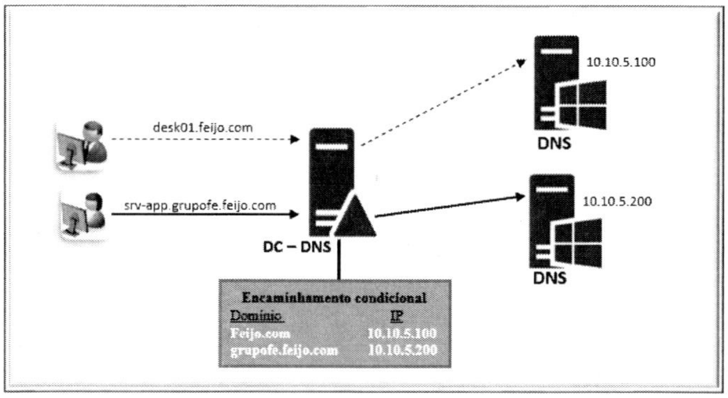

Fig. 34 – Ilustração demonstrando o uso do encaminhamento condicional

Um outro aspecto dos encaminhadores condicionais, é a segurança que pode estabelecer para as operações do DNS, já que eles não precisam ser o SOA e nenhuma informação está sendo transcrita ou compartilhada, o único dado que conhecem é o endereço IP dos servidores DNS que receberam as consultas para determinado domínio.

Foi no Windows Server 2003 que os encaminhadores condicionais foram introduzidos, entretanto, foi apenas com o Windows Server 2008 que a opção de integrá-los ao *Active Directory* ficou disponível.

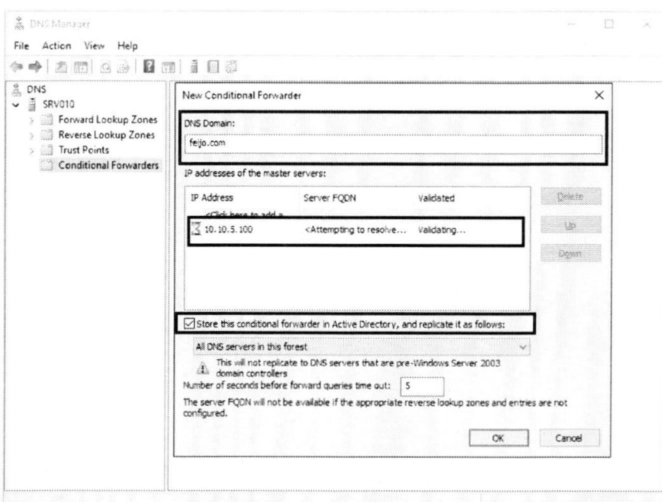

Podemos observar na janela de criação de um novo encaminhador condicional, apresentada a seguir, onde estão destacados os itens: **Nome do domínio, endereço IP do servidor DNS** para qual será enviada as consultas referentes ao domínio informado e a opção de integrar ao *Active Directory*.

Capítulo 8

Políticas de Grupo

Podemos definir os Objetos de Diretiva de Grupo (GPOs) como uma coleção de centenas de configurações específicas de usuários e computadores que podem ser gerenciadas centralmente por um administrador em um ambiente do *Active Directory*.

Os administradores do *Active Directory*, para conseguirem gerenciar de forma eficiente, a imensa gama de objetos do *Active Directory*, dependem muito dos **Group Policy Objetos** (Objetos de Políticas de Grupo). As políticas de grupo existem desde o Windows Server 2000 e uma vez que as versões do Windows Server foram sendo lançadas, podemos acompanhar o quanto as GPOs evoluíram, de forma determinante para permitir a administração centralizada e segura de dispositivos na rede e milhares de usuários e computadores.

Podemos aplicar diretivas de grupo, em todas as plataformas da Microsoft, a partir do Windows 2000, em alguns casos, as restrições de uso dependendo do sistema operacional que está sendo utilizado. Ou seja, algumas diretivas exigem que o cliente esteja utilizando pelo menos o Windows 8, por exemplo, outras são aplicáveis a todos os sistemas operacionais.

Existem atualmente, na plataforma 2019, milhares de diretivas disponíveis, que possibilitam o controle e gerenciamento de usuários, computadores, dispositivos de rede, serviços, aplicações e até do comportamento dos próprios sistemas operacionais. Vejamos algumas configurações possíveis:

- Configurações de segurança, como diretivas de senha e bloqueio;
- Estabelecer para usuários o redirecionamento de pastas;
- As configurações de exibição corretas para a máquina designada;
- Impor restrições de acesso a configurações do Sistema Operacional;

- Definir o **método** pelo qual as atualizações do Windows serão entregues;
- Implantação de softwares;
- Configurações de gerenciamento de energia para dispositivos portáteis;
- Definir restrição de horário de login;
- Limitar uso de dispositivos de gravação.

As políticas de grupos são separadas em dois grandes grupos, diretivas com foco nos Usuários e com foco nos computadores. Podemos gerenciar as configurações de Diretiva de Grupo em um ambiente AD DS por meio do Console de Gerenciamento de Diretiva de Grupo (**GPMC**). As ferramentas de gerenciamento de Diretiva de Grupo também estão incluídas nas Ferramentas de Administração de Servidor Remoto, além disso, no módulo do *Active Directory* do *PowerShell* temos uma série de cmdlets relacionadas às políticas de grupo.

Uma característica importante, do processo de criação de um Objeto de Política de Grupo dentro de um domínio, é que a responsabilidade de criação é do controlador de domínio do *Active Directory* que possui função FSMO PDC Emulator.

Quando um novo objeto de política de grupo é criado, o controlador de domínio com a função de PDC Emulator atribui um GUID que é usado para nomear cada uma das duas partes que compõem um objeto de política de grupo. Isso garante que cada Objeto de Política de Grupo possa ser identificado de maneira exclusiva. Além disso, ajuda a proteger as duas políticas de grupo padrão, a **Default domain Policy** (política de domínio padrão) e a **Default Domain Controller Policy** (política de controladores de domínio padrão). Segem os GUIDs usados pelas duas políticas de grupo padrão:

- Política de Domínio Padrão é sempre {**31B2F340-016D-11D2-945F-00C04FB984F9**}
- Política de Controladores de Domínio Padrão é sempre {**6AC1786C-016F-11D2-945F-00C04fB984F9**}.

8.1 Estrutura e armazenamento das GPOs

É preciso que os administradores do *Active Directory* tenham um conhecimento avançado sobre a estrutura e armazenamento das Políticas de grupo, isso lhe dará um nível de compreensão muito maior do processo e permitirá que entenda com mais clareza o funcionamento e aplicação das GPOs nos diversos cenários em que serão utilizadas.

Os Objetos de Diretiva de Grupo são compostos por duas partes:

- **Group Policy Container – GPC** (Contêiner de Diretiva de Grupo), que existe no *Active Directory*;

- **Group Policy Template – GPT** (Modelo de Diretiva de Grupo), no qual reside o conteúdo real de seus GPOs.

Podemos considerar como um terceiro componente, as **CSEs** (Extensões do Cliente), localizados nos dispositivos clientes.

8.1.1 Group Policy Container (GPC)

O contêiner de diretiva de grupo (GPC) é a parte do GPO que é armazenado no *Active Directory*. Utiliza o formato de subpasta. O GPC tem um conjunto de propriedades do *Active Directory* associadas a ele.

Podemos considerar características da GPC:

- Armazenado no banco de dados do *Active Directory*
- Replicado por meio da replicação normal do *Active Directory*
- Usado para armazenar propósitos relacionados ao GPO
- Identificado com um identificador global exclusivo (GUID)

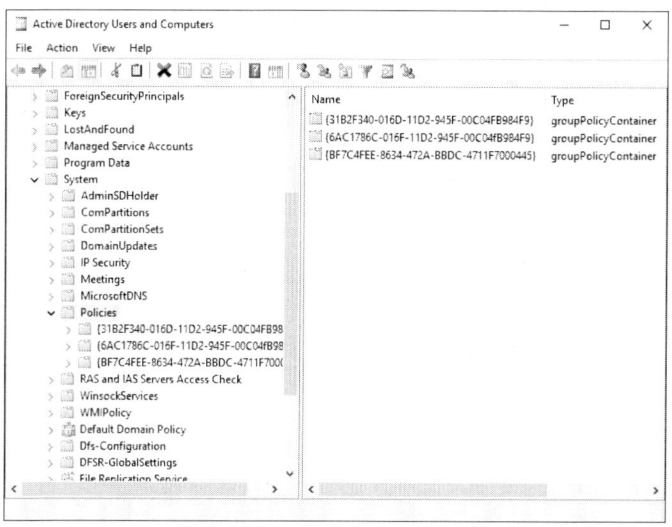

Podemos utilizar a ferramenta Usuários e Computadores do *Active Directory*, para acessar a lista completa de GPCs, localizado no container **System – Policies**:

Durante a criação do GPC, duas pastas principais são criadas: **Machine** e **User**. Que representam as diretivas associadas a computadores e usuários. Por padrão, essas pastas estão vazias. Entretanto, ao ativarmos algumas configurações de políticas, estas pastas passaram a ter conteúdo. Segue a lista de pastas e arquivos associados às políticas que atualizam o GPC.

Client-Side Extension	Estruturas de pastas do GPC
Software Installation	Machine\Class Store\Packages
	User\Class Store\Packages
IP Security	Machine\Microsoft\Windows
Wireless Network (IEEE 802.3) Policies	Machine\Microsoft\Windows\IEEE8023
Wireless Network (IEEE 802.11) Policies	Machine\Microsoft\Windows\Wireless

Podemos ainda utilizar ferramentas LDAP, como **LDP** ou **ADSIEdit**, para visualizar mais detalhes do GPC. Permitindo-nos ver todas as propriedades associadas ao GPC.

Essas propriedades são fundamentais para que o *Active Directory* e a Diretiva de Grupo sejam aplicadas com as configurações apropriadas e apontam para o GPT correto e para qualquer outro local de rede que possa estar configurado no GPO.

A tabela abaixo lista as propriedades padrão associadas ao GPC:

Propriedade	Valor Padrão
adminDescription	<not set>
adminDisplayName	<not set>
cn	(GUID of GPO)
defaultClassStore	<not set>
description	<not set>
displayName	(Name of GPO)
displayNamePrintable	<not set>
distinguishedName	CN={GUID of GPO}
dSASignature	<not set>
dSCorePropagationData	0x0 = ( )
extensionName	<not set>
flags	0
fSMORoleOwner	<not set>
gPCFileSysPath	\\<domainname>\SysVol\<domainname>\Policies
gPCFunctionalityVersion	2
gPCMachineExtensionNames	<not set>
gPCUserExtensionNames	<not set>
gPCWQLFilter	<not set>
instanceType	0x4 = (WRITE)
isCriticalSystemObject	<not set>
isDeleted	<not set>
lastKnownParent	<not set>
mS-DS-ConsistencyChildCount	<not set>

mS-DS-ConsistencyGuid	<not set>
msDS-NcType	<not set>
msDS-ObjectReference	<not set>
Name	(GUID of GPO)
objectCategory	CN=Group-Policy-Container,CN=Schema, CN=Configuration, DC=<domainname>, DC=<domain name extention>
objectClass	Top;container;groupPolicyContainer
objectGUID	GUID of GPO
objectVersion	<not set>
otherWellKnownObjects	<not set>
partialAttributeDeletionList	<not set>
partialAttributeSet	<not set>
proxiedObjectName	<not set>
proxyAddresses	<not set>
replPropertyMetaData	<Octet string table>
replUpToDateVector	<not set>
repsFrom	<not set>
repsTo	<not set>
revision	<not set>
schemaVersion	<not set>
showinAdvancedViewOnly	TRUE
subRefs	<not set>
systemFlags	<not set>
url	<not set>
uSNChanged	Dynamic numeric variable
uSNCreated	Dynamic numeric variable
uSNDSALastObjRemoved	<not set>
USNIntersite	<not set>
uSNLastObjRem	<not set>
uSNSource	<not set>
versionNumber	0
wbemPath	<not set>
wellKnownObjects	<not set>
whenChanged	Date of change
whenCreated	Date of creation
wWWHomePage	<not set>

Se utilizarmos uma ferramenta, como LDP, por exemplo, ao clicar em uma determinada GPO, veremos no painel direito, uma grande quantidade de informações. São exatamente estas informações críticas que as máquinas clientes usam ao processar GPOs. Essas configurações permitem que os clientes entendam onde está o conteúdo da política, quais Extensões do lado do cliente serão necessárias para processar o conteúdo do GPO, etc.

Veja na tela, capturada do LDP, as configurações relatadas acima:

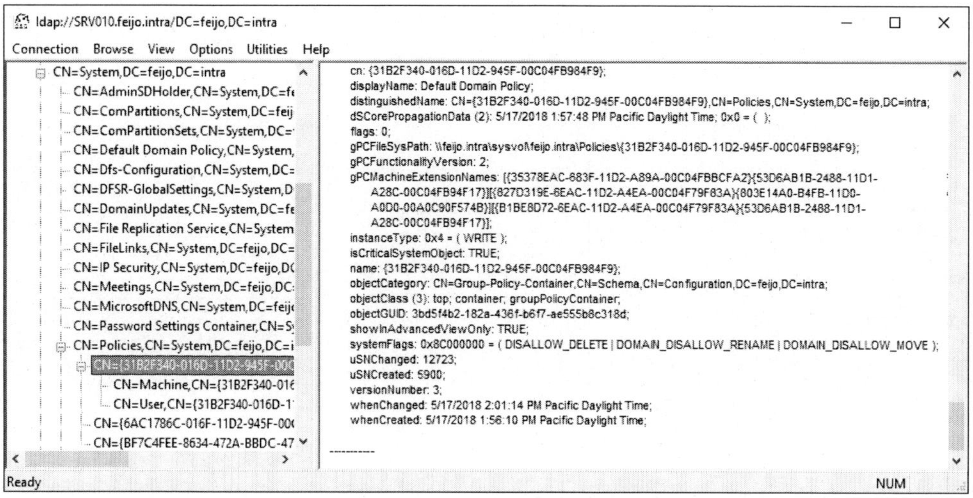

Observando os detalhes de nosso GPO selecionado, há vários atributos que são de interesse especial para nós, vamos a eles:

- **displayName**

Representa o nome amigável do GPO

- **gPCFileSysPath**

Esse atributo aponta os clientes para o local onde o conteúdo do GPO pode ser encontrado. Coletivamente, isso é conhecido como o Modelo de Diretiva de Grupo, que é armazenado em um compartilhamento conhecido como SYSVOL.

- **gPCMachineExtensionNames**

Aqui está a lista de CSEs (Client-Side Extensions) que será necessária pelo cliente para processar todas as configurações do lado da máquina configurada para esse GPO.

- **gPCUserExtensionNames**

Esse atributo contém a lista de CSEs necessários para processar as configurações do lado do usuário.

Outro atributo importante é o **gPLink** e, embora não seja encontrado como parte do próprio GPO, você pode encontrar esse atributo em todos os lugares em que o GPO está vinculado. Isso permite que objetos nesses outros contêineres saibam que existe um GPO que ele precisa processar. Na captura de tela a seguir, você pode ver que o atributo **gPLink** aponta para um único GPO encontrado no contêiner de políticas da partição do sistema:

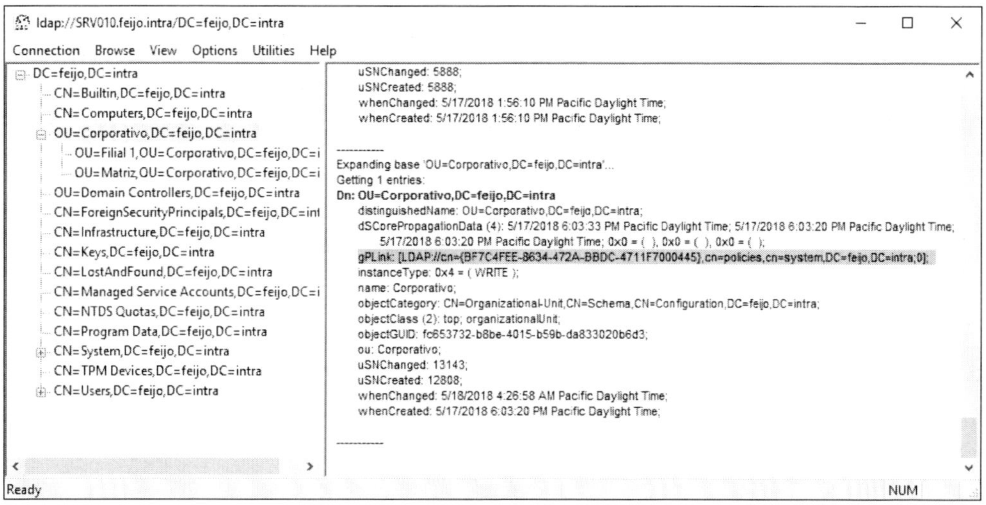

Podemos resumir as informações relacionadas ao GPC, afirmando que ele garante que todos os links de rede, recursos e caminhos estejam corretos e sejam rastreados. Ou seja, ele contém configurações para que o cliente possa saber quais GPOs devem processar, quais ferramentas precisarão processá-los e como localizar o conteúdo do GPO para processá-los.

8.1.2 Group Policy Template (GPT)

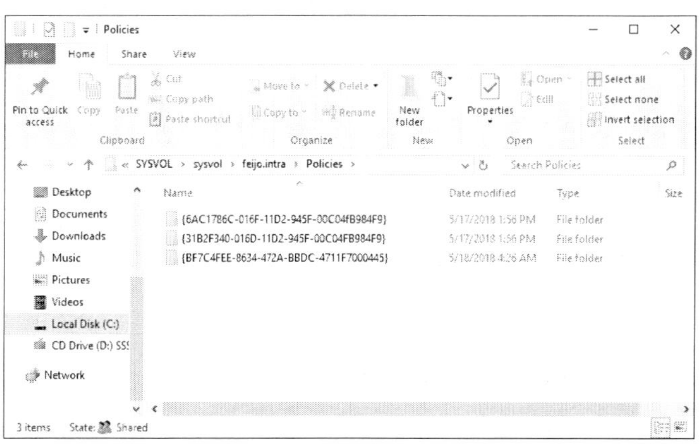

O modelo de diretiva de grupo (GPT) é onde reside o conteúdo da GPO, quando um GPO é criado inicialmente, uma nova pasta com o mesmo nome do **GUID** do GPO é criada na pasta: **%windir%\SYSVOL\sysvol\<domainname>\Policies**, nos controladores de domínio. O GPT não é um único arquivo ou pasta, mas, sim, um conjunto de pastas e arquivos usados para armazenar e manter as configurações estabelecidas em um GPO. Veja a estrutura na janela ao lado:

Se fizermos uma relação entre GPC e GPT, temos que o GPC, que fica armazenado no *Active Directory*, representa os atributos relevantes para o conteúdo do GPO. Já o conteúdo em si é conhecido como o Modelo de Diretiva de Grupo – GPT e reside em um compartilhamento conhecido como SYSVOL. Esse compartilhamento, como a parte do GPO armazenado no *Active Directory*, é replicado para cada DC no domínio.

Dependendo do número de configurações que foram ativadas no GPO, pastas e arquivos adicionais são criados na pasta apropriada, dependendo da configuração do computador ou da configuração de usuário, dentro da estrutura dos GPTs.

Mas, a estrutura padrão presente dentro da pasta Policies, consta com:

<GUID do GPO>

Máquina
Pasta contendo as configurações do lado do computador do GPO

Usuário
Pasta contendo as configurações do lado do usuário do GPO

GPT.INI
Arquivo que contém o número da versão do GPO. O número da versão é alterado toda vez que o GPO é modificado.

Veja a tela a seguir, onde é apresentada a estrutura de uma GPT:

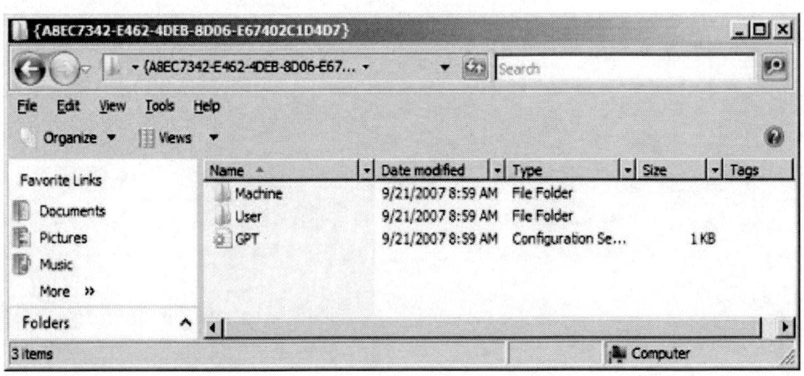

Nem todas as configurações criam o mesmo tipo de arquivo. As diferentes partes do GPO compõem as diferentes extensões do lado do cliente com suporte no GPO. Quando uma configuração é feita para cada extensão do lado do cliente, o arquivo no qual ela é armazenada na GPT também é diferente.

A tabela a seguir mostra a extensão do lado do cliente, além dos arquivos usados no GPT para essa extensão.

Client-Side Extension	**Estrutura de Pastas do GPT**	**Nome do arquivo e Extensão do GPT**
Software Installation	Machine\Applications User\Applications	<GUID>.aas
Scripts	Machine\Scripts\Startup Machine\Scripts\Shutdown User\Scripts\Logon User\Scripts\Logoff	Varies (typically with .vbs, .bat, .cmd, .exe extension)
Security	Machine\Microsoft\Windows NT\SecEdit	GptTmpl.inf
Windows Firewall and Advanced Security	Machine	Registry.pol
Public Key Policies	Machine User	Registry.pol
Software Restriction Policy	Machine User	Registry.pol
Network Access Protection	Machine	Registry.pol
Policy Based QoS	Machine User	Registry.pol
Registry	Machine	Registry.pol
Remote Installation Services	Microsoft\RemoteInstall	Oscfilter.ini
Folder Redirection	User\Documents & Settings	Fdeploy1.ini
Internet Explorer Maintenance	User\Microsoft\IEAK	Various folders and files

Group Policy Environment	Machine\Preferences\EnvironmentVariables User\Preferences\EnvironmentVariables	EnvironmentVariables.xml
Group Policy Data Sources	Machine\Preferences\DataSources User\Preferences\DataSources	DataSources.xml
Group Policy Devices	Machine\Preferences\Devices User\Preferences\Devices	Devices.xml
Group Policy Files	Machine\Preferences\Files User\Preferences\Files	Files.xml
Group Policy Folder Options	Machine\Preferences\Options User\Preferences\Options	Options.xml
Group Policy Folders	Machine\Preferences\Folders User\Preferences\Folders	Folders.xml
Group Policy Local Users and Groups	Machine\Preferences\Groups User\Preferences\Groups	Groups.xml
Group Policy Ini Files	Machine\Preferences\IniFiles User\Preferences\IniFiles	IniFiles.xml
Group Policy Network Options	Machine\Preferences\NetworkOptions User\Preferences\NetworkOptions	NetworkOptions.xml
Group Policy Network Shares	Machine\Preferences\NetworkShares User\Preferences\NetworkShares	NetworkShares.xml
Group Policy Power Options	Machine\Preferences\PowerOptions User\Preferences\PowerOptions	PowerOptions.xml
Group Policy Printers	Machine\Preferences\Printers User\Preferences\Printers	Printers.xml

Group Policy Registry	Machine\Preferences\Registry User\Preferences\Registry	Registry.xml
Group Policy Scheduled Tasks	Machine\Preferences\Scheduled-Tasks User\Preferences\ScheduledTasks	ScheduledTasks.xml
Group Policy Services	Machine\Preferences\Services User\Preferences\Services	Services.xml
Group Policy Shortcuts	Machine\Preferences\Shortcuts User\Preferences\Shortcuts	Shortcuts.xml
Group Policy Applications	User\ Preferences\Applications	Applications.xml
Group Policy Drive Maps	User\ Preferences\Drives	Drives.xml
Group Policy Internet Settings	User\ Preferences\InternetSettings	InternetSettings.xml
Group Policy Regional Options	User\ Preferences\RegionalOptions	RegionalOptions.xml
Group Policy Start Menu	User\ Preferences\StartMenuTaskbar	StartMenuTaskbar.xml

Podemos então resumir o GPT, dizendo que ele é o responsável por armazenar todas as configurações feitas em um GPO. Cada configuração é armazenada em uma estrutura de arquivos exclusiva, que se correlaciona com a extensão do lado do cliente sob a qual ela é categorizada. Os arquivos armazenados na GPT são entregues ao computador de destino durante o processamento da Diretiva de Grupo.

8.1.3 Armazenamento

No Windows Server 2000 e 2003, a estrutura de armazenamento se manteve a mesma, como já descrevi, as configurações de um GPO são armazenadas na pasta SYSVOL dos controladores de domínio, que é replicado entre os DCs no domínio. No entanto, como os GPOs são essencialmente uma coleção de muitas configurações combinadas, os arquivos dessas configurações, chamados de Modelos Administrativos padrões, também foram armazenados nas pastas GPOs no compartilhamento SYSVOL.

Essas configurações estavam no formato de arquivo **.ADM** e estavam todas localizadas em cinco arquivos, a divisão desses arquivos é:

- **Conf.adm** – Configurações do NetMeeting®.

- **Inetres.adm** – Configurações do Internet Explorer®, como conexões, barras de ferramentas e configurações de barras de ferramentas. Equivalentes às opções disponibilizadas quando você clica no menu Opções da Internet dentro do Internet Explorer.

- **System.adm** – Configurações e alterações do sistema operacional. A maioria das configurações de Modelos Administrativos de Computador e de Usuário está neste modelo AMD.

- **Wmplayer.adm** – Configurações do Windows Media® Player 9.

- **Wuau.adm** – Controla o acesso dos clientes ao Windows® Update e/ou a servidores do Windows Server® Update Services.

Podemos citar como desvantagens do uso desta formatação dos modelos administrativos:

- Caso fosse necessário realizar uma configuração com vários idiomas, teria de ter um arquivo .ADM para cada idioma a ser utilizado.

- No caso de haver a necessidade de uma modificação relacionada **à**s configurações do registro, gerenciadas pelos arquivos .ADM, seria necessário fazer alteração em cada arquivo .ADM.

- Os arquivos .ADM são armazenados como parte do GPT no SYSVOL, caso um arquivo .ADM fosse usado em vários GPOs, seria armazenado várias vezes, o que contribuiria para um grande volume do SYSVOL.

Com o lançamento do Windows 2008, foi introduzido um novo conceito que dividia os Modelos Administrativos em dezenas e centenas de arquivos separados, além de serem gravados em um formato diferente e compostos de dois arquivos para cada seção do GPO: arquivos **ADMX** que contêm as próprias configurações e arquivos **ADML** específicos do idioma que contêm a explicação localizada do que essas configurações fazem.

Mas além da restruturação no formato dos arquivos dos modelos administrativos padrões, desde o Windows 2008, o local de armazenamento também sofreu alteração. A Microsoft trouxe o armazenamento centralizado de diretivas de grupo. Esse repositório de armazenamento, conhecido como "**Central Store**", precisa ser criado manualmente nos controladores de domínio. Quando em uso, muda a forma como os GPOs são procressados, já que Editor de Diretiva de Grupo processa os GPOs quando eles estão abertos para edição. Então, no momento da criação ou edição de um modelo de diretiva de grupo, o Windows verifica o DC no qual o computador cliente está conectado para verificar a existência de um armazenamento central. Se o armazenamento central for encontrado no controlador de domínio, o Editor de diretiva de grupo usará o armazenamento central por padrão. Caso contrário, cópias locais dos arquivos de modelo serão usadas.

Existem diferenças entre os vários sistemas operacionais Microsoft, em termos do número e tipo de arquivos **ADMX / ADML.**

8.1.3.1 Armazenamento Central

O processo de criação de um armazenamento central para os modelos administrativos é simples, rápido e permitirá aproveitar as vantagens dos arquivos **ADMX**. Para isso, deve ser criada uma nova pasta dentro da estrutura da pasta SYSVOL em um controlador de domínio do Windows. Por estar localizado dentro da estrutura SYSVOL, a nova pasta, também usufruirá do processo de replicação e será replicada para todos os controladores do domínio no domínio. Além disso, é importante reforçar que o armazenamento Central é um local verificado pelas ferramentas de diretiva de grupo por padrão.

Para criar um armazenamento Central para arquivos: **ADMX** e **ADML**, crie uma nova pasta chamada **Policy-Definitions** no seguinte local, no controlador de domínio:

\\dominio**\SYSVOL\<FQDNdoDominio>\policies\PolicyDefinitions**
Ex.: \\feijo\SYSVOL\feijo.intra\policies\PolicyDefinitions

Copie todos os arquivos da pasta **PolicyDefinitions** em um computador de origem para a nova pasta **Policy-Definitions** no controlador de domínio.

O local de origem pode ser uma das seguintes opções:

A pasta **C:\Windows\PolicyDefinitions**
(Computador cliente baseado em Windows 8.1 ou Windows 10)

Pasta **C:\Program Files (x86) \Microsoft Group Policy\ < versão específica > \PolicyDefinitions**
(Caso os modelos administrativos tenham sido baixados separadamente)

A pasta PolicyDefinitions no controlador de domínio armazena todos os arquivos ADMX e ADML para todos os idiomas que estão habilitados no computador cliente. Os arquivos ADML são armazenados em uma pasta específica do idioma.

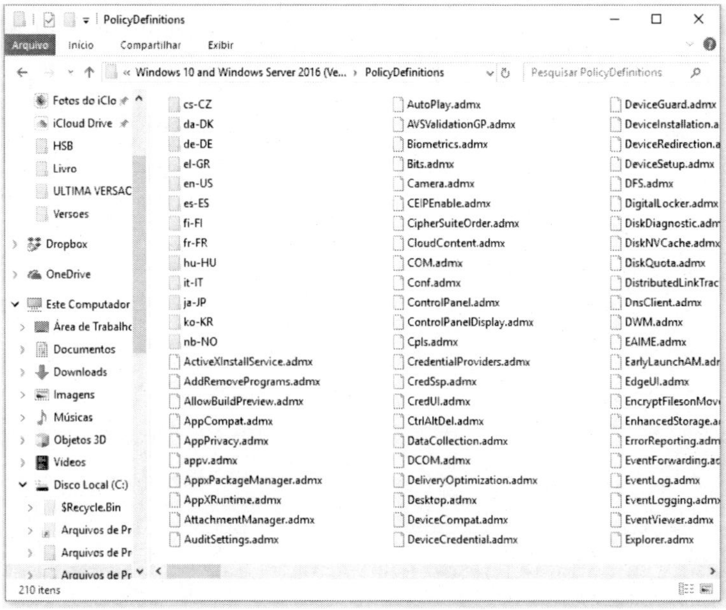

Por exemplo, arquivos ADML inglês (Estados Unidos) são armazenados em uma pasta chamada "na-US", já os arquivos ADML francês são armazenados em uma pasta chamada "fr-FR" e assim por diante, como podemos ver na tela apresentada ao lado:

8.1.3.2 Adicionando novos modelos administrativos

Sempre que precisarmos adicionar um novo modelo ao armazenamento central, basta localizar e fazer o donwaload dos respectivos arquivos .ADMX e .ADML e copiá-los para o armazenamento central.

Imagine um cenário em que os administradores do *Active Directory* precisam automatizar a implementação e o gerenciamento do Office 2016, com o uso dos GPOs.

Então teríamos as seguintes ações:

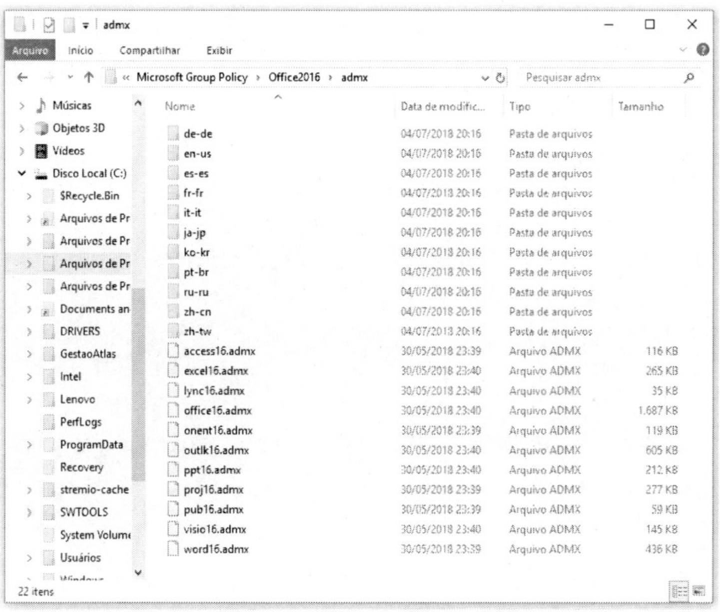

1. Baixe os pacotes de modelos ADMX

Procure na Internet, está disponível em links da Microsoft, e faça o download para o Office 365 Pro Plus / 2016. Certifique-se de selecionar o tipo correto: 32 bits ou 64 bits com base na configuração do Office que você está implantando.

2. Instalar os modelos ADMX.

Execute o instalador do ADMX e especifique uma pasta de destino para extrair os arquivos.

3. Copie os arquivos ADMX e ADML para o armazenamento central, dentro da pasta PolicyDefinitions, no controlador de domínio. Os arquivos .ADML, deverão ser copiados para as respectivas pastas de línguas disponíveis.
   Ex.: **\\domínio\SYSVOL\<FQDNdomínio>\policies\PolicyDefinitions\en-us**

4. Verifique as atualizações no GPMC.

8.2 Objetos de Diretiva de Grupo Padrões do Domínio

Por padrão, quando o *Active Directory* é implementado, dois importantes objetos de políticas de grupo são criados no domínio:

- **Default Domain Policy** (Diretiva de Domínio Padrão) está vinculada ao domínio e afeta todos os usuários e computadores no domínio (incluindo computadores que são controladores de domínio) por meio da herança de diretivas.

- **Default Domain Controller Policy** (Diretiva Padrão de Controladores de Domínio) está vinculada à unidade organizacional Controladores de Domínio e geralmente afeta apenas os controladores de domínio, pois as contas de computador dos controladores de domínio são mantidas exclusivamente na unidade organizacional Controladores de Domínio.

A Microsoft enfatiza que a melhor prática em termos de implantação de GPO é não modificar as políticas padrões, a recomendação é sempre criar novas políticas, ao invés de fazer qualquer alteração nas duas políticas padrões mencionadas.

As melhores práticas, ainda recomendam que o GPO da Diretiva de Domínio Padrão, deve estar configurado apenas para gerenciar as configurações padrão das Diretivas de Conta, Política de Senha, Política de Bloqueio de Conta e Política Kerberos.

Enquanto que no caso do GPO da **Política de Controladores de Domínio Padrão** apenas para definir direitos de usuário e políticas de auditoria.

Caso esteja em um ambiente em que as políticas padrões, do domínio e dos controladores de domínios, tenham sido muito alteradas e precise que elas voltem para suas configurações originais, é possível utilizar o comando **dcgpofix**, para conseguir isso. Veja a sintaxe do comando:

Sintaxe

DCGPOFix [/ignoreschema] [/target: {Domain | DC | Both}] [/?]

Parâmetros

Parâmetro	Descrição
/ignoreschema	Ignora a versão do *Active Directory*® **do esquema MC**
	Quando você executar esse comando. Caso contrário, o comando só funcionará na mesma versão do esquema que a versão do Windows na qual o comando foi enviado.
/Target {domínio	DC
/?	Exibe a ajuda no prompt de comando.

Para a Diretiva do Domínio Padrão

dcgpofix /ignoreschema /target:Domain

Para a Diretiva de Controladores de Domínio Padrão

dcgpofix /ignoreschema /target:DC

Cuidado!

Se você mover um controlador de domínio para fora da ***unidade organizacional Controladores de Domínio****, a política padrão de Controladores de Domínio não será mais aplicada, a este controlador. Se você precisar manter um controlador de domínio em uma unidade organizacional diferente, vincule a política padrão de controladores de domínio a essa unidade organizacional.*

8.3 Group Policy Management Console (GPMC)

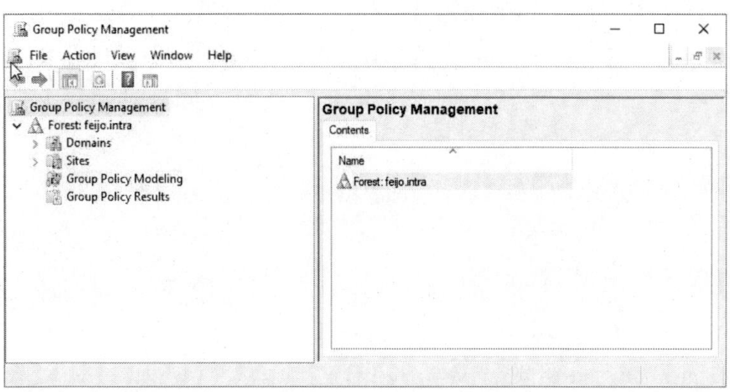

Fig. 35 – Tela inicial do Group Policy Management do Windows Server 2019

Vamos detalhar agora uma das ferramentas mais importantes dentro da estrutura do *Active Directory* e fundamental para a administração e o gerenciamento dos Objetos de Políticas de Grupo, o **Console de Gerenciamento de Políticas de Grupo** (GPMC). O entendimento profundo do seu funcionamento e os seus recursos devem ser do conhecimento do Administrador do *Active Directory*, para ter sucesso no uso da estrutura de GPOs no ambiente.

Na tela inicial do **GPMC**, apresentada acima, podemos ver referências à estrutura do *Active Directory*: **Floresta, Sites** e **Domínios**. Além desta estrutura, podemos ver também dois recursos importantes, um voltado principalmente para o planejamento e o outro para análise pós-aplicação dos GPOs no ambiente, que são:

8.3.1 Group Policy Modeling

No caso em que as hierarquias do *Active Directory* estão sendo reestruturadas ou de que novas políticas estão sendo implantadas, a execução de um aplicativo simulando aplicação de políticas de grupo, para que possamos revisar os resultados é um ótimo recurso para evitar problemas inesperados, após a aplicação dos GPOs no ambiente de produção. A **Modelagem de Diretiva de Grupo**, nome que passou a ter este recurso, a partir do Windows Server 2008, é equivalente ao **Conjunto de Diretivas Resultante** (Planejamento), nome utilizado no Windows Server 2003.

8.3.2 Group Policy Results

Em um cenário em que a Diretiva de Grupo não está fornecendo os resultados desejados, o **Group Policy Results** pode ser executado para ler e exibir o histórico de processamento da Diretiva de Grupo. Os resultados do GPO são executados em um computador específico, mas também podem ser usados para coletar o processamento da política do usuário.

8.3.3 GPMC – Estrutura de Domínios

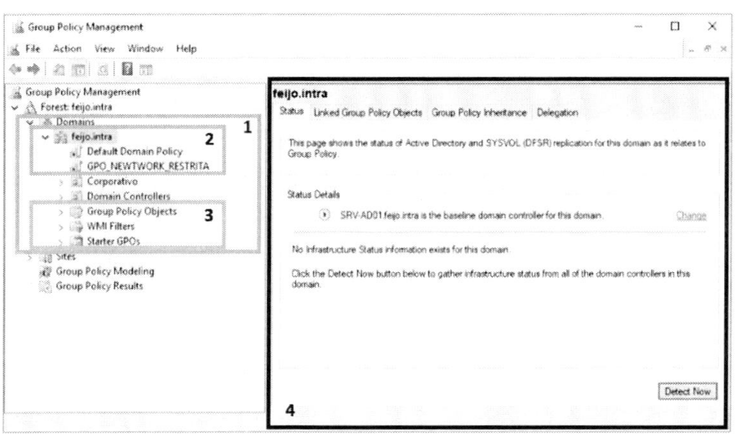

Agora vamos expandir a estrutura de Domínio, dentro do GPMC, para analisarmos os recursos existentes:

Vamos dividir a nossa análise em 4 partes, de acordo com a separação destacada na figura anterior:

1 – Estrutura de Domínio dentro do GPMC

Ao expandir a estrutura **Domains**, podemor ver a estrutura de unidades organizacionais de primeiro nível e três containers internos que representam recursos do GPMC que serão detalhados no item 3. Observando essa visão da estrutura Domains, podemos fazer uma constatação interessante, vamos lá:

Dentro da estrutura do Active Directory, onde podemos vincular um GPO? Sites, Domínio e Unidade Organizacional.

Se observarmos a tela a seguir, da ferramenta **Active Directory Users and Computers**, podemos ver os containers Builtin, Computers, Users, que fazem parte da estrutura interna do Active Directory e não podem ter GPOs Vinculadas diretamente a elas.

Por isso na tela do GPMC ao expandir a estrutura de Domínios, estas estruturas nem aparecem.

2 – Identificação de onde o GPO está vinculado

No GPMC é fácil identificarmos quais os GPOs que estão vinculados à estrutura (Domínio e unidades organizacionais), pois como podemos ver na imagem, os GPOs ficam abaixo da estrutura que estão diretamente vinculados. No caso, os GPOs **Default Domain Policy** e **GPO_Network_Restrita** estão vindulados ao domínio (feijo.intra).

3 – Container Group Policy Objects – WMI Filters - Starter GPOs

Vamos detalhar as três estruturas internas do GPMC:

- **Container Group Policy Objects**

Cada GPO é armazenado parcialmente no Active Directory e parcialmente no SYSVOL no controlador de domínio. A parte do GPO que é armazenada no *Active Director*y é chamada de *Group Policy Objects container* (contêiner de Objeto de Política de Grupo) e a parte do GPO que é armazenada no SYSVOL é chamada de *Group Policy template* (modelo de Política de Grupo). O GPMC e o Editor de Gerenciamento de Diretiva de

Grupo gerenciam o GPO como uma única unidade. Por exemplo, quando definimos permissões em um GPO no GPMC, o GPMC está na verdade definindo permissões para objetos no *Active Directory* e no SYSVOL.

O container **Group Policy Objects** contém informações sobre as propriedades de cada um dos GPOs, existentes. Como os GPOs contêm configurações de diretiva, os GPOs podem ser configurados, armazenados em backup, restaurados e copiados usando o GPMC.

- **WMI Filters**

O GPMC facilita a aplicação de um filtro WMI para controlar a aplicação de um GPO com base nos resultados do WMI. Por exemplo, imagine um cenário em que precisamos instalar um aplicativo apenas se o computador de destino tiver pelo menos 5 GB de espaço livre em disco. Para que isso seja possível, podemos criar um filtro WMI e aplicá-lo ao GPO.

Para criar um filtro, selecione o **contêiner WMI Filters** para o domínio no GPMC, clique com o botão direito do mouse em **WMI Filters** e selecione **New**. Crie um nome e uma descrição para o filtro WMI. Clique em **Add** para adicionar uma **WQL – WMI Query Language** ao filtro. Por padrão, o processo de criação seleciona a pasta **raiz\CIMv2**.

- **Starter GPOs**

Os **Starter Group Policy Objects** (Objetos Iniciais de Diretiva de Grupo) disponíveis a partir do Windows Server 2008 R2 fornecem uma coleção de configurações básicas de GPO que podem ser anexadas aos GPOs recém-criados. Depois de criar o GPO inicial com as configurações básicas, ele pode passar a atuar como um modelo, ao criar um novo GPO com base nestas configurações básicas e adicionando novas configurações a ele.

É possível importar e exportar GPOs Iniciais, o que facilita a distribuição para outros ambientes.

4 – Infrastructure Status

Os Objetos de política de grupo possuem uma infraestrutura complexa que permite aplicar configurações de diretiva para configurar de forma centralizada milhares de computadores e usuários em um domínio.

São muitas as possibilidades de termos problemas em algum dos componentes que estão envolvidos na infraestrutura dos GPOs, quanto maior for o ambiente, maiores serão os riscos de ocorrência de problemas que podem empactar no processo, tais como atraso significativo na replicação entre controladores de domínio, em função da infraestrutura se espalhar por vários países e fusos horários, que por sua vez podem dar origem a outros problemas como, incompatibilidades de GPO em números de versão entre o contêiner de Diretiva de Grupo e o modelo de Diretiva de Grupo, ou entre diferentes controladores de domínio.

A partir do Windows Server 2012, o GPMC evoluiu ao ganhar um novo e importante recurso que fornece um relatório para o estado geral de integridade da infraestrutura de Diretiva de Grupo para um domínio. É possível escolher um controlador de domínio de linha de base para comparação e ver o status de replicação da Política de Grupo atual.

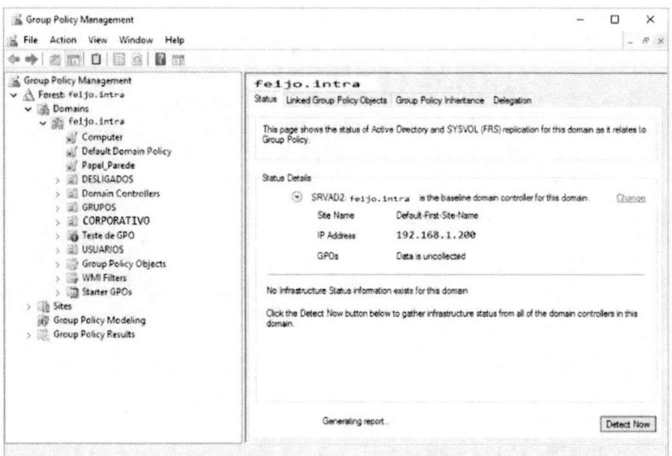

Fig. 36 – Janela do GPMC, guia Status, gerando relatório de Status de infraestrutura

A guia status do domínio GPMC exibe informações individuais que indicam a integridade da infraestrutura de Diretiva de Grupo em relação aos controladores de domínio, replicação de GPO e versão de GPO. Esse status de integridade da infraestrutura de Diretiva de Grupo nos ajuda a encontrar inconsistências e antecipar problemas.

8.4 Por dentro de um GPO

Fig. 37 – Edição de um GPO pela GPMC

Cada GPO é dividido em duas subpastas: **Configuração do Computador** e **Configuração do Usuário**. Inicialmente são aplicadas as configurações da subpasta configuração do computador quando um computador é inicializado e, logo em seguida, são aplicadas as configurações da subpasta **configuração do usuário**, quando um usuário faz logon.

Reaplicações da Diretiva de Grupo ocorrem periodicamente enquanto o computador está ativo e o usuário está conectado. É possível personalizar a frequência e as condições sob os quais são aplicados os diferentes tipos de Diretiva de Grupo.

Dentro das subpastas **Computadores e Usuários**, temos dois tipos distintos de diretivas:

- **Policies**

Em Policies estão a maior parte das diretivas de grupo que podem ser aplicadas no ambiente, considerando tanto Computadores quanto Usuários. As diretivas que estão presentes aqui, ao serem configuradas, serão impostas aos computadores e usuários que as receberem.

A Microsoft publica regurlamente uma planilha contendo todas as diretivas de grupos diponíveis, na publicação feita no final de 2019, já incluídas as diretivas destinadas ao Windows 10 e Windows Server 2019, o número de diretivas disponíveis chegava a 4.254, somando as diretivas destinadas a computadores e usuários.

A seguir uma lista das configurações de diretiva que podemos utilizar, com base no tipo de configuração:

Computer configuration	**User configuration**
Windows settings: • Name Resolution policy • Scripts (Startup/Shutdown) • Deployed printers • Security settings • Policy-based Quality of Service (QoS)	Windows settings: • Scripts (Startup/Shutdown) • Deployed printers • Security settings • Policy-based Quality of Service (QoS)
Administrative templates: • Control Panel • Network • Printers • Server • System • Windows components • All settings	Administrative templates: • Control Panel • Desktop • Network • Shared folders • Start menu and taskbar • System • Windows components • All settings

- **Preferences**

O Group Policy Preferences é uma coleção de **extensões do lado do cliente da Diretiva de Grupo** que fornecem configurações de preferência para computadores ingressados no domínio que executam sistemas operacionais do Microsoft Windows. O GPP tem sua origem em um produto chamado *PolicyMaker* do *Desktop Standard.* A Microsoft adquiriu o *Desktop Standard* em 2006. Introduzido no *Windows* Server 2008, incluem configurações avançadas para pastas, unidades mapeadas, modificações no registro, criação de atalhos, modificações em grupos locais, gerência de serviços e impressoras entre outras tarefas possíveis de definir.

Embora as Preferências de Diretiva de Grupo tenham sido implementadas pela primeira vez no Windows Server 2008, os administradores do Windows Server 2003, Windows XP e Windows Vista podem usá-las instalando extensões do lado do cliente da Diretiva de Grupo.

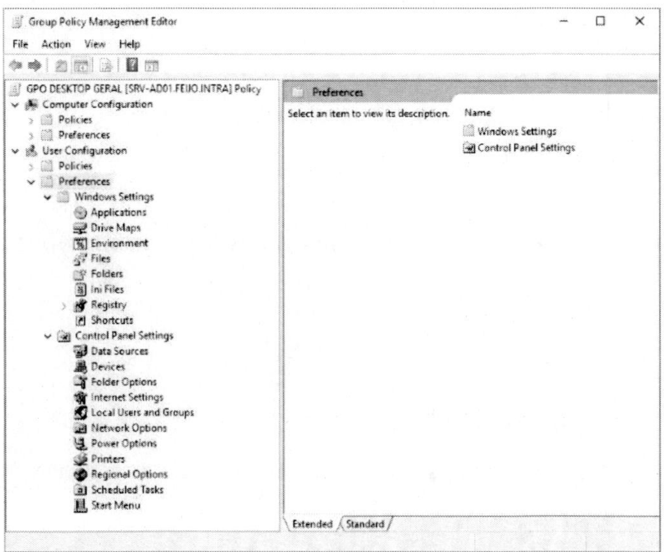

Fig. 38 – GPP apresentadas no Goup Plicy Management Editor

As configurações de preferência diferem das configurações de diretiva porque os usuários podem alterar a configuração administrativa. Enquanto que nas **Policies**, as configurações são impostas, não permitindo alterações, por parte do usuário. As **preferências** também não são limitadas pela necessidade de arquivos ADM ou AMDX.

8.5 Regras de Aplicação de GPO

Podemos vincular objetos de diretiva de grupo em alguns componentes da estrutura hierárquica do Active Directory. É comum que tenhamos políticas diferentes em níveis diferentes da estrutura, então como saber qual ou quais as políticas que serão realmente aplicadas? Em que ordem? Quem tem precedência? Qual o resultante em caso de conflitos entre as diretivas ativas em GPOs diferentes? Para responder todas estas perguntas é que entram as regras de aplicação das GPOs, regras de precedência, além das ferramentas que permitem mudar o resultado final da aplicação, além do recurso de herança, que também interfere na aplicação. Vamos começar a descrever todos esses recursos e respondermos estas questões, começando pela regra padrão:

1. **Os objetos de diretiva de grupo local são aplicados primeiro.** *Estas são diretivas definidas diretamente no computador, através da ferramenta Editor de Diretiva de Grupo;*

2. **Os objetos de diretiva de grupo no nível do site são aplicados em seguida.** *Considerando o conceito de herança, todos os domínios que existem no site em que as diretivas estão aplicadas, também receberam essas diretivas;*

3. **Os objetos de diretiva de grupo em nível de domínio em seguida.** *Um Objeto de Diretiva de Grupo aplicado a um domínio se aplica diretamente a todos os usuários e computadores no domínio e por herança a todos os usuários*

e computadores em unidades organizacionais e contêineres existentes neste domínio;

4. **E para finalizar, os Objetos de Diretiva de Grupo em nível de Unidade Organizacional são aplicados,** *diretamente a todos os usuários e computadores na unidade organizacional e por herança a todos os usuários e computadores em suas unidades organizacionais filho.*

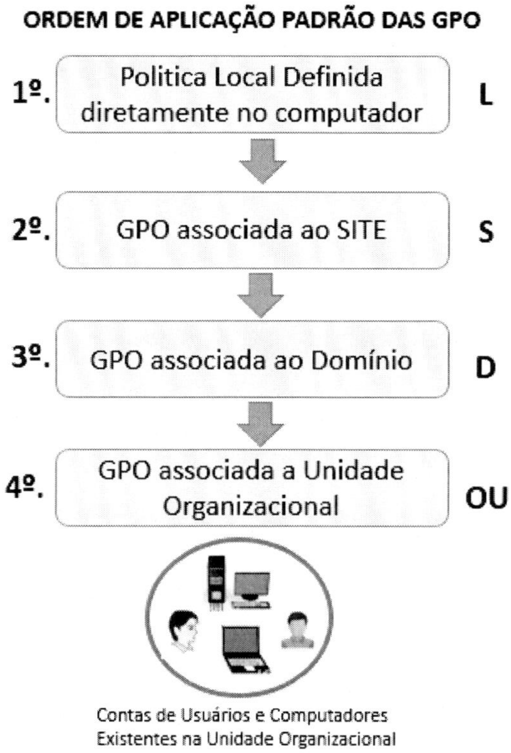

Fig. 39 – Representação da Ordem de aplicação dos Objetos de Política de Grupo

Na figura a seguir apresento a representação da regra padrão de aplicação dos GPOs. Além disso, um acrônimo, muito usuado para facilitar o entendimento e fixação da regra foi colocado, esse acrônimo é **LSD OU**, que representa, respectivamente, os elementos: L- Local, S – Site, D – Domínio e OU – Unidade Organizacional.

8.5.1 Precedência e Ordem de Link

Contemplamos no item anterior a ordem padrão de aplicação dos GPOs, muito bem, acredito que ficou claro, com direito até a um acrônimo, **LSD OU**, para fixar. Agora, vamos analisar as regras de precedência, ou seja, quem ao final prevalece, em um cenário, por exemplo, com dezenas de GPOs associadas a vários níveis da estrutura do *Active Directory* envolvido.

Veja no caso em que temos várias GPOs associadas a uma determinada Unidade Organizacional, vai existir uma ordem de processamento que será seguida, e porque esta ordem é importante, justamente por causa da seguinte regra:

"*Em caso de conflito entres GPOs, a GPO que prevalecerá será a* <u>última</u> *a ser aplicada*".

Vamos exemplificar a regra: No **GPO DESKTOP RESTRITO**, que trata do acesso dos usuários a itens de configuração do computador dos usuários, em uma determinada empresa, foi definido que os usuários não teriam acesso ao Painel de Controle do Windows. Já no **GPO DESKTOP SEM RESTRIÇÃO**, nesta mesma empresa, foi definido que os usuários, entre outras liberações, teriam direito a acessar o Painel de Controle do Windows. As duas GPOs estão aplicadas a mesma Unidade Organizacional **OU Analista Senior**. Percebem o conflito? E ao final o que vai ser aplicado para os usuários que estão nesta OU? Aplicando a regra apresentada acima, é só ver qual dos dois GPOs foi aplicado por último e saberemos se os usuários terão ou não acesso ao Painel de Controle.

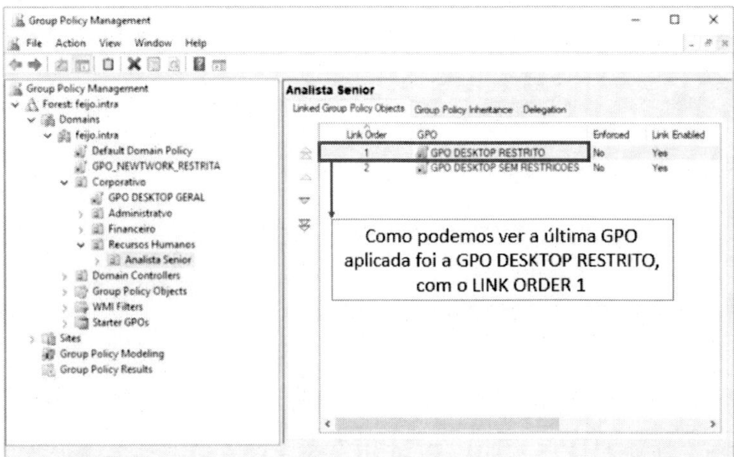

Vamos visualizar este cenário via console GPMC:

Agora neste mesmo cenário, imaginemos que gostaríamos de mudar o resultado final, não precisaríamos mudar a regra, até porque isso não seria possível, nem mesmo excluir o outro GPO, mas apenas mudar a ordem de aplicação dos GPOs, e é aí que entre o recurso **Link Order** (Ordem de Link):

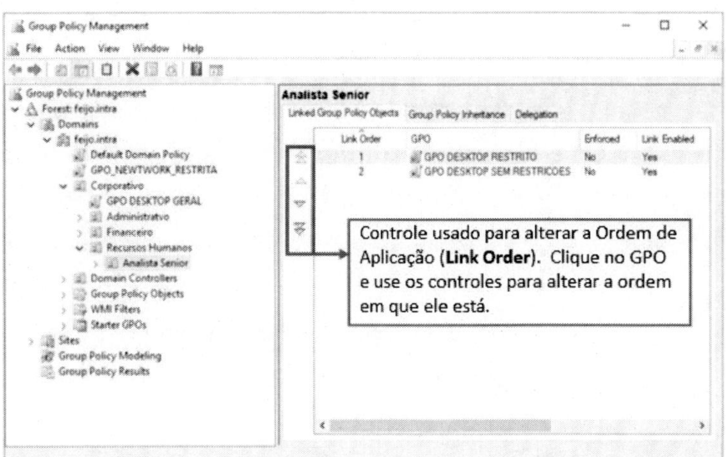

"Quando tivermos mais de um GPO vinculado a uma UO, a ordem de processamento desses GPOs será determinada pelo que é conhecido como ordem de link. O GPO com a ordem mais baixa do link será processado por último – ou seja, o GPO com uma ordem de link 1 terá a maior precedência, seguido pela ordem de link 2, etc.

Também é possível fazer a alteração da ordem dos links via *PowerShell*:

Set-GPLink –Name "GPO DESKTOP SEM RESTRICOES" **–Target** "ou=Analista Senior, ou=Recursos Humanos,ou=Corporativo,dc=feijo,dc=intra" **–Order** 1

Agora vamos considerar mais um item para a nossa análise de precedência, a **herança**.

Considerando a regra padrão de aplicação dos GPOs, no seguinte cenário:

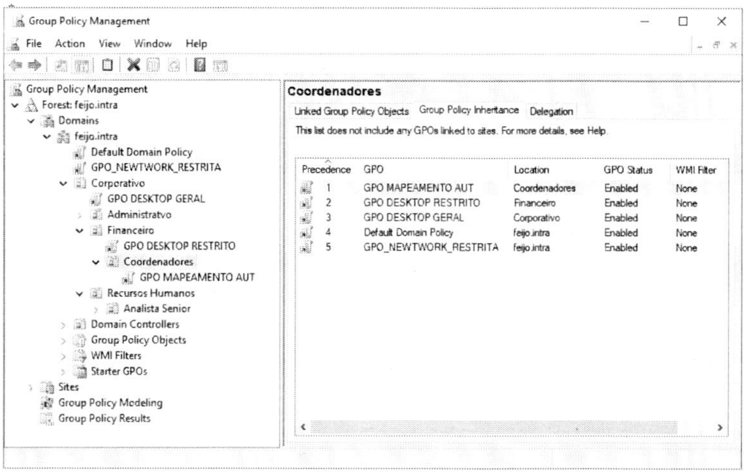

Se considerarmos o usuário na **OU Coordenadores**, este estará recebendo ao total cinco GPOs, sendo quatro delas por herança e uma que está aplicada diretamente a **OU Coordenadores**, na qual o usuário se encontra. Portanto, podemos concluir que não havendo conflitos entre os GPOs, todos serão aplicados integralmente, tanto os que estão vindo por herança quanto os que estão vinculados diretamente.

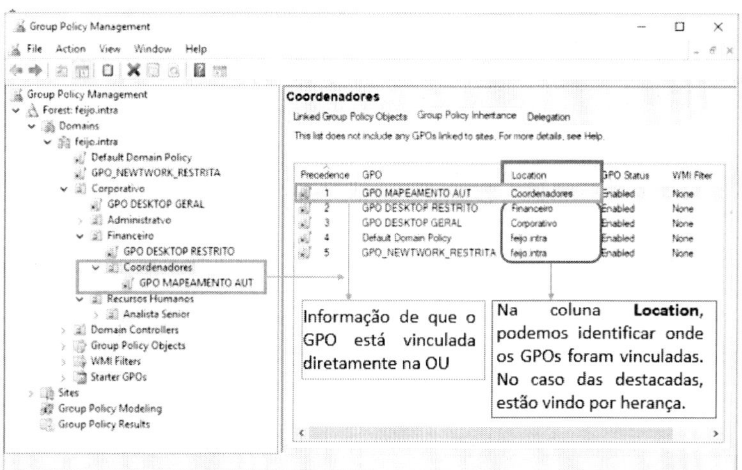

Outro aspecto, a se destacar, que é fácil identificarmos no GPMC, é que GPO está vindo por herança e qual foi aplicada diretamente na estrutura em análise:

8.5.2 Enforced (No Override)

A configuração **Enforced** (Imposta, não substituir), é aplicada diretamente a um determinado GPO, que está vindo por herança, mas não queremos que em caso de conflito seja substituído por um outro GPO, que teria precedência, já que é aplicado por último.

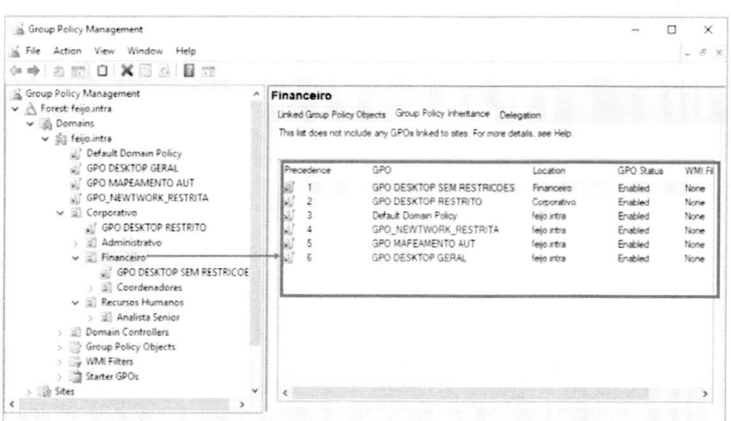

Vamos demonstrar a ativação e o funcionamento do **Enforced**, utilizando como exemplo a OU Financeiro. Veja na tela a seguir que a OU Financeiro está recebendo seis GPOs, sendo cinco por herança, dos quais quatro estão vindo do domínio (feijo.intra) e um da OU Corporativo, e um está vinculado diretamente a OU Financeiro.

De acordo com o cenário apresentado, o **GPO DESKTOP SEM RESTRICOES**, está sendo aplicado por último e tem precedência sobre os demais GPOs existentes.

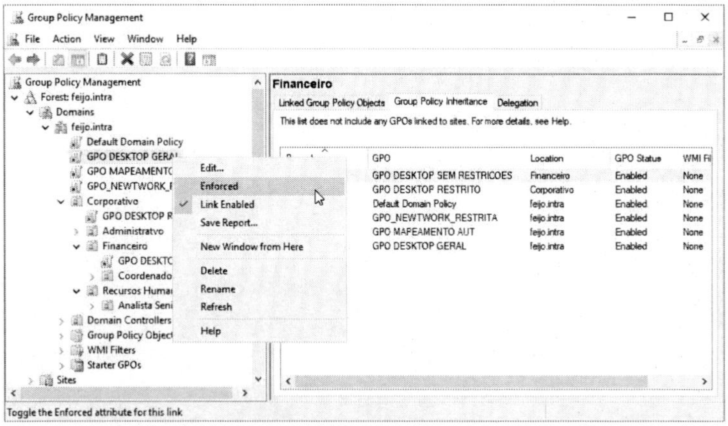

Vamos supor que neste mesmo cenário precisamos que o **GPO DESKTOP GERAL**, que é a primeira a ser aplicada e está vinculada diretamente no domínio (feijo.intra), e por isso é a que tem a menor precedência, passe a ter a maior precedência entre todos os GPOs que estão sendo aplicados a OU Financeiro. Para conseguirmos este resultado, vamos aplicar o recurso de Enforced no **GPO DESKTOP GERAL:**

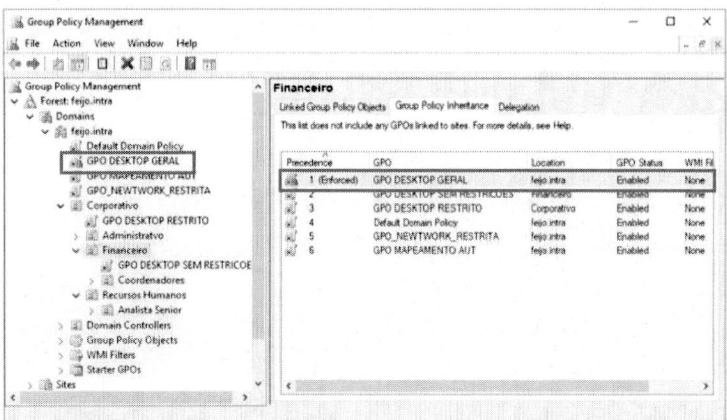

Observe que após a aplicação do **Enforced**, no **GPO DEKTOP GERAL**, ele passou a ser o último a ser aplicado e por tanto a ter a maior precedência. Visualmente no GPMC, fica bem destacado que o **Enforced** foi utilizado, como podemos perceber na coluna **Precedence** e ao ter um símbolo adicionado ao ícone do GPO, que foram destacados na imagem:

Agora vamos supor que temos vários GPOs com o recurso de **Enforced** aplicado, qual teria a maior precedência?

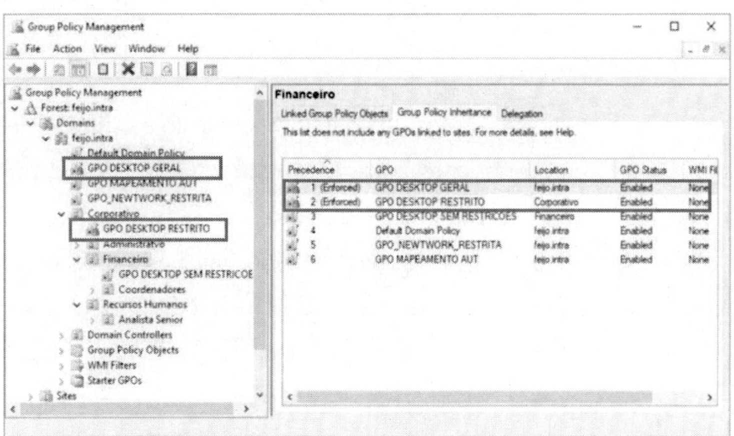

Vamos ao mesmo cenário aplicar o **Enforced** também ao **GPO DESKTOP RESTRITO:**

Portanto, podemos perceber que o GPO com **Enforced** aplicado, que está no nível mais alto tem precedência sobre os demais GPOs abaixo que estejam também com Enforced aplicado. Neste caso **GPO DESKTOP GERAL** tem precedência, pois está vinculado ao Domínio (feijo.intra), enquanto **GPO DESKTOP RESTRITO** está abaixo dele, vinculado a OU Corporativo.

8.5.3 Block Inheritance (Bloqueio de Herança)

Como vimos anteriormente, o recurso de herança dentro do processo de aplicação de GPOs é ativado por padrão. Ententanto, para dar maior flexibilidade ao processo de aplicação, existe a possibilidade de bloquear a herança de GPOs a partir de uma determinada Unidade Organizacional ou até mesmo no domínio.

Podemos definir então o recurso de **Block Inheritance**, como a forma de bloquear o recebimento e consequente aplicação de GPOs por herança. Fique atento que este recurso não é aplicado ao GPO e sim à estrutura, onde podemos vincular um GPO, no caso, limitado ao Domínio e a Unidade Organizacional.

Para ativar o Bloqueio de Herança, basta clicar com o botão direito na estrutura em que deseja bloquear a herança, e em seguida clicar na opção **Block Inheritance**.

Veja na tela a seguir, a ativação do recurso de Bloqueio na OU Contabilidade. Observe que antes de aplicarmos o Bloqueio é possível verificar que a OU Contabilidade está recebendo cinco GPOs, sendo quatro por herança e apenas uma está vinculada diretamente a OU:

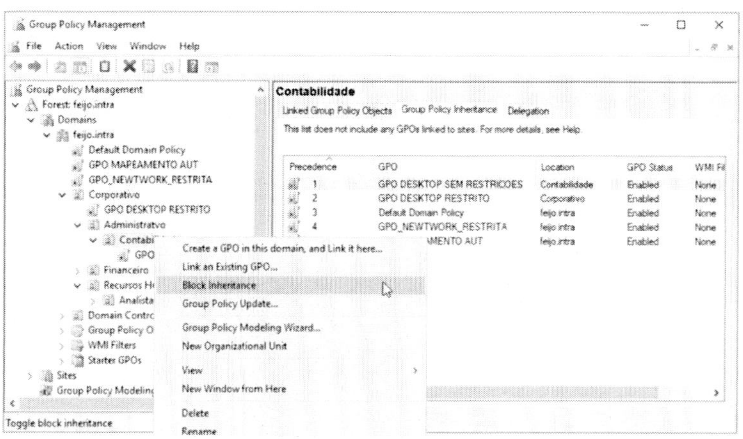

Fig. 40 – Tela do GPMC, mostrando a opção de Bloqueio de Herança

Após a ativação do Bloqueio, apenas o GPO vinculado diretamente a OU permanece. Observe na imagem, que à OU Contabilidade é adicionado um símbolo: 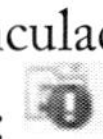, para que visualmente possamos perceber que o bloqueio está ativo.

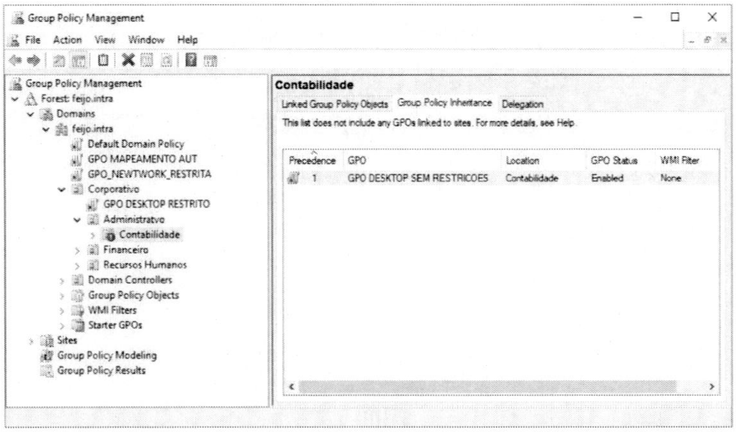

Fig. 41 – Tela do GPMC, com o resultado da plicação do Bloqueio de Herança

Agora vamos considerar uma situação em que os recursos de **Enforced** e Block **Inheritance**, estejam aplicados. Por exemplo, vimos na tela anterior que ao aplicarmos o bloqueio de herança na unidade OU Contabilidade ela ficou apenas com o GPO DESKTOP SEM RESTRICAO aplicado. Mas se nesse cenário ativamos o **Enforced** em um dos GPOs que estavam sendo aplicados por herança, qual será o resultante final?

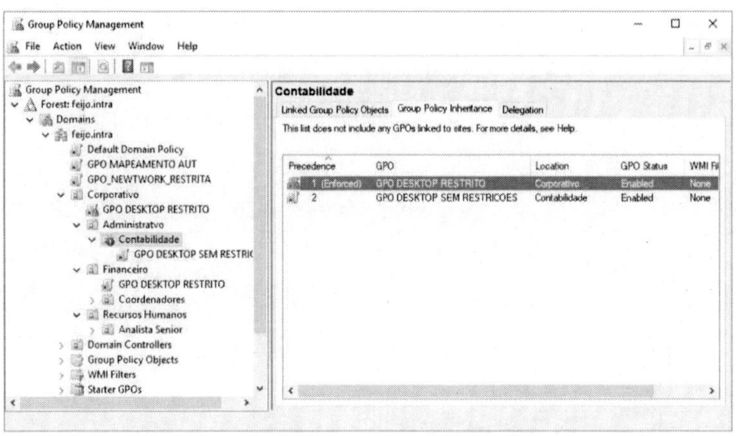

Vamos aplicar o **Enforced** ao GPO DESKTOP RESTRITO, que está vinculado a OU Corporativo:

Podemos constatar que ao aplicamos o **Enforced**, na GPO DEKTOP RESTRITO, ela passou a ser a última a ser aplicada a OU Contabilidade, ou seja, com maior precedência, apesar do bloqueio de herança estar ativo na OU, É como se o **Enforced** "furasse" o bloqueio. Portanto, chegamos a seguinte regra:

O Enforced tem precedência sobre o Block Inheritance.

Para concluir o nosso estudo sobre as regras de precedência nas aplicações dos GPOs, vamos a seguinte regra:

As políticas de computador têm precedência sobre as políticas de usuário, independentemente da ordem do link.

A algumas diretivas estão disponíveis tanto para serem aplicadas para computadores quanto para usuários. E se houver algum conflito entre essas diretivas, as configurações definidas para os computadores terão precedência para aquelas definidas para usuários.

8.6 Operações com GPOs

8.6.1 Criando um Novo GPO

No GPMC a operação de criação de um novo GPO é muito simples. Existem duas maneiras de criar um novo GPO:

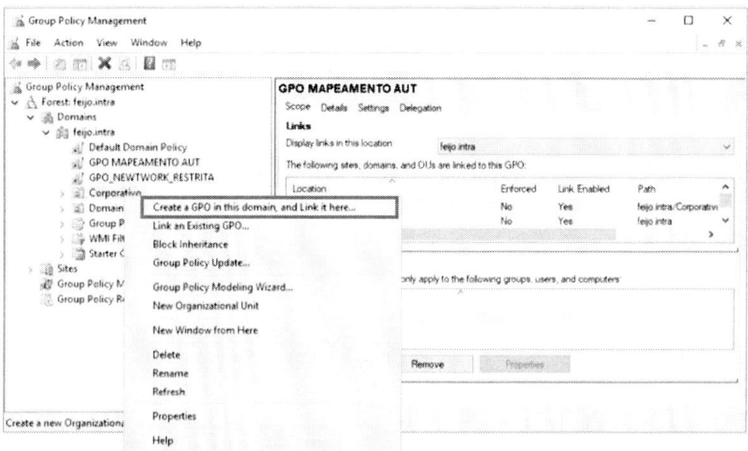

- Clique com o botão direito do mouse no site, domínio ou Unidade Organizacional e selecione **Create a GPO in this domain, and Link it here...** (Crie um GPO neste domínio e o vincule aqui). Como o nome da opção informa, na verdade estamos fazendo duas operações, criando e vinculando o GPO ao local.

Fig. 42 – Opção no GPMC de Criar e Vincular o GPO

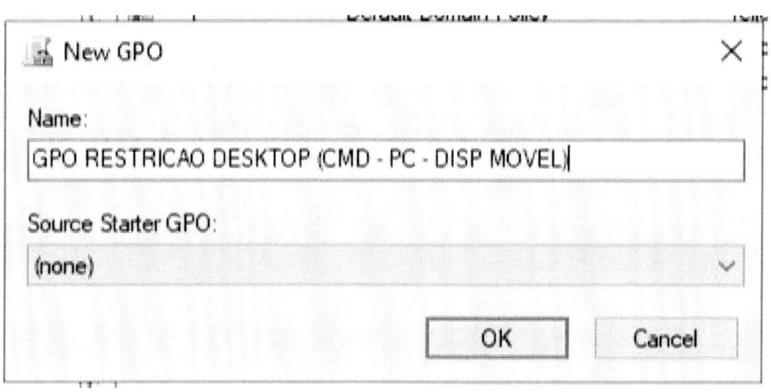

Após escolher a opção **Create a GPO in this domain, and Link it here...**, a janela a seguir é apresentada:

Informe então o nome do GPO, que conforme as melhores práticas, deverá permitir que identifiquemos qual o principal objetivo do GPO.

Em seguida, temos a opção para selecionarmos um GPO de início, para servir de base, caso tenhamos alguma disponível.

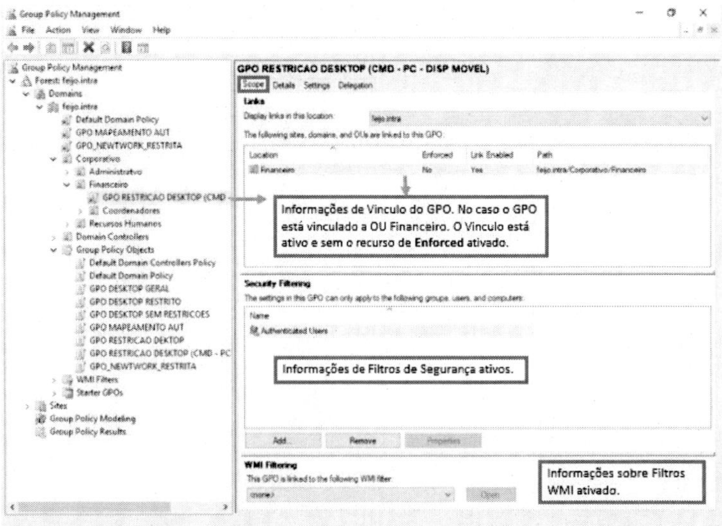

Após clicar em OK, o GPO é criado e já está ativo, mas vazio, já que ainda não configuramos nenhuma diretiva. Mas podemos verificar a propriedade do GPO, começando pelo **Scope**:

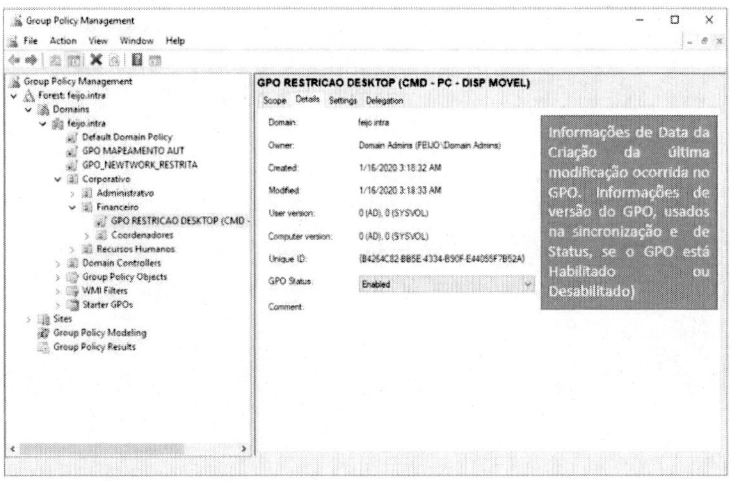

Depois **Details**:

- A segunda forma de criarmos um GPO, é clicando com o botão direito do mouse no container **Group Policy Objects** e simplesmente selecionar **New** no menu. Observe que neste caso estamos executando apenas uma operação, à de criação do GPO, a vinculação deste GPO com a estrutura onde ele será aplicado deverá ser feita manualmente, clicando com o botão direito do mouse em um site, domínio ou Unidade Organizacional e selecionando **Link na Existing GPO**... (Vincule um GPO Existente).

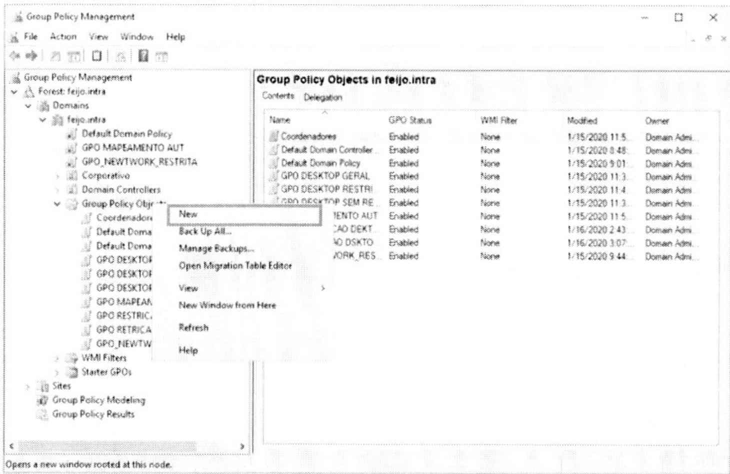

Fig. 43 – Opção no GPMC de Criar o GPO

8.6.2 Configurando o GPO

Vamos considerar o GPO que criamos no item anterior, **GPO RESTRICAO DESKTOP (CMD – PC – UNIDADES REMOV)**, para realizar a configuração das seguintes diretivas:

8.6.2.1 Controlar o acesso ao Prompt de comando

Por uma questão de segurança, é indicado desativar o acesso ao prompt de comando para os usuários nas redes corporativas. Isso devido ao fato que os prompts de comando podem ser usados para executar comandos que dão acesso de alto nível aos usuários e evitam outras restrições no sistema.

Execute as seguintes etapas:

1. No GPMC, edite o GPO **GPO RESTRICAO DESKTOP (CMD – PC – UNIDADES REMOV)**, clicando com o botão direito no GPO e escolhendo a opção **Edit,** então vá até "Configuração do Usuário", "Configurações do Windows", "Políticas", "Modelos Administrativos", "Sistema".

2. No painel direito, clique duas vezes na diretiva "Impedir acesso ao prompt de comando".

3. Clique em "Ativado" para aplicar a política.

4. Clique em "Aplicar" e "OK".

8.6.2.2 Controlar o acesso ao Painel de Controle

Em um ambiente corporativo é importante definirmos um padrão de configuração a ser utilizado por todos os computadores e usuários da rede, seja por uma questão de segurança, seja para permitir um gerenciamento e administração mais eficiente do ambiente. Nesse sentido, o controle do acesso ao Painel de Controle do Windows é fundamental para mantermos os aspectos que foram estabelecidos.

Execute as seguintes etapas:

5. No GPMC, edite o **GPO RESTRICAO DESKTOP (CMD – PC – UNIDADES REMOV)**, clicando com o botão direito no GPO e escolhendo a opção **Edit,** navegue até "Configuração do Usuário", "Modelos Administrativos", "Painel de Controle".

6. No painel direito, clique duas vezes na política "Proibir acesso ao painel de controle e às configurações do PC" para abrir suas propriedades.

7. Selecione "Ativado" nas três opções.

8. Clique em "Aplicar" e "OK".

8.6.2.3 Desabilitar unidades de Mídia Removíveis

O risco de infecções por unidades removíveis, que contêm vírus ou malwares, ao serem utilizadas no ambiente corporativo é sempre muito alto. Portanto, é uma boa prática desativar o acesso a estas unidades.

Execute as seguintes etapas para fazer isso:

9. No GPMC, edite o **GPO RESTRICAO DESKTOP (CMD – PC – UNIDADES REMOV)**, clicando com o botão direito no GPO e escolhendo a opção **Edit**, vá para "Configuração do Usuário", "Políticas", "Modelos Administrativos", "Sistema", "Acesso Removível ao Armazenamento".

10. No painel direito, clique duas vezes na diretiva "Todas as classes de armazenamento removíveis: Negar todos os acessos"

11. Clique em "Ativado" para ativar a política.

12. Clique em "Aplicar" e "OK".

8.6.3 Backup e Recuperação de GPO

O uso de objetos de política de grupo no ambiente tende a crescer na medida que mais controles e automações são implementados, além de que seja provável que tenhamos algumas com configurações mais complexas. Portanto, o processo de backup e restore dos GPOs, existente no Windows server 2016 / 2019, tanto no ambiente gráfico via GPMC, tanto via *PowerShell* possibilita uma proteção importante que poderá economizar tempo e esforço, no caso de termos que reconfigurar as configurações de um GPO corrompido ou sobreposto indevidamente.

Considere alguns cenários a seguir, em que o processo de backup e restore serão fundamentais para proteger o ambiente:

- Dois ou mais administradores podem alterar simultaneamente as configurações de uma política, o que pode substituir efetivamente as alterações feitas por um dos administradores.

- As alterações nas configurações e links do GPO podem ter consequências de longo alcance se um GPO for corrompido ou acidentalmente excluído.

- Muitos usuários podem ser afetados pela perda de um GPO, negando-lhes efetivamente o acesso a seus aplicativos essenciais aos negócios.

Uma informação importante para o administrador do active directory, relacionada às operações de backup e restore de GPOs, é que a operação de backup contempla o GPO e seu conteúdo, outras configurações como objetos vinculados e impostos, não farão parte deste backup. Ao restaurar um GPO, ele retornará para o contêiner Group Policy Objects, e as demais configurações de vínculo e imposição terão que ser realizadas manualmente.

8.6.3.1 Backup e Restore via GPMC

1. Abra o console de gerenciamento de política grupo, digitando no executar: "gpmc.msc".

2. Expanda o domínio e seu nome de domínio.

3. Agora, clique com o botão direito no container Objetos de Política de Grupo para ver as opções referentes aos processos de Backup e Restore (**Backup Up All** e **Manager Backups...**):

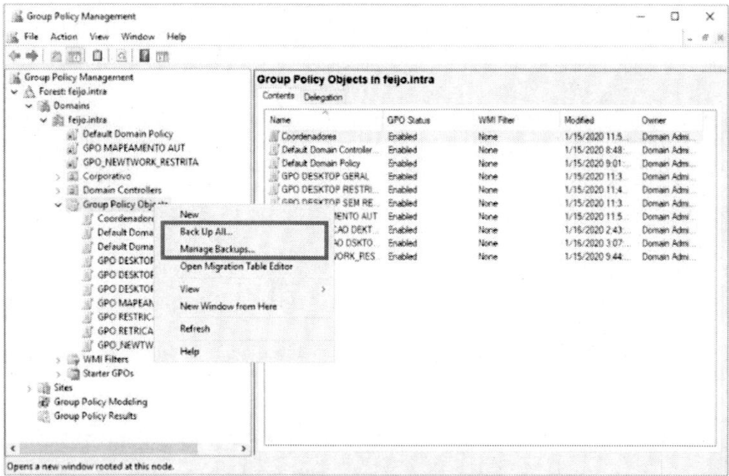

Para iniciar a criação do backup de todos os GPOs existentes, clique em **Back up all.** A janela a seguir será apresentada, para que se defina o local, onde será armazenado o backup e uma descrição que identifique o processo:

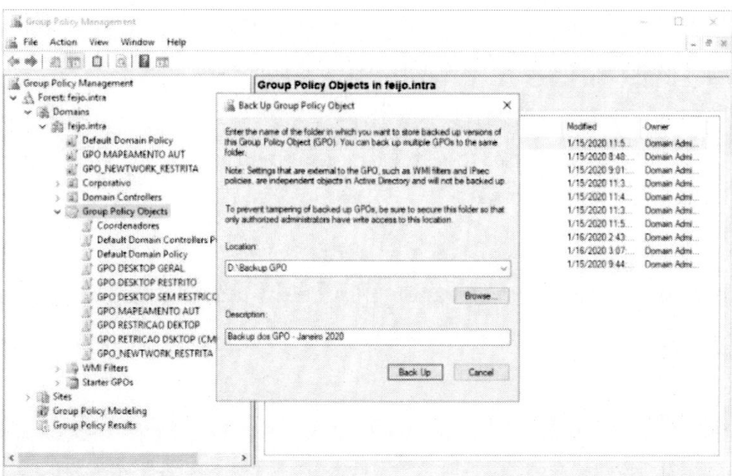

Ao clicar no botão **Back Up**, o processo é iniciado:

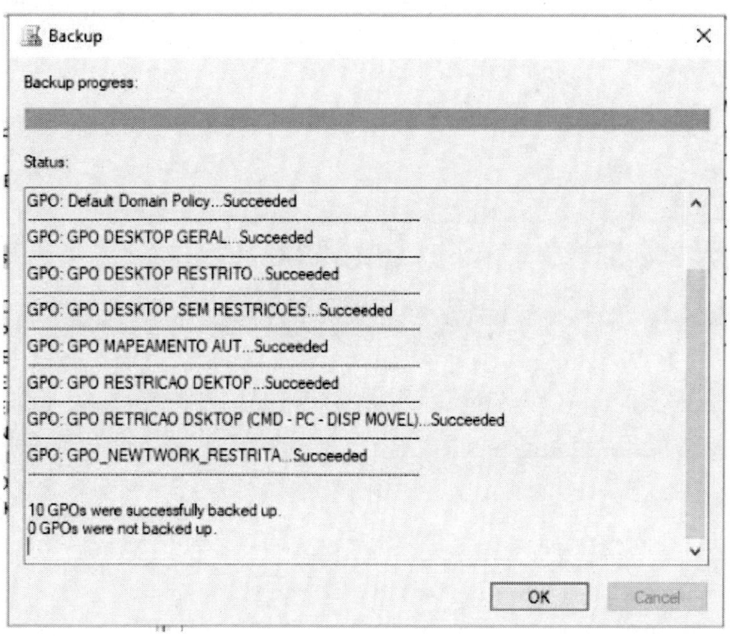

No caso do processo de **Restore**, é preciso entrar na opção **Manager Backups...,** já na página Gerenciar backups, navegue até o diretório ou local de backup no disco rígido e serão apresetados os backups existentes que podem ser restaurados:

Ao escolher um GPO específico para recuperar, uma janela de confirmação é apresentada, ao confirmar, o restore é inciado:

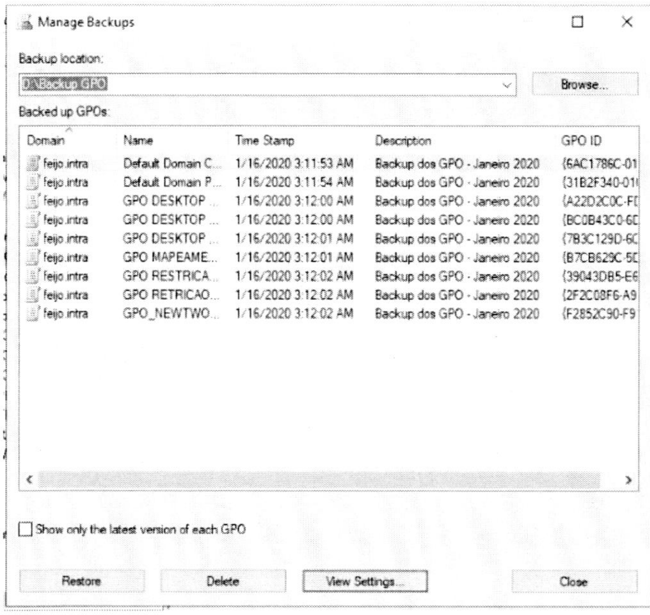

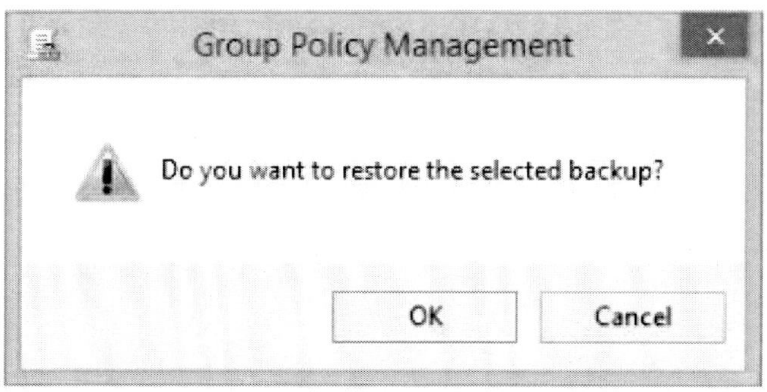

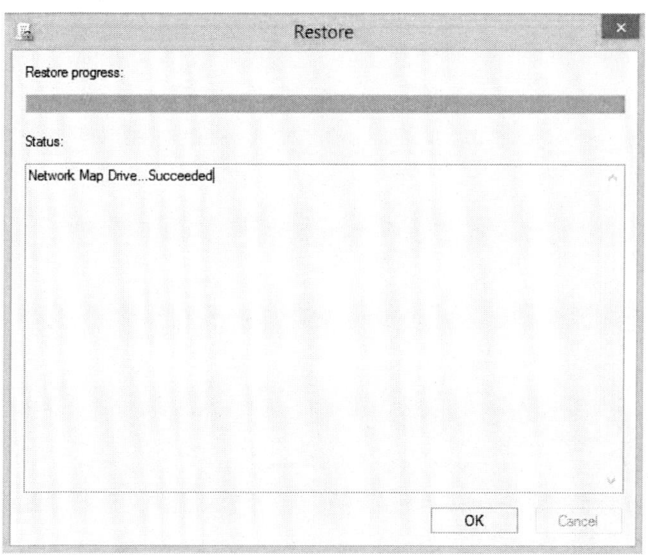

8.6.3.2 Backup e Restore via *PowerShell*

O cmdlet **Backup-GPO** faz backup de um Objeto de Política de Grupo (GPO) especificado ou de todos os GPOs em um domínio para uma pasta de backup especificada.

Digite o comando na seguinte sintaxe e pressione Enter.

Para fazer backup de um único GPO:
Backup-GPO [-Name] <string> -Path <string> [-Comment <string>] [-Domain <string>] [-Server <string>] [<CommonParameters>]

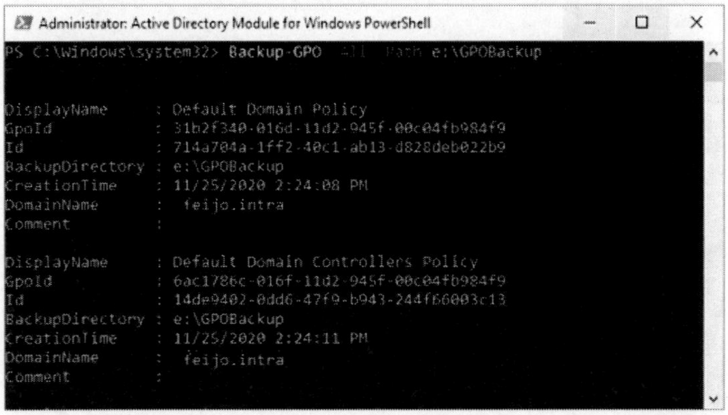

Para fazer backup de todos os GPOs do domínio:
Backup-GPO -All -Path <string> [-Comment <string>] [-Domain <string>] [-Server <string>] [<CommonParameters>]

O **Restore-GPO** pode restaurar um objeto de política de grupo específico do backup mais recente ou restaurar todos os GPOs de um domínio de uma vez.

Quando um objeto de política de grupo é restaurado do backup, a versão do objeto de política de grupo é incrementada como parte do processo de restauração.

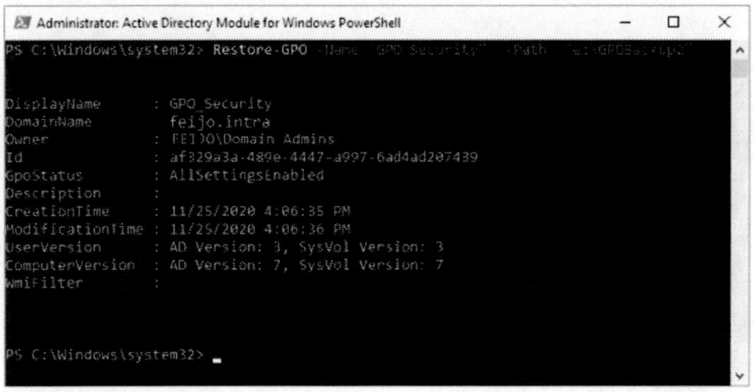

Para restaurar o GPO de backup, digite o comando na seguinte sintaxe e pressione Enter.

Para restaurar um único GPO:
Restore-GPO -BackupId <Guid> -Path <string> [-Domain <string>] [-Server <string>] [<CommonParameters>]

Para restaurar todos os GPOs do domínio que possuem backup:
Restore-GPO -All -Path <string> [-Domain <string>] [-Server <string>] [<CommonParameters>]

8.6.4 Administrando GPO via *PowerShell*

Como acontece com a maioria dos recursos do Active Directory, também podemos administrar os GPOs via *PowerShell*. Aqui estão alguns dos cmdlets de política de grupo do *PowerShell* para você começar.

- **New-GPO**: Esse cmdlet cria um novo GPO não atribuído. É possível passar como parâmetros: nome, proprietário, domínio entre outros.

- **Get-GPOReport**: Opção importante para fazer uma documentação e em resolução de problemas. Gera um relatório em formato XML ou HTML para um GPO especificado ou para todos os GPOs em um domínio.

- **Get-GPResultantSetOfPolicy**: Outra opção importante para solucionar problemas relacionados à aplicação dos GPOs no ambiente, esse cmdlet retorna todo o conjunto de políticas resultantes (RsoP) para um usuário ou computador ou ambos e cria um arquivo XML com os resultados.

- **Invoke-GPUpdate**: Com esse cmdlet podemos realizar a atualização dos GPOs em um computador, é equivalente ao tradicional comando gpupdate.exe. É possível agendar a atualização para um determinado momento em um computador remoto.

8.7 Processamento dos GPOs

Nos computadores, os Objetos de Diretiva de Grupo são aplicados quando o computador é iniciado. Enquanto que para os usuários, os Objetos de Diretiva de Grupo são aplicados no logon. Esse processo de processamento inicial dos GPOs, também é referenciado como ***foreground policy application*** (Aplicação de política em primeiro plano).

É importante entendermos que o processo **foreground policy application** pode acontecer de duas formas: **síncrono** ou **assíncrono**. No modo síncrono, o computador não conclui a inicialização do sistema até que a política do computador seja aplicada com sucesso assim como o processo de logon do usuário não será concluído até que a política do usuário seja aplicada com sucesso. Podemos citar, como exemplo, o processamento da política de instalação de software que ocorre apenas quando um computador é iniciado e o processamento de redirecionamento de pasta que ocorre apenas quando um usuário faz logon.

Já no modo assíncrono, o computador poderá concluir a sequência de início antes da conclusão da aplicação da política do computador, ficando disponível para o usuário.

Mas, além do processo de aplicação em primeiro plano, também existe o **Background processing** (processamento em segundo plano) o sistema aplica periodicamente o GPO em segundo plano, neste caso as configurações são aplicadas de forma assíncrona.

Como exemplo, temos as configurações de diretiva baseadas em registro e as diretivas de segurança que são aplicadas periodicamente.

O processamento em segundo plano ocorre com base na função do cliente. Os intervalos padrões utilizados para os controladores de domínio (DCs) realizarem uma atualização em segundo plano é a cada 5 minutos, enquanto as versões cliente e os servidores regulares do Windows realizam uma atualização a cada 90 minutos, mais um intervalo aleatório de 30 minutos. Para definir o intervalo diferente no qual a diretiva será reaplicada, use o Editor de Objeto de Diretiva de Grupo.

Todo o processamento da política deve ser concluído em 60 minutos. Não há método para modificar esse período de tempo limite.

Além disso, também existe uma atualização em segundo plano com base no estado da rede, chamada de atualização de reconhecimento de local de rede (NLA).

Outro aspecto importante é que durante uma atualização de diretiva, por padrão, uma extensão do lado do cliente reaplica as configurações de diretiva apenas se detectar uma alteração em um de seus GPOs ou em sua lista de GPOs. Isso, claro, acontece por uma questão de desempenho.

A política também pode ser reaplicada sob demanda. Para atualizar as configurações de diretiva atuais imediatamente, os administradores podem chamar o utilitário de linha de comando **gpupdate.exe.**

8.7.1 Gpupdate

Atualiza Política de Grupo configurações.
Sintaxe
gpupdate [/target:{Computer | User}] [/force] [/wait:<VALUE>] [/logoff] [/boot] [/sync]

Parâmetros

Parâmetro	**Descrição**
/Target: {computador	Usuário
/Force	Reaplica todas as configurações de política. Por padrão, somente as configurações de política que foram alteradas são aplicadas.
/Wait: <VALUE >	Define o número de segundos a aguardar até que o processamento da política seja concluído antes de retornar ao prompt de comando. Quando o limite de tempo é excedido, o prompt de comando é exibido, mas o processamento da política continua. O valor padrão é 600 segundos. O valor **0** significa não aguardar. O valor **-1** significa aguardar indefinidamente. Em um script, usando esse comando com um limite de tempo especificado, você pode executar o **gpupdate** e continuar com comandos que não dependem da conclusão do **gpupdate**. Como alternativa, você pode usar esse comando sem um limite de tempo especificado para permitir que o **gpupdate** conclua a execução antes que outros comandos que dependem dele sejam executados.
/logoff	Causa um logoff após a atualização das configurações de Política de Grupo. Isso é necessário para as extensões Política de Grupo do lado do cliente que não processam a política em um ciclo de atualização em segundo plano, mas processam a política quando um usuário faz logon. Os exemplos incluem instalação de software direcionado pelo usuário e redirecionamento de pasta. Essa opção não terá efeito se não houver extensões chamadas que exijam um logoff.
/boot	Causa uma reinicialização do computador após a aplicação das configurações de Política de Grupo. Isso é necessário para as extensões Política de Grupo do lado do cliente que não processam a política em um ciclo de atualização em segundo plano, mas processam a política na inicialização do computador. Os exemplos incluem instalação de software destinado a computador. Essa opção não terá efeito se não houver extensões chamadas que exijam uma reinicialização.
/sync	Faz com que o próximo aplicativo de política de primeiro plano seja executado de forma síncrona. A política de primeiro plano é aplicada na inicialização do computador e no logon do usuário. Você pode especificar isso para o usuário, computador ou ambos, usando o parâmetro **/target** . Os parâmetros **/Force** e **/Wait** serão ignorados se você especificá-los.

Um outro aspecto fundamental no processo de aplicação dos GPOs no ambiente e também ligado aos recursos disponíveis para resolver problemas relacionados a este processo, é a possibilidade de monitorarmos o resultado final da aplicação dos GPOs no ambiente. E nesse sentido uma tradicional e importante ferramenta pode ser utilizada:

8.7.2 Rsop – Resultant Set of Policy

O **RsoP** (conjunto de políticas resultantes) é uma ferramenta da Microsoft incorporada ao Windows 7 e versões posteriores. Ele fornece aos administradores um relatório sobre quais configurações de diretiva de grupo estão sendo aplicadas a usuários e computadores.

A utilização da ferramenta RsoP é usada para gerar um relatório sobre configurações de diretiva para usuários e computadores. Fundamental no processo de solução de problemas de configurações de diretiva de grupo no nível do cliente.

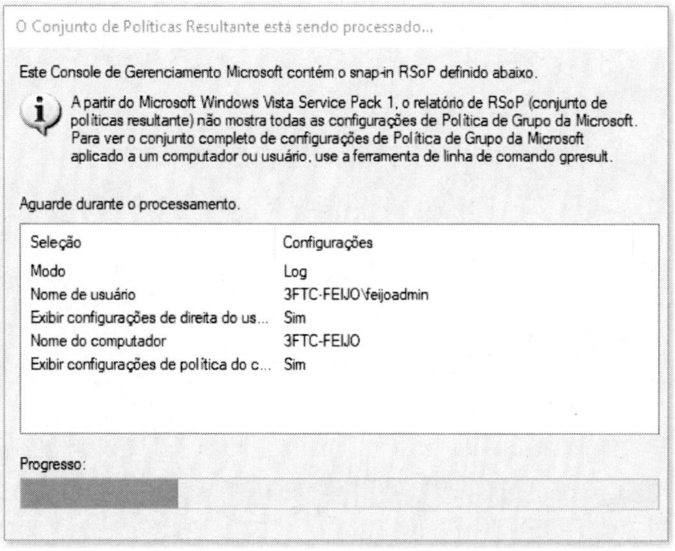

Para executar a **Rsop**, siga os passos:

1. Abra o console **Executar**, no menu iniciar.
2. Digite **rsop.msc**
3. É iniciada a coleta de informações, sobre as políticas aplicadas atualmente:

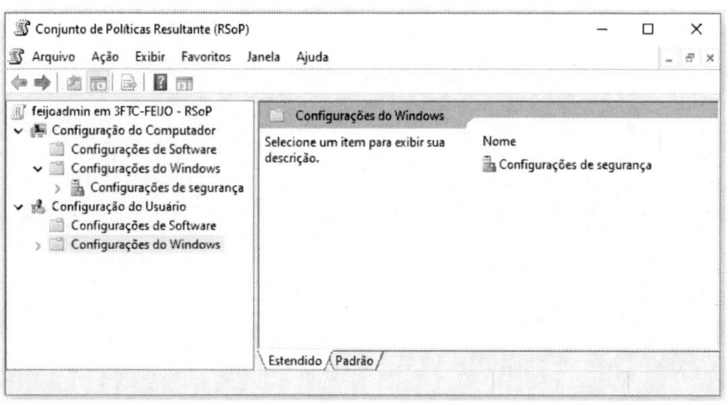

4. Após a coleta das informações ser concluída, é apresentado o conjunto de diretivas resultantes encontradas:

Existe ainda uma forma equivalente de visualizar o resultado das aplicações das políticas sobre o computador e usuário, desta feita via linha de comando:

8.7.3 Gpresult

Exibe o conjunto resultante de informações de política (RSoP) para um computador e um usuário em questão.

O Gpresult tem algumas vantagens sobre a ferramenta resop.msc, por relacionar todas as políticas que estão sendo aplicadas e mostrar algumas informações de segurança adicionais, como quais grupos de segurança que o usuário faz parte.

Sintaxe

gpresult [/s <system> [/u <USERNAME> [/p [<PASSWOrd>]]]] [/user [<TARGETDOMAIN>\]<TARGETUSER>] [/scope {user | computer}] {/r | /v | /z | [/x | /h] <FILE-NAME> [/f] | /?}

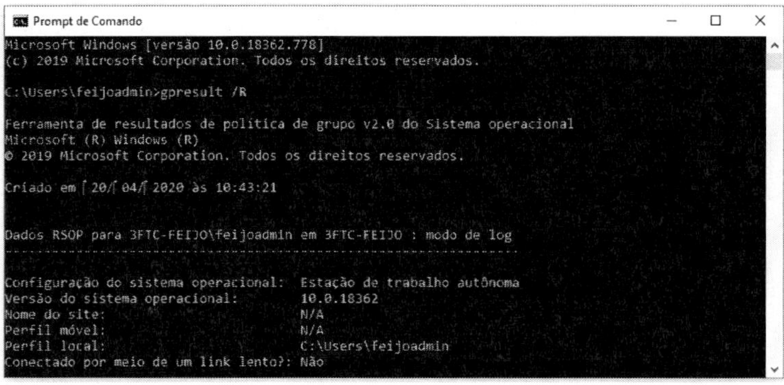

A ordem na qual os GPOs são processados também pode ser visualizada pelo comando GPRESULT / R, o GPO na parte superior tem precedência e terá sua configuração aplicada em qualquer conflito.

8.7.4 Filtros de GPO

Por padrão, um GPO afeta todos os usuários e computadores contidos no site, domínio ou unidade organizacional vinculada. Mas existe um recurso que nos permite ter um resultado diferente do padrão, trata-se dos filtros.

Podemos utilizar dois tipos de filtros: **Segurança** e **WMI**

8.7.4.1 Filtros de Segurança

Para aplicar um GPO a um grupo específico, são necessárias as ACEs (**Entradas de Controle de Acesso**) de Diretiva de Grupo **Ler** e **Aplicar**. Por padrão, todos os **Usuários Autenticados** têm essas duas permissões definidas para **permitir**.

Conseguimos dentro do **GPMC** ter acesso a esta informação, ao clicar no GPO e na guia **Delegation**, clicar no botão **Advanced...**

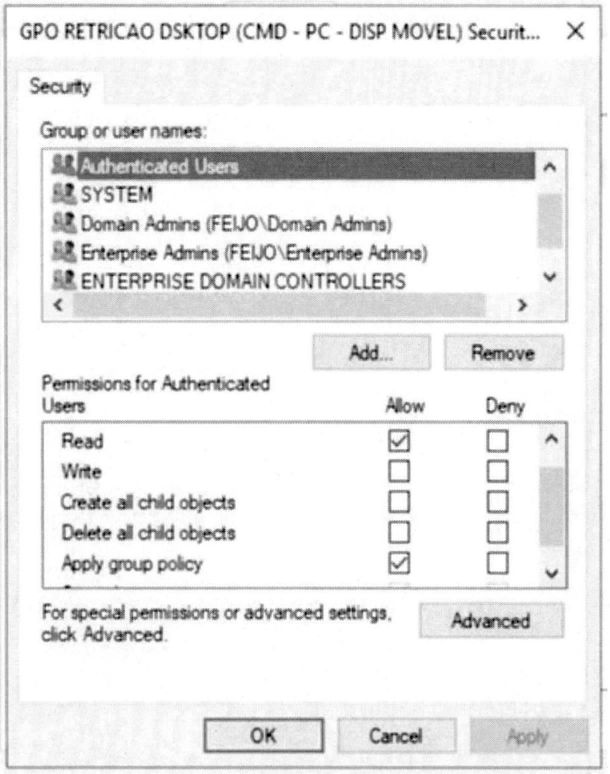

Então, imaginem um cenário em que não queremos que um determinado GPO seja aplicado às contas de administradores do ambiente, poderíamos então, ao invés de **Permitir**, **Negar** a permissão de aplicar o GPO para o grupo **Domain Admins**. Ou ainda, num cenário em que só precisamos aplicar o GPO a um determinado grupo de usuários específicos, poderíamos retirar o grupo Padrão **Authenticated Users** da ACEs e adicionar um grupo de segurança correspondente ao grupo de usuários que queremos afetar com a aplicação do GPO, dando a este a permissão de **aplicar GPO**.

Uma configuração **Deny** (Negar) para qualquer grupo ou usuário tem precedência sobre qualquer **Allow** (Permitir) concedido como resultado da associação a outro grupo.

Ou seja, observe na tela do editor da **lista de controle de acesso** (ACL), em que foi configurada a permissão **Deny** (Negar) para a ação de **Apply group policy** (Aplicar política de grupo), na usuária Claudia Ramos:

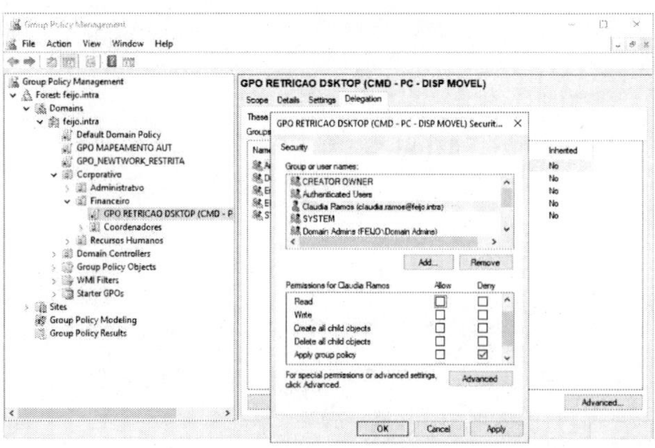

Ela também pertence ao grupo padrão **Authenticated Users**, que tem a permissão **Allow** (Permitir), por padrão, mas como **Deny** (Negar) tem precedência, o GPO em questão não será aplicado.

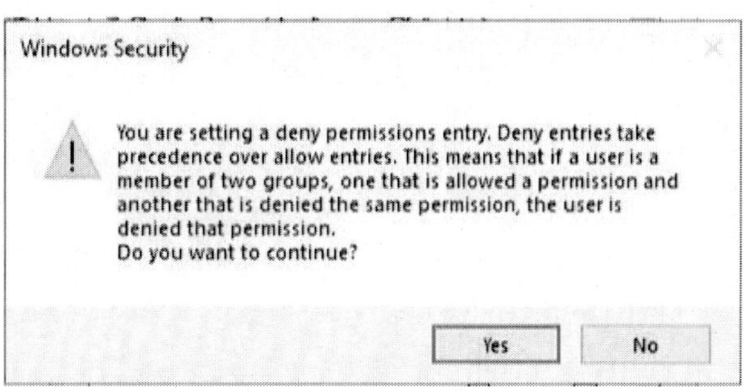

No momento em que se aplica a configuração **Deny** (Negar) a um grupo ou usuário, o sistema alerta, quanto à questão da precedência:

Resumindo o efeito da aplicação dos filtros de segurança, temos que ao processar o GPO, o sistema verifica a lista de controle de acesso (ACL) associada ao GPO. Se uma entrada de controle de acesso (ACE) negar o acesso do computador ou do usuário ao GPO, o sistema não aplicará as configurações de diretiva especificadas pelo GPO. Se a ACE permitir acesso ao GPO, o sistema aplicará as configurações de diretiva especificadas pelo GPO.

8.7.4.2 Filtros WMI

Os administradores também podem usar filtros WMI para gerenciamento de exceções. Os filtros WMI permitem que um administrador especifique uma consulta baseada em WMI para filtrar o efeito de um GPO. Os filtros WMI são gravados em WMI Query Language. Este método foi introduzido pela primeira vez no **Windows Server 2003**.

Podemos usar o **GPMC** para criar / gerenciar filtros WMI. Antes de aplicar o filtro a um GPO, primeiro precisamos criá-lo. Um único filtro WMI pode ser anexado a muitos GPOs. Entretanto, um GPO só pode ter um único filtro WMI associado.

Para criar um **filtro WMI**, abra o GPMC, clique com o botão direito do mouse em **WMI Filter** e clique em **New**.

Como exemplo, os filtros WMI podem ser usados para filtrar diferentes versões do sistema operacional, arquitetura do processador (32 bits / 64 bits), funções de servidor Windows, configurações do Registro, identificação de evento. Etc.

O seguinte formato WMI query é usado:
Select * from <WMI Class> WHERE <Property> = <Value>

Veja um exemplo, de um filtro WMI, que estabelece que apenas computadores com o Windows 10, receberam o GPO em questão:

Select * from Win32_OperatingSystem where Version like "10.%" and ProductType="1"

8.7.5 Group Policy Loopback

Considerando o processamento normal dos GPOs, vamos destacar um aspecto, de que as diretivas relacionadas aos usuários são aplicadas aos usuários **independente** do computador que este faça logon na rede, equanto que as diretivas aplicadas aos computadores na rede, são aplicadas **independente** do usuário que o está utilizando.

Em alguns cenários, essa característica padrão de aplicação pode não ser apropriada. Suponha que foi aplicado um GPO para os usuários de uma determinada Unidade Organizacional, em que está configurada uma diretiva para instalar um aplicativo, pelo processamento padrão, em qualquer computador da rede que estes usuários façam login o aplicativo será instalado, mas em um determinado grupo de computadores da rede, não queremos que este aplicativo seja instalado.

Para solucionar esses tipos de situações, podemos utilizar o recurso **Group Policy Loopback**. O Loopback de Diretiva de Grupo é um tipo específico de configuração de diretiva de grupo que permite aplicar diretivas do lado do usuário a computadores. É uma solução alternativa que tenta resolver problemas relacionados a dispositivos compartilhados. O Loopback é normalmente ativado para ambientes de quiosque ou Serviços de Área de Trabalho Remota. Com ele é possível especificar duas outras formas de recuperar a lista de GPOs:

- **Modo de mesclagem**

Neste modo, quando o usuário faz logon, a lista de GPOs do usuário é normalmente coletada usando a função GetGPOList. Em seguida, a função GetGPOList é chamada novamente pelo uso da localização do computador no *Active Directory*. A lista de GPOs do computador é adicionada no fim das GPOs do usuário. Isto faz com que as GPOs do computador tenham uma precedência maior do que as GPOs do usuário.

- **Modo de substituição**

Neste modo, a lista de GPOs do usuário não é coletada. Apenas a lista de GPOs com base no objeto do computador é usada.

Vamos entender melhor o uso do **Group Policy Loopback**, no seguinte cenário:

1. O cenário em que vamos utilizar o Loopback é composto por duas Unidades Organizacionais: **Servidores RDS (**Esta OU possui uma conta de computador, o servidor de TS chamado Server_RDS01**)** e **Financeiro (**Esta OU tem uma conta de usuária, chamada Leticia_silva**);**

2. Na OU Servidores RDS foi vinculado um GPO, que possui configurações ativas para COMPUTADORES e USUÁRIOS

3. Na OU Financeiro também possui GPO vinculado com configurações ativas para COMPUTADORES e USUÁRIOS

4. No processamento padrão, quando a usuária leticia_silva realizasse o login no servidor Server_RDS01, as seguintes diretivas seriam aplicadas:

Computer Configuration = Referentes ao GPO aplicado na OU SERVIDORES RDS
User Configuration = Referentes ao GPO aplicado a OU FINANCEIRO

5. Agora vamos ver o reflexo na aplicação dos mesmos GPOs, ao ativarmos a configuração **User Group Policy Loopback processing Mode**, no modo **replace** na OU Servidores de RDS

   Computer Configuration = Referentes configurações ativas no GPO aplicado na OU SERVIDORES RDS
   User Configuration = Referentes configurações ativas no GPO aplicado na OU SERVIDORES RDS

6. Se mudarmos o modo para **Merge**, na configuração da **User Group Policy Loopback processing Mode**, teremos o seguinte resultado:

   Computer Configuration = Referentes configurações ativas no GPO aplicado na OU SERVIDORES RDS
   User Configuration = Referentes configurações ativas no GPO aplicado na OU SERVIDORES RDS
   User Configuration = Referentes configurações ativas no GPO aplicado na OU FINANCEIRO

É importante reforçar que em caso de conflito entre as diretivas dos GPOs envolvidos, o GPO vinculado a OU SERVIDORES RDS terá precedência, pois os GPOs do computador são processados por último.

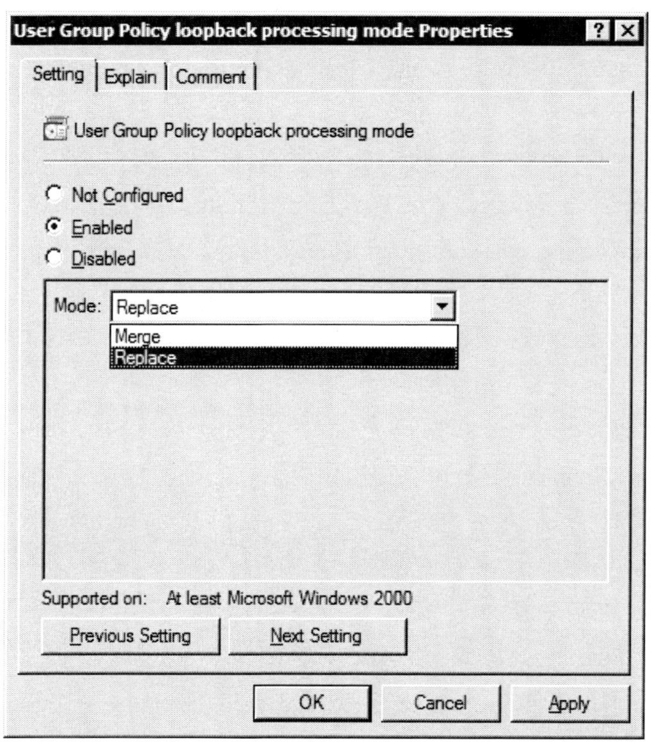

Como configurar o Loopback processing Mode?

No **Group Policy Management Editor** selecione **Edit** sobre a política escolhida e em seguida expanda:

"***Computer Configuration** > **Policies** > **Administrative Templates** > **System** > **Group Policy***"

Clique duas vezes sobre "**User Group Policy Loopback processing Mode**"

8.8 Melhores Práticas GPO

Para aumentar nossas chances de sucesso com a implementação, administração e gerência dos GPOs nos mais diferentes cenários que nos deparamos nas empresas, é fundamental que os administradores utilizem práticas recomendadas de design e implementação, recomendadas pela Microsoft. Muitas dessas técnicas adoto como regras nas implementações que já fiz em diversos cenários de tamanho e complexidade diferentes e posso atestar o quanto contribui para que os GPOs funcionem muito bem.

Vamos listar algumas delas:

1. **Usar nomes descritivos de GPO**

Ser capaz de identificar rapidamente o que um GPO faz com base no nome facilitará muito a administração da diretiva de grupo. Dar aos GPOs um nome genérico, como configurações de laptop, dificultará um processo futuro de resolução de problemas. Alguns bons exemplos são: Configurações do navegador, Configurações de energia, Políticas do MS Office e Proteção de tela desativada. Tudo isso é descritivo e uma olhada no nome fornece uma boa ideia do que essa política faz.

1. Não modifique as Políticas Padrões: **Default Domain Policy** e **Default Domain Controller Policy**

O GPO **Default Domain Policy** deve ser usado apenas para configurações de diretivas de conta, diretiva de senha, diretiva de bloqueio de conta e diretiva Kerberos. Quaisquer outras configurações devem ser colocadas em um GPO separado. É definido no nível do domínio para que todos os usuários e computadores obtenham essa política.

Já a **Default Domain Controller Policy** deve conter apenas a Política de atribuição de direitos do usuário e a Política de auditoria. Quaisquer outras configurações para os controladores de domínio devem ser definidas em um GPO separado.

1. **Evite o uso intenso de herança e aplicação de políticas de bloqueio**

Com uma boa estrutura de UO é possível evitarmos o uso constante, tanto de bloquear a herança de políticas como a imposição de políticas.

1. **Não desative GPOs**

Se um GPO estiver vinculado a uma UO e você não desejar, exclua-o em vez de desativá-lo. Excluir o link de uma UO não excluirá o GPO, apenas remove o link da UO. Desabilitar o GPO impedirá que ele seja processado inteiramente no domínio, isso pode causar confusão no momento de resolução de algum problema.

1. **Use GPOs pequenos para simplificar a administração**

Acumularmos muitas configurações em poucos GPOs, ou em apenas um, pode se tornar uma verdadeira armadilha, na hora que precisarmos identificar a configuração que está causando algum tipo de problema no ambiente.

Realmente não há razão para fazermos isso, ao invés disso, podemos utilizar vários GPOs pequenos, que não afetam o desempenho e permitem uma rápida identificação de qual configuração/gpo está trazendo problemas.

1. **Crie uma estrutura de Unidades Organizacionais Eficiente**

A estrutura de Unidades organizacionais utilizada deve permitir de forma eficiente que possamos administrar usuários e computadores existentes na corporação com flexibilidade e precisão.

1. **Práticas recomendadas para o desempenho da Diretiva de Grupo**

Seguem algumas configurações que podem impactar no tempo de inicialização e provocar lentidão no processo de logon:

- Scripts de logon ou de inicialização que baixam arquivos grandes;
- Mapear unidades em servidores remotos, cujo tempo de acesso seja alto;
- Fazer a instalação de drivers de impressoras, em política de grupo preferências;
- Uso excessivo de filtragem de diretiva de grupo por associação a grupos do *Active Directory*;
- Uso excessivo de filtros WMI.

Capítulo 9

Replicação do Active Directory

Vamos recorrer à evolução do Windows Server, para um entendimento completo do processo de replicação que envolve o *Active Directory*. O Windows NT, versão anterior a de estreia do *Active Directory*, possuía um ambiente de rede com mestre único. A estrutura do Windows NT era composta por dois tipos de Controladores de domínio, o PDC – Controlador de domínio primário, que tinha a responsabilidade de gerenciar a cópia mestra do banco de dados do domínio, em outras palavras, era ele que replicava quaisquer alterações ocorridas na base de dados, justamente para o segundo tipo de controlador de domínio existente, o BDC – Controlador de domínio backup.

Observe que estamos falando de uma estrutura composta por um único controlador de domínio primário, para um ou mais controladores de domínio backup. Portanto, quaisquer alterações precisavam ser executadas no PDC, que então replicava essas alterações no banco de dados para os BDCs.

Fica claro, após entedermos as atribuições do PDC e do BDC no ambiente Windows NT, que numa eventual indisponibilidade do PDC, nenhuma alteração poderia ser realizada no banco de dados do domínio, até que uma intervenção fosse realizada no ambiente, afim de promover um determinado BDC, no novo PDC da rede. Esta indisponibilidade, muitas vezes impactava no negócio, deixando o ambiente sem confiabilidade.

Uma outra característica limitante, no Windows NT, era que todas as informações ficavam armazenadas em um banco de dados SAM (Gerente de Contas de Segurança) que não podia crescer além dos 40 MB. Caso o banco de dados SAM crescesse além desse máximo recomendado (isso acontecia próximo dos 40 mil objetos, dependendo da configuração), você precisava dividir o ambiente em vários domínios separados, o que complicava a administração da rede e o fornecimento de acesso aos recursos para os usuários.

Além disso, o Windows NT contava com a resolução de nomes NetBIOS, que era baseada em difusão e normalmente gerava muito tráfego à medida que os usuários procuravam recursos de rede.

O *Active Directory* chega com o Windows 2000 Server, e com ele mudanças significativas são implementadas. Já que o *Active Directory* é um banco de dados replicado, multimestre, distribuído e escalonável, uma das consequências disso é que todos os controladores de domínio hospedam uma réplica completa das informações de domínio para seu próprio domínio, ou seja, todos os controladores armazenam uma cópia de leitura / gravação do banco de dados do *Active Directory.*

O modelo de replicação do *Active Directory* define, portanto, as formas pelas quais as atualizações são comunicadas a todos os controladores de domínio em um ambiente, bem como lida com os conflitos que podem surgir como resultado dessa capacidade de vários mestres de fazer alterações praticamente a partir de qualquer lugar.

No ambiente de vários mestres os controladores de domínio deixam de ser um ponto único de falha, já que alterações no banco de dados do Active Directory podem ocorrer em qualquer controlador de domínio e essas alterações são replicadas para outros controladores de domínio.

Podemos então, definir a replicação como sendo o processo que garante que as alterações feitas em uma réplica em um determinado controlador de domínio sejam transferidas para réplicas armazenadas nos outros controladores de domínio existentes. A replicação do *Active Directory*, portanto, garante que as informações ou dados entre os controladores de domínio permaneçam atualizados e consistentes.

9.1 Conceitos de Replicação do *Active Directory*

É verdade que em duas oportunidades já nos debruçamos sobre alguns conceitos e componentes que iremos estudar a partir de agora, como Site do *Active Directory*, no **Capítulo 3 – Componentes estruturais do Active directory**, e Global Catalog, abordado em detalhes no **Capítulo 4 – Funções dos controladores de domínio.** Mas agora o nosso foco é no processo de replicação em si, na administração e resolução de problemas deste processo fundamental para o funcionamento do *Active Directory* e para que consigamos entender o processo, administrá-lo e ser capaz de resolver os problemas relacionados, é necessário que os conceitos e componentes relacionados estejam claros, pois precisamos revê-los e explorar novas informações e ferramentas. ***Vamos mergulhar!!!***

9.1.1 KCC (Knowledge Consistency Checker)

O KCC (Knowledge Consistency Checker) é um processo interno executado em todos os controladores de domínio que tem como resultado a topologia de replicação para a floresta do *Active Directory.*

O KCC cria topologias de replicação separadas, dependendo se a replicação está ocorrendo dentro de um site (**intrasite**) ou entre sites (**intersites**). O KCC também ajusta dinamicamente a topologia para acomodar a adição de novos controladores de domínio, a remoção de controladores de domínio existentes, a movimentação de controladores de domínio de e para sites, a alteração de custos e agendas e controladores de domínio que estão temporariamente indisponíveis ou em um estado de erro.

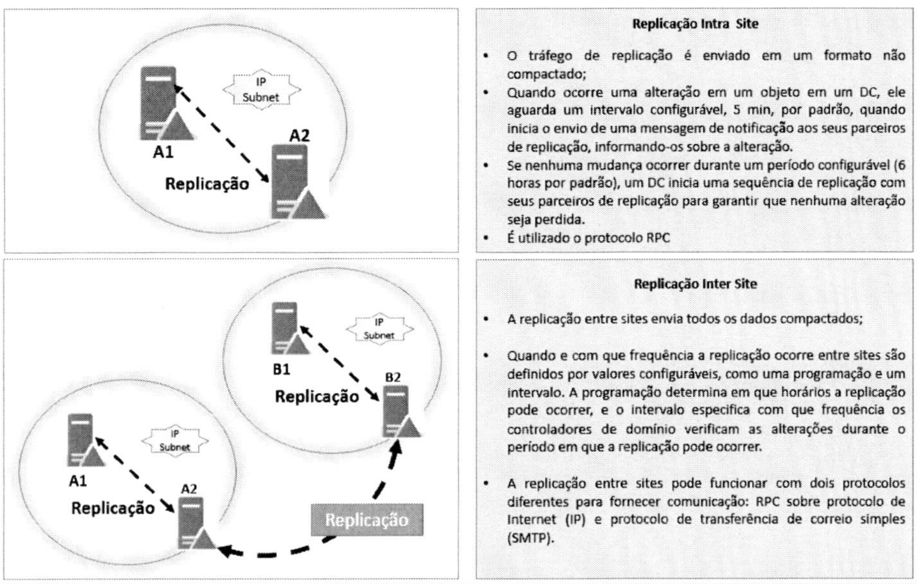

Em vez de criar uma malha completa para replicação, o KCC cria uma topologia em que cada controlador de domínio tem pelo menos dois parceiros, quando possível, de replicação e fica a menos de três saltos de qualquer outro controlador de domínio. Com essa topologia, todo controlador de domínio pode ser totalmente atualizado com apenas três ciclos de replicação.

No caso da topologia entre sites, um componente diferente entra em ação, a replicação ocorre por meio de objetos de link de site, e o responsável pela topologia é o **ISTG - Inter Site Topology Generator** (Gerador de Topologia entre sites), um componente do KCC, que cria objetos de conexão entre os servidores de cada site.

9.1.2 Gerador de topologia entre sites

O ***Intersite Topology Generator*** (ISTG) é responsável por gerenciar os objetos de conexão de replicação de entrada para todos os **servidores bridgehead** no site em que está localizado. Há apenas **1** gerador de topologia entre sites **por site** e o primeiro servidor no site se torna o **ISTG** para o site.

"Um servidor bridgehead (Servidor ponte) é um controlador de domínio (DC) que funciona como a rota primária de dados de replicação do Active Directory (AD) que entram e saem de sites."

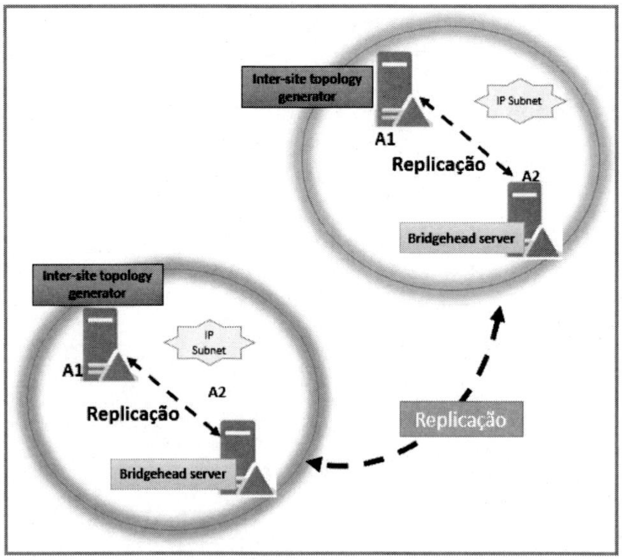

Por padrão, o *Knowledge Consistency Checker* (KCC) elege um DC para ser um servidor ponte. Conforme o KCC constrói a topologia de replicação, ele avalia os controladores de domínio em cada site para determinar se eles podem ser servidores *bridgehead.*

Se mais de um DC for elegível para a função de servidor *bridgehead*, o KCC classifica os DCs por seus identificadores globalmente exclusivos (GUIDs) e elege o servidor que possui o GUID mais baixo.

Mesmo que o DC também seja um servidor de Catálogo Global (GC) e mantenha uma cópia parcial dos NCs dos outros domínios, o DC não é autorizado para esses NCs de domínio parcial. Portanto, se você tiver controladores de domínio de vários domínios em cada um de seus sites, precisará de vários servidores ponte para transportar o tráfego de replicação de cada domínio.

Quando o ISTG determina que um objeto de conexão precisa ser modificado em um determinado servidor *bridgehead* no site, o ISTG faz a alteração em sua cópia local do *Active Directory*. Como parte do processo normal de replicação intrasite, essas alterações se propagam para os servidores ponte no site. Quando o KCC no servidor *bridgehead* revisa a topologia após receber essas alterações, ele converte os objetos de conexão em links de replicação que o *Active Directory* usa para replicar dados de servidores *bridgehead* remotos.

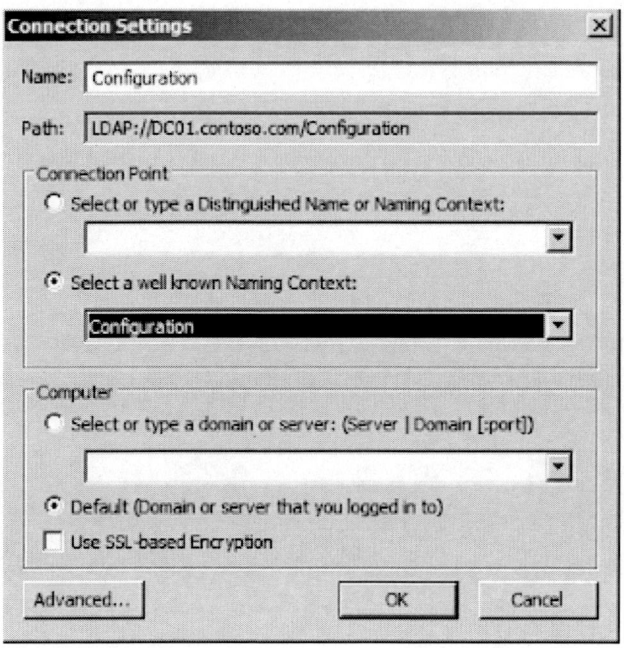

Disse há pouco que há apenas um único gerador de topologia entre sites por site e o primeiro servidor no site se torna o **ISTG** para o site, mas é possível determinar qual o DC terá esta função no site, executando as seguintes etapas:

1. Em um controlador de domínio, faça login como Administrador de domínio;
2. Inicie o "**ADSI Edit**";
3. Clique com o botão direito em "**ADSI Edit**", e selecione "**Connect to**";
4. Ao lado de "**Select a well known Naming Context**", selecione "**Configuration**":

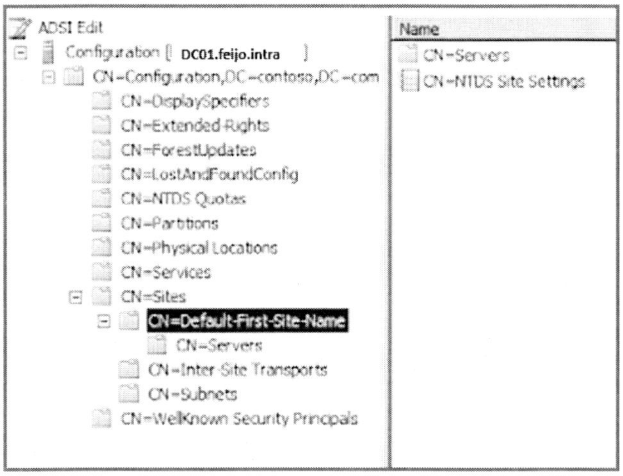

5. Clique em «OK».
6. Expanda “Configuration > CN=Configuration, DC=<Domain>,DC=com > CN=Sites > CN=<Site Name>.

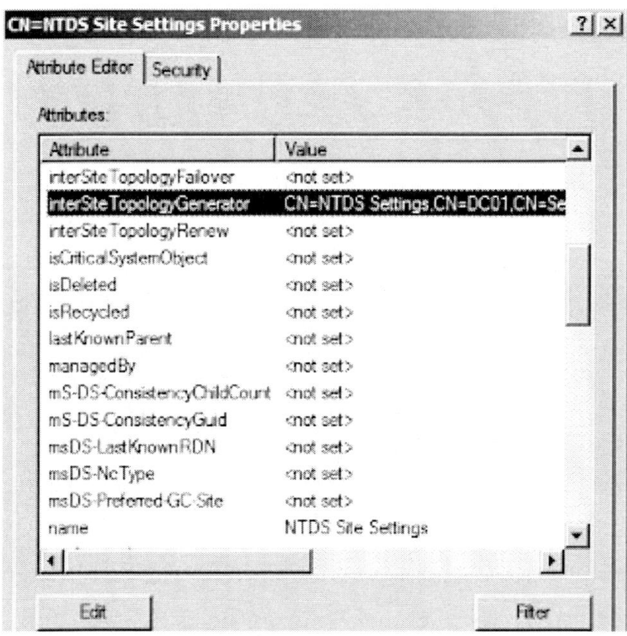

7. No painel direito, clique com o botão direito «**CN=NTDS Site Settings**”, selecione “**Properties**”.
8. Próximo a “**interSiteTopologyGenerator**”.

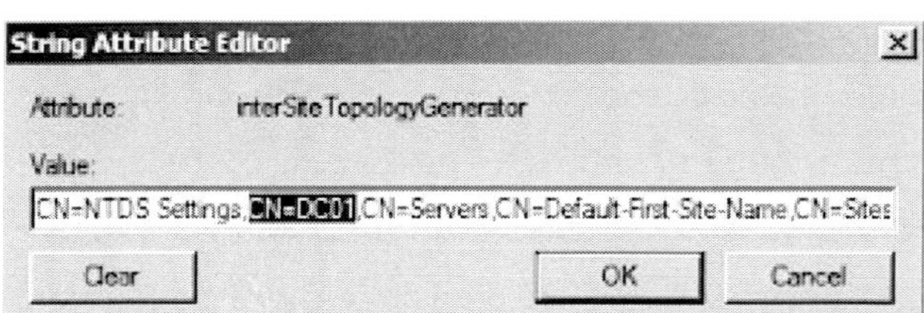

9. Cliquem em «**Edit**”.

10. Você pode modificar o «**CN=<Server Name>**”, clique em “**OK**” para concluir.

9.1.3 Objeto de Conexão

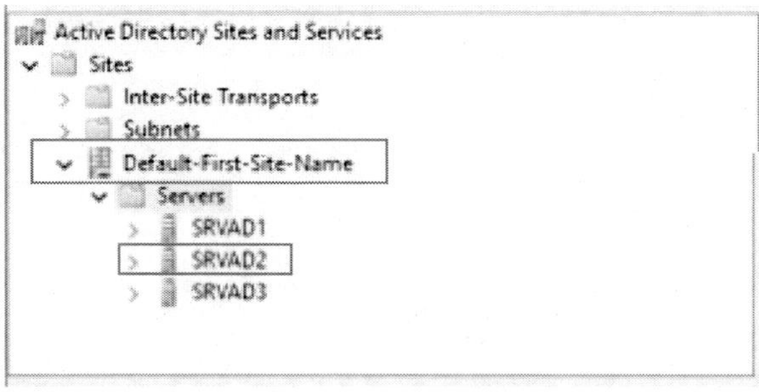

Um objeto de conexão é um objeto do *Active Directory* que representa uma conexão de replicação entre dois controladores de domínio parceiros de replicação. Ou seja, ele representa um caminho de replicação unidirecional entre um controlador de domínio de origem para um controlador de domínio de destino. Um controlador de domínio é membro de um único site e é representado no site por um objeto de servidor no AD DS (Serviços de Domínio *Active Directory*).

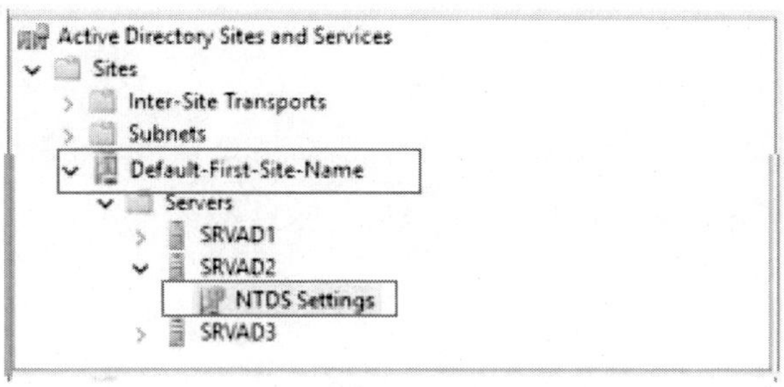

Cada objeto de servidor tem um objeto filho **NTDS Settings** que representa o controlador de domínio de replicação no site.

O objeto de conexão é um filho do objeto Configurações NTDS no servidor de destino. Para a replicação ocorrer entre dois controladores de domínio, o objeto de servidor de um deve ter um objeto de conexão que representa a replicação de entrada do outro.

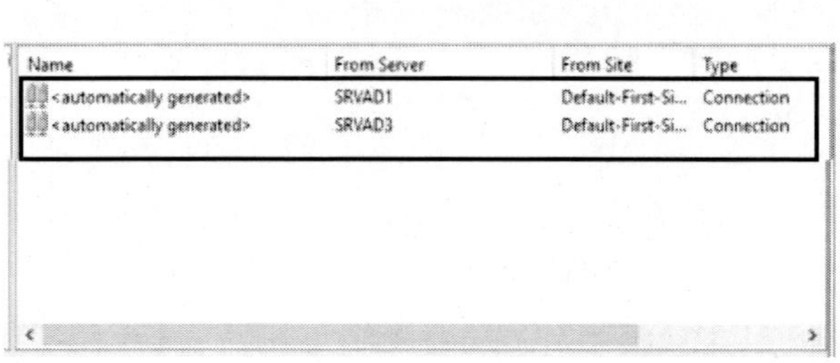

O KCC - *Knowledge Consistency Checker* cria os objetos de conexão automaticamente. Objetos de conexão criados pelo KCC aparecem no snap-in Serviços e Sites do ***Active Directory***, e em condições normais são o suficiente para que o ambiente esteja operacional.

Caso seja necessário, também é possível criar manualmente Objetos de conexão. Um objeto de conexão criado manualmente é identificado pelo nome atribuído pelo administrador no momento da sua criação. Importante destacar que o KCC não faz alterações em objetos de conexão criados manualmente. Outra situação acontece quando é feita uma modificação em um objeto de conexão, quando isso ocorre o objeto é convertido em um objeto de conexão modificado administrativamente e o objeto aparece na forma de um GUID. O KCC não faz alterações em objetos de conexão manuais ou modificados.

Todas as conexões de replicação de um controlador de domínio são armazenadas como objetos de conexão no objeto Configurações NTDS. O objeto de conexão identifica o servidor de origem de replicação, contém um agendamento de replicação e especifica um transporte de replicação.

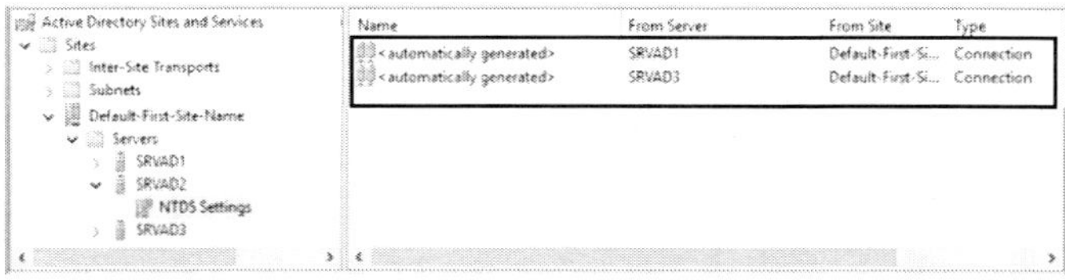

Se uma conexão não estiver funcionando devido a um controlador de domínio com falha, o KCC criará automaticamente conexões temporárias com outros parceiros de replicação (se disponíveis) para garantir que a replicação ocorra. Se todos os controladores de domínio em um site estiverem indisponíveis, o KCC cria automaticamente conexões de replicação entre os controladores de domínio de outro site, isso tudo para garantir a funcionalidade de failover.

9.1.4 Sub-rede

Uma sub-rede é um segmento de uma rede TCP / IP a qual um conjunto de endereços IP lógicos é atribuído. Sub-redes agrupam computadores de uma maneira que identifica sua proximidade física na rede. Objetos de sub-rede no AD DS identificam os endereços de rede usados para mapear computadores para sites.

9.1.5 Sites

Sites são objetos do *Active Directory* que representam uma ou mais sub-redes TCP / IP com conexões de rede rápidas e altamente confiáveis. As informações do site permitem que os administradores configurem o acesso e a replicação do *Active Directory* para otimizar o uso da rede física. Os objetos de site são associados a um conjunto de sub-redes e cada controlador de domínio em uma floresta é associado a um site do *Active Directory* de acordo com seu endereço IP. Os sites podem hospedar controladores de domínio de mais de um domínio, e um domínio pode ser representado em mais de um site. As estações de trabalho cliente também são associadas a um site de acordo com seu endereço IP; ou seja, cada endereço IP é mapeado para uma sub-rede, que por sua vez é mapeada para um site.

Os sites do *Active Directory* são a melhor solução para gerenciar organizações que possuem filiais em diferentes localizações geográficas, mas se enquadram no mesmo domínio. Sites são agrupamentos físicos de sub-redes IP bem conectadas, usadas para replicar informações com eficiência entre controladores de domínio (DCs). Pode ser pensado como um mapeamento que descreve as melhores rotas para executar a replicação no AD, fazendo uso eficiente da largura de banda da rede. Os sites ajudam a obter economia e velocidade. Eles também permitem que você exerça melhor controle sobre o tráfego de replicação e o processo de autenticação. Quando houver mais de um controlador de domínio no site, que sejam capazes de lidar com pesquisas de logon, serviços e diretórios do cliente, os sites podem localizar o controlador de domínio mais próximo para executar essas ações. Os sites também desempenham um papel na implantação e direcionamento de Diretivas de Grupo.

No AD, as informações sobre a topologia são armazenadas como objetos de link do site. Por padrão, o contêiner do site **Default-First-Site-Name** (Padrão-Primeiro-Site-Nome) é criado para a floresta. Até que outro site seja criado, todos os controladores de domínio são atribuídos automaticamente a esse site.

O *Active Directory* usa sites para:

- Otimizar a replicação para velocidade e consumo de largura de banda entre controladores de domínio;
- Localizar o controlador de domínio mais próximo para logon de cliente, serviços e pesquisas de diretório;
- Direcionar um cliente DFS (Distributed File System) para o servidor que hospeda os dados solicitados no site;
- Replique o volume do sistema (SYSVOL).

Lembre-se que você pode encontrar mais informações sobre a estrutura de sites do *Active Direc*tory no Capítulo 3.

9.1.6 Site Link (Link do site)

Links de site são objetos do *Active Directory* que representam caminhos lógicos que o KCC usa para estabelecer uma conexão para replicação do *Active Directory*. Um objeto de link de site representa um conjunto de sites que podem se comunicar a um custo uniforme por meio de um transporte entre sites especificado.

Todos os sites contidos no link do site são considerados conectados por meio do mesmo tipo de rede. Os sites devem ser vinculados manualmente a outros sites, usando links de sites, para que os controladores de domínio em um site possam replicar alterações de diretório de controladores de domínio em outro site. Como os links do site não correspondem ao caminho real usado pelos pacotes de rede na rede física durante a replicação, você não precisa criar links de sites redundantes para melhorar a eficiência da replicação do *Active Directory*.

Quando dois sites são conectados por um link, o sistema de replicação cria automaticamente conexões entre controladores de domínio específicos em cada site, chamados servidores **bridgehead**. A partir do Windows Server 2008, todos os controladores de domínio em um site que hospeda a mesma partição de diretório são candidatos a serem selecionados como servidores *bridgehead*. As conexões de replicação criadas pelo KCC são distribuídas aleatoriamente entre todos os servidores bridgehead candidatos em um site para compartilhar a carga de trabalho de replicação. Por padrão, o processo de seleção aleatória ocorre apenas uma vez, quando os objetos de conexão são adicionados pela primeira vez ao site.

Por padrão, ao ser criado o primeiro domínio em uma floresta é criado um site link chamado **DEFAULTIPSITELINK**. Todo novo site criado é associado a este site link padrão.

9.1.7 Site Link Bridge (Ponte de link do site)

Uma ponte de link de site é um objeto do *Active Directory* que representa um conjunto de links de site, cujos sites podem se comunicar usando um transporte comum. As pontes de link do site permitem que os controladores de domínio que não estão diretamente conectados por meio de um link de comunicação sejam replicados entre si.

Por padrão, o KCC pode formar uma rota transitiva através de todo e qualquer link de site que tenha alguns sites em comum. Se esse comportamento estiver desabilitado, cada link do site representará sua própria rede distinta e isolada. Conjuntos de links de sites que podem ser tratados como uma única rota, **são expressos por meio de uma ponte de links de sites. Cada ponte representa um ambiente de comunicação isolado para o tráfego de rede.**

As pontes de link do site são um mecanismo para representar logicamente a conectividade física transitiva entre sites. Uma ponte de link de site permite que o KCC use qualquer combinação dos links de site incluídos para determinar a rota mais barata para interconectar partições de diretório mantidas nesses sites. A ponte de link do site não fornece conectividade real aos controladores de domínio. Se a ponte de links do site for removida, a replicação nos links combinados do site continuará até que o KCC os remova.

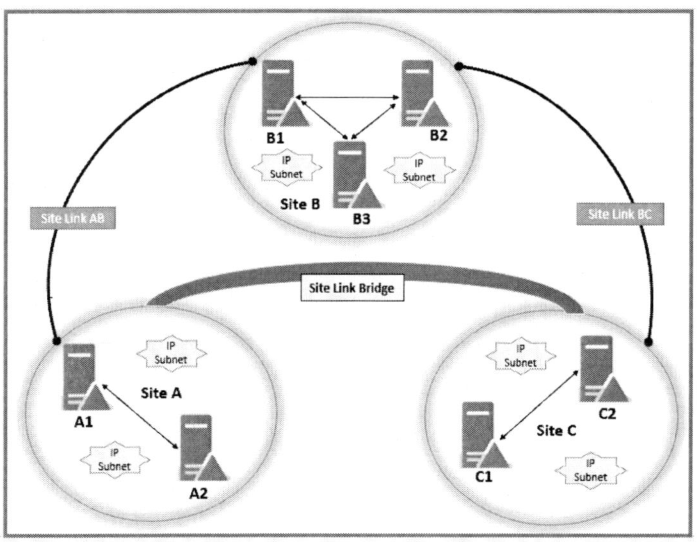

O custo de cada link do site é adicionado, criando um custo total para o caminho resultante.

A ponte de link de site permite que um servidor **bridgehead** de uma rede, comece a replicar diretamente com um servidor **bridgehead** em outra rede, mesmo que eles não estejam no mesmo link de site. Na imagem acima, se uma ponte de link de site entre a rede A e C não fosse criada, a replicação teria que ocorrer primeiro entre a rede A e B, e então entre B e C. Graças à ponte de link de site definida, é possível replicar diretamente da rede A para a rede C, mas através de uma conexão de rede estabelecida da rede A para a rede B para a rede C.

9.1.8 Transportes de replicação

O tráfego de replicação do *Active Directory*, assim como qualquer comunicação de uma rede, requer um protocolo de rede para o tráfego de replicação.

Nas replicações dentro do site, apenas um protocolo de comunicação é usado, enquanto que nas replicações entre sites, deve ser selecionado entre dois protocolos disponíveis.

- Protocolo usado na replicação intrasite: **Remote Procedure Call (RPC)**

A replicação do *Active Directory* usa RPC (Remote Procedure Call) sobre IP para replicação em um site. RPC é um protocolo padrão da indústria para comunicações cliente / servidor compatível com a maioria dos tipos de redes. Para replicação em um site, o RPC fornece conectividade uniforme e de alta velocidade.

A replicação intrasite sempre usa o protocolo RPC, sem compactação de dados.

- Protocolos usados na replicação entre sites: **RPC sobre IP ou SMTP**

É possível, no momento de configurar a replicação entre sites, escolher entre os protocolos RPC sobre IP e *Simple Mail Transfer Protocol* (SMTP).

Na maioria dos casos, a escolha recai sobre o protocolo RPC sobre IP, como protocolo de replicação entre sites, isso se deve ao fato de o SMTP requerer mais sobrecarga de rede, além de ser restrito o seu uso apenas para replicação entre controladores de domínio em domínios diferentes.

Uma situação em que o uso do protocolo SMTP pode ser indicado, como ela é assíncrona, quando não se tem uma conexão permanente entre os sites ou quando não há conexões confiáveis entre os sites. Também é uma boa opção quando a replicação entre os locais utilizará a Internet pública, já que as mensagens SMTP são assinadas digitalmente e criptografadas para garantir que o tráfego de replicação seja seguro.

Um detalhe interessante é que dentro da ferramenta Serviços e sites do *Active Directory*, os protocolos de comunicação, para conexões dentro do site são nomeados com RPC e entre sites como IP. Entretanto, as duas nomenclaturas estão se referindo ao protocolo RPC sobre IP.

9.1.9 Global Catalog e Cache de Membros de Grupos Universais

Tanto o global Catalog – GC, que é o serviço de catálogo fornecido pelo *Active Directory*, quanto o serviço de cache de membros de grupos universais, que estão envolvidos no processo de replicação do *Active Directory*, foram extensivamente descritos no **Capítulo 4 – Funções dos controladores de domínio**.

9.2 Como funcionam as Replicações

Vimos anteriormente conceitos importantes de componentes envolvidos no processo de replicação do Active Directory. Agora vamos compreender como a replicação funciona, quando ocorrem alterações no diretório. É importante reforçar que o *Active Directory* utiliza replicação multimestre, o que significa que as alterações podem ter como origem qualquer controlador de domínio completo, existente no domínio, mas diante deste grande benefício, é necessário que o processo de replicação consiga resolver o desafio de consolidar e replicar alterações no diretório, de modo que todos os controladores possuam as mesmas informações.

O *Active Directory* usa contextos de nomenclatura (NCs), também conhecidos como partições de diretório, para segmentar a replicação. Uma partição de diretório é uma parte contígua do diretório geral que possui escopo de replicação independente e dados de agendamento. Por padrão, o Serviço de Domínio *Active Directory* de uma empresa contém as seguintes partições:

- **Partição de esquema**: a partição de esquema contém os **objetos classSchema** e **attributeSchema** que definem os tipos de objetos que podem existir na floresta. Cada controlador de domínio na floresta possui uma réplica da mesma partição de esquema.

- **Partição de configuração**: a partição de configuração contém a **topologia de replicação e outros dados de configuração** que devem ser replicados em toda a floresta. Cada controlador de domínio na floresta possui uma réplica da mesma partição de configuração.

- **Partição de domínio**: a partição de domínio contém os **objetos de diretório, como usuários e computadores**, associados ao domínio local. Um domínio pode ter vários controladores de domínio e uma floresta pode ter vários domínios. Cada controlador de domínio armazena uma réplica completa da partição de domínio para seu domínio local, mas não armazena réplicas das partições de domínio para outros domínios.

O *Active Directory* também oferece suporte a NCs especiais, geralmente conhecidos como partições de aplicativos ou contextos de nomenclatura sem domínio.

- **Partição de aplicação:** Os tipos de dados que podem ser armazenados em uma partição de diretório de aplicativo incluem:
  - Uma partição de diretório de aplicativo pode conter instâncias de qualquer tipo de objeto, exceto entidades de segurança, como usuários, computadores ou grupos.
  - O DNS usa a partição de diretório de (por exemplo, DomainDnsZones, ForestDnsZones).

Cada partição de diretório se replica independentemente uma da outra.

Cada controlador de domínio mantém um contador especial conhecido como **Update Sequence Number** (número de sequência de atualização) - **USN**.

O USN, ou número de sequência de atualização, é a base de como funciona a replicação do *Active Directory*.

O USN é um número de 64 bits armazenado com cada atributo alterado por uma alteração local ou uma alteração replicada de um controlador de domínio parceiro. Cada controlador de domínio controla suas próprias alterações e outros controladores de domínio na infraestrutura estão cientes de todos os outros valores USN de controlador de domínio.

A replicação do *Active Directory* depende de USNs (Update Sequence Numbers) em cada controlador de domínio. Cada valor USN de DC é exclusivo para um controlador de domínio.

E como esses contadores USNs são locais para cada DC, isso garante que o USN seja confiável pelos DCs de parceiros de replicação, porque o DC local mantém o controle de todas as suas próprias alterações.

O USN nunca pode ser reutilizado nem pode ser dimunuído. Caso isso aconteça, os controladores de domínio do parceiro de replicação reconhecerão o valor diminuído e o determinarão como uma inconsistência e removerão o controlador de domínio de seu próprio conjunto de réplicas. Isso é chamado de USN Rollback (reversão USN).

O USN é incrementado toda vez que ocorre uma operação em um controlador de domínio. As operações a que me refiro, são as relacionadas com a criação, atualização ou exclusão em um objeto. Uma operação de atualização, por exemplo, pode incluir atualizações para um ou vários atributos.

9.2.1 Rastreando atualizações de objetos

Um ponto importante, que precisamos destacar no modelo de replicação utilizado pelo *Active Directory* são os metadados de replicação, que são informações sobre os dados que foram replicados. Os metadados de replicação são associados a cada objeto no diretório. Cada objeto possui um número de campos que ele armazena em uma base por atributo dentro de uma tabela que constitui os metadados de replicação desse objeto:

- Nome do Atributo
- Alterar data e hora
- Número da versão do atributo
- Origem DC ID (DSA GUID)
- Originário DC USN

Uma outra característica importante dos metadados de replicação é que eles permanecem com o objeto, enquanto este objeto existir no domínio. E desta forma podemos identificar as operações que o objeto "sofreu" dentro do *Active Directory*, tais como: quando foi criado, quando sofre alterações. Para isso podemos utilizar a ferramenta **Repadmin**.

É preciso indicar um controlador de domínio e o DN do objeto em questão. Veja o exemplo:

```
repadmin /showobjmeta "srvad3" "CN=JosenildoFeijo,OU=TECNOLOGIA,DC=jfeijo,DC=intra"
```

```
48 entries.
Loc.USN                           Originating DSA  Org.USN  Org.Time/Date        Ver Attribute
=======                           =============== ========= =============        === =========
 171540   40c1cfe0-cb35-49ec-b721-cedb3087552b  40707889 2018-10-17 15:21:53    1 objectClass
9427146         Default-First-Site-Name\SRVAD3   9427146 2020-03-09 08:28:49    2 cn
 171540   40c1cfe0-cb35-49ec-b721-cedb3087552b  40707889 2018-10-17 15:21:53    1 sn
9427979         Default-First-Site-Name\SRVAD2  13965971 2020-03-09 08:40:41    3 title
27384921         Default-First-Site-Name\SRVAD2  32722631 2020-11-03 10:58:19    5 description
9427979         Default-First-Site-Name\SRVAD2  13965969 2020-03-09 08:40:41    5 physicalDeliveryOfficeName
38777343         Default-First-Site-Name\SRVAD3  38777343 2021-01-05 08:13:21   10 telephoneNumber
9427979         Default-First-Site-Name\SRVAD2  13965970 2020-03-09 08:40:41    2 facsimileTelephoneNumber
 171540   40c1cfe0-cb35-49ec-b721-cedb3087552b  40707889 2018-10-17 15:21:53    1 givenName
 171540   40c1cfe0-cb35-49ec-b721-cedb3087552b  40707889 2018-10-17 15:21:53    1 instanceType
 171540   40c1cfe0-cb35-49ec-b721-cedb3087552b  40707889 2018-10-17 15:21:53    1 whenCreated
9427494         Default-First-Site-Name\SRVAD2  13965068 2020-03-09 08:34:02    3 displayName
 171540   1bed7221-0b3c-44c9-82d7-752b8e94eb6f  49127741 2018-12-13 08:02:41    2 info
9427979         Default-First-Site-Name\SRVAD2  13965971 2020-03-09 08:40:41    3 department
9437533         Default-First-Site-Name\SRVAD2  13986490 2020-03-09 11:14:31    3 company
9617316         Default-First-Site-Name\SRVAD2  14277283 2020-03-11 16:30:14    4 proxyAddresses
 171540         Default-First-Site-Name\SRVAD2   1036499 2019-10-11 09:00:27    3 nTSecurityDescriptor
9427494         Default-First-Site-Name\SRVAD2  13965068 2020-03-09 08:34:02    2 wWWHomePage
17680199         Default-First-Site-Name\SRVAD3  17680199 2020-06-26 10:52:35    4 name
34778620         Default-First-Site-Name\SRVAD3  34778620 2020-12-07 17:27:16    6 userAccountControl
 171540   40c1cfe0-cb35-49ec-b721-cedb3087552b  40707890 2018-10-17 15:21:53    1 codePage
 171540   40c1cfe0-cb35-49ec-b721-cedb3087552b  40707890 2018-10-17 15:21:53    1 countryCode
37641562         Default-First-Site-Name\SRVAD3  37641562 2020-12-21 08:27:00   12 dBCSPwd
10269609         Default-First-Site-Name\SRVAD2  15079411 2020-03-19 17:36:22    7 logonHours
37641562         Default-First-Site-Name\SRVAD3  37641562 2020-12-21 08:27:00   12 unicodePwd
37641562         Default-First-Site-Name\SRVAD3  37641562 2020-12-21 08:27:00   12 ntPwdHistory
37641562         Default-First-Site-Name\SRVAD3  37641562 2020-12-21 08:27:00   14 pwdLastSet
 171540   40c1cfe0-cb35-49ec-b721-cedb3087552b  40707890 2018-10-17 15:21:53    1 primaryGroupID
37641563         Default-First-Site-Name\SRVAD3  37641563 2020-12-21 08:27:00   11 supplementalCredentials
 171540   40c1cfe0-cb35-49ec-b721-cedb3087552b  40707889 2018-10-17 15:21:53    1 objectSid
 171540   1bed7221-0b3c-44c9-82d7-752b8e94eb6f  45268520 2018-10-17 16:18:36    1 adminCount
 171540   40c1cfe0-cb35-49ec-b721-cedb3087552b  40707890 2018-10-17 15:21:53    1 accountExpires
37641562         Default-First-Site-Name\SRVAD3  37641562 2020-12-21 08:27:00   12 lmPwdHistory
 171540   40c1cfe0-cb35-49ec-b721-cedb3087552b  40707889 2018-10-17 15:21:53    1 sAMAccountName
 171540   40c1cfe0-cb35-49ec-b721-cedb3087552b  40707889 2018-10-17 15:21:53    1 sAMAccountType
```

Neste exemplo, podemos ver que o usuário foi criado em 17 de outubro de 2018, com base no carimbo de data/hora de origem e no DAS de origem para o atributo objectClass, que é a versão 1. Em 09 de março de 2020, o cn do usuário foi modificado no srvad3.

9.2.2 Conflitos

Para determinar e resolver um conflito quando um atributo foi modificado em dois controladores diferentes simultaneamente, o controlador de domínio que recebe a atualização usará um dos três valores para resolver um conflito:

- O número da versão que é incrementado em um atributo pelo escritor original
- A hora de origem do escritor original
- O valor DSA de origem, que é o GUID do controlador de domínio (encontrado no ADSI Edit e na zona DNS _msdcs.contoso.com).

Bem amigos e amigas,

Chegamos ao final do volume 1 do nosso mergulho profundo, ao Serviço de Domínio *Active Directory*. Espero imensamente que o conteúdo abordado tenha lhe dado condições de se tornar um profissional tecnicamente melhor e que isso possa fazer realmente diferença na sua vida e daqueles que você ama.

Vejo todos vocês no volume 2, para continuarmos o nosso MERGULHO.

Josenildo Feijó

Referências Bibliográficas

Group Policy Management Improvements in Windows Server "8" Beta. Microsoft TechCommunity. Disponível em: https://techcommunity.microsoft.com/t5/ask-the-directory-services-team/group-policy-management-improvements-in-windows-server-quot-8/ba-p/399943 Acesso em: 11 de Fevereiro de 2022

Migrando Active Directory Windows Server 2003 para Windows Server 2016. Microsoft Technet. Disponivel em: https://social.technet.microsoft.com/wiki/pt-br/contents/articles/36733.migrando-active-directory-windows-server-2003-para-windows-server-2016.aspx Acesso em: 5 de Abril de 2021

Cached and Stored Credentials Technical Overview. Microsoft Docs. Disponível em: https://docs.microsoft.com/en-us/previous-versions/windows/it-pro/windows-server-2012-r2-and-2012/hh994565(v=ws.11) Acesso em: 2 de Maio de 2021

Are your DCs too busy to be monitored?: AD Data Collector Set solutions for long report compile times or report data deletion. Microsoft TechCommunity. Disponível em: https://techcommunity.microsoft.com/t5/ask-the-directory-services-team/are-your-dcs-too-busy-to-be-monitored-ad-data-collector-set/ba-p/400388 Acesso em: 21 de Junho de 2021

Backup-GPO. Microsoft Docs. Disponível em: https://docs.microsoft.com/en-us/powershell/ module/grouppolicy/backup-gpo?view=windowsserver2019-ps&viewFallbackFrom=win10-ps Acesso em: 05 de Outubro de 2021

Dishan M. Francis, Step-by-Step Guide to Migrate from Active Directory 2012 R2 to Active Directory 2019 (PowerShell Guide). Disponivel em: https://www.rebeladmin.com/2019/01/step-step-guide-migrate-active-directory-2012-r2-active-directory-2019-powershell-guide/ Acesso em: 06 de Janeiro de 2022

Active Directory Logical Structure. Microsoft Docs. Disponível em: https://docs.microsoft.com/en-us/previous-versions/windows/it-pro/windows-2000-server/cc978008(v=technet.10)?redirectedfrom=MSDN Acesso em: 06 de Março de 2021

How Domains and Forests Work. Microsoft Docs. Disponível em: https://docs.microsoft.com/en-us/previous-versions/windows/it-pro/windows-server-2003/cc783351(v=ws.10)?redirectedfrom=MSDN. Acesso em: 15 de Fevereiro de 2022

Active Directory Logical Structure Background Information. Microsft Docs. Disponível em: https://docs.microsoft.com/en-us/previous-versions/windows/it-pro/windows-server-2003/cc756901(v=ws.10)?redirectedfrom=MSDN Acesso em: 10 de Janeiro de 2022

Mueller, Richard e Geelen, Peter. Active Directory: LDAP Syntax Filters. Disponível em: https://social.technet.microsoft.com/wiki/contents/articles/5392.active-directory-ldap-syntax-filters.aspx Acesso em: 21 de Janeiro de 2022

What Is Kerberos Authentication?. Microsoft Docs. Disponível em: https://docs.microsoft.com/en-us/previous-versions/windows/it-pro/windows-server-2003/cc780469(v=ws.10)?redirectedfrom=MSDN Acesso em: 11 de Junho de 2021

Terminologia de esquema de Active Directory. Microsoft Docs. Disponível em: https://docs.microsoft.com/pt-br/windows/win32/adschema/active-directory-schema-site?redirectedfrom=MSDN Acesso em: 19 de Abril de 2021

What's New in Active Directory in Windows Server. Microsoft Docs. Disponível em: https://docs.microsoft.com/en-us/previous-versions/windows/it-pro/windows-server-2012-R2-and-2012/dn268294%28v%3dws.11%29 Acesso em: 10 de Outubro de 2021

Troubleshoot Active Directory replication error 8614. Microsoft Docs. Disponível em: https://docs.microsoft.com/en-US/troubleshoot/windows-server/identity/replication-error-8614 Acesso em: 21 de Novembro de 2021

Impressão e acabamento
Gráfica da Editora Ciência Moderna Ltda.
Tel: (21) 2201-6662